Jörg Kleis

Gestatten: Afrika

Gestatten: Afrika

Warum ein zweiter Blick auf unsere Nachbarn lohnt

Jörg Kleis

Mit einem Vorwort von Liz Baffoe

Jörg Kleis
Gestatten: Afrika

Printed in Germany
Amazon Distribution GmbH
Leipzig

© 2014, Berlin
Alle Rechte verbleiben beim Autor

Lektorat: Katrin Höller
Satz: Julia Stier
Umschlag: Dennis Rettkowski
Autorenfoto: Marcus Ebert

ISBN 978-3-00-046408-9

Für alle

AFRICA

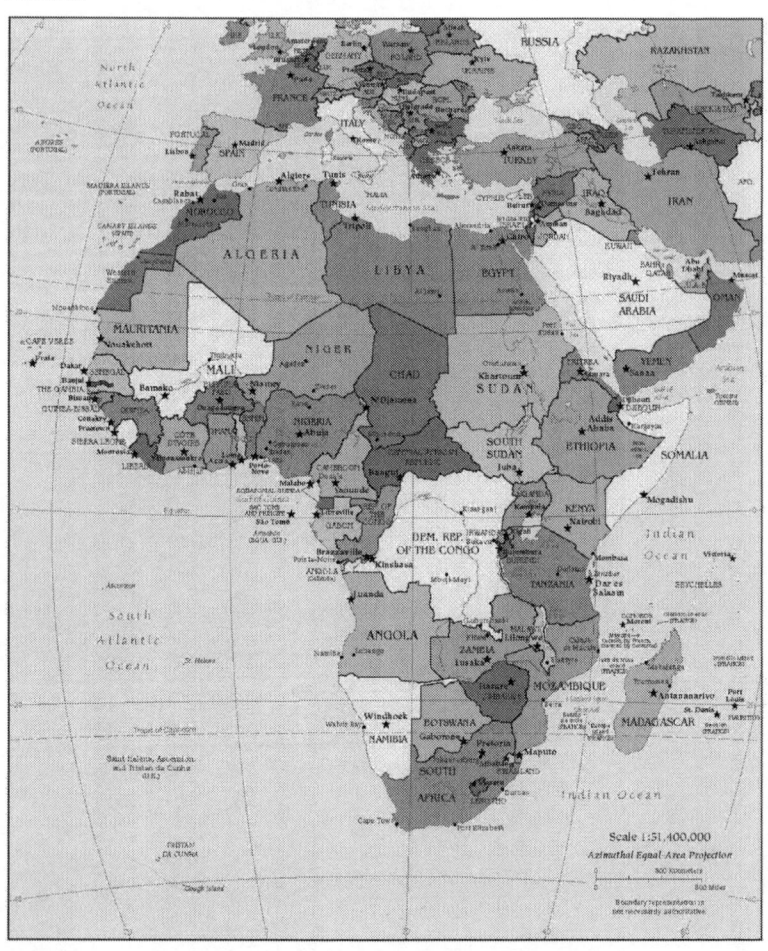

Eine Karte des afrikanischen Kontinents in englischer Sprache.[1]

INHALT

Vorwort

Ganz im Sinne des Buchtitels *Gestatten: Afrika* darf ich mich kurz bei Ihnen vorstellen: Mein Name ist Liz Baffoe, ich bin Schauspielerin und ich bin Ghanaerin mit deutschem Pass. Das macht mich zwar zu einer Afrikanerin. Aber ich finde, die Aussagekraft eines solchen Satzes ist eher begrenzt. Mein Vater ist in den Sechzigern als ghanaischer Diplomat nach Deutschland gekommen, meine Mutter war Hausfrau. Ich bin in Deutschland geboren und aufgewachsen. In dem Diplomatenviertel in Bonn, wo wir gelebt haben, sind meine Geschwister und ich mit Menschen aus vielen Ländern und Kulturen groß geworden. Das war eine echte Bereicherung für mein Leben. Wir haben alle voneinander gelernt und profitiert. Mit 24 Jahren bin ich dann zum ersten Mal nach Ghana gereist – zu meinen Wurzeln. Ich kann mich erinnern, dass mir, als ich aus dem Flugzeug ausstieg, direkt dieser Geruch auffiel, den ich nicht wirklich beschreiben kann. Ich fühlte mich auf Anhieb wie zuhause. Auch weil mir alle äußerlich ähnelten – das war ich ja überhaupt nicht gewohnt. Trotz alledem merkten die Menschen, dass ich nicht in Ghana geboren war. Mein Auftreten war natürlich anders. Ich sprach Englisch und eine der ghanaischen Sprachen, Fanté, mit Akzent. Dennoch fühlte sich ein Teil von mir mit dem Land und seinen Menschen verbunden.

Ich bin damals zur Hochzeit meines Bruders nach Afrika gereist und um einen kleinen Teil dieses großen Kontinents kennenzulernen. Aber auch ohne einen solch persönlichen Bezug halte ich es für wichtig, sich mit unseren Nachbarn näher zu beschäftigen – dazu muss man erst einmal gar nicht selbst hinreisen. Dass etwas mehr Wissen über Afrika nicht schaden kann, merke ich an folgender Frage, die mir bis heute immer wieder gestellt wird, wenn Leute mich kennenlernen: „Sprichst du eigentlich afrikanisch?" Ich antworte dann regelmäßig: „Sprichst du denn europäisch?" Manchen fällt dann auf, dass Afrika kein Land, sondern ein Kontinent ist – wie Europa oder Asien. Einige entschuldigen sich für ihre Verallgemeinerung. Die meisten sagen aber, Afrika sei einfach kein Thema für sie. Auch in den Fernsehnachrichten und in der Zeitung heißt es meistens, in Afrika sei irgendetwas passiert oder ein Afrikaner habe irgendetwas gemacht.

Jedes Mal frage ich mich „Wo denn in Afrika?" und „Warum machen sich die Leute nicht die Mühe, genauer nachzuforschen, aus welchem Land dieser Afrikaner ist?" Das halte ich für problematisch. Wir werden vor allem deshalb in einen Topf geworfen, weil wir angeblich alle eine dunkle Hautfarbe haben. Denn – und das ist wohl die allgemeine Denkweise – wenn alle irgendwie gleich aussehen, dann muss ja auch der Rest irgendwie gleich sein: Unsere Sprache, unsere Kultur und unsere Mentalität. Dabei stimmt allein das mit dem Aussehen oftmals schon gar nicht – nicht nur Marokkaner und Kenianer sehen ganz unterschiedlich aus, sondern auch Kenianer und Südafrikaner, oder Menschen aus dem gleichen Land.

Als Jörg Kleis mich fragte, ob ich Interesse hätte, das Vorwort für sein Buch zu schreiben, war ich überrascht und neugierig zugleich. Es gibt nicht so viele junge Menschen, die sich intensiv mit Afrika auseinandersetzen. Das liegt wohl daran, dass ganz Afrika fast immer mit Bedürftigkeit, Elend, Epidemie und Krieg assoziiert wird. *Gestatten: Afrika* ist für mich deshalb ein erfrischendes, ehrliches und kritisches Buch über den Kontinent und die europäische Sichtweise auf seine Menschen, weil es dieser Fehlvorstellung von Afrika als einem Land entschieden entgegentritt. Denn auf diesen Irrtum folgt ja ein ganzer Rattenschwanz an negativen wie positiven Vorurteilen, die einfach nicht stimmen. Afrika ist wahrscheinlich der einzige Erdteil, auf den das in diesem Maße zutrifft. Höchste Zeit also, dass endlich einmal jemand all diese Vorurteile benennt und ein Stück weit Aufklärungsarbeit leistet. Ich habe nicht nachgezählt, aber ich glaube, dieses Buch adressiert tatsächlich alle Klischees, die man sich nur denken kann. Das ist oft unterhaltsam, regt aber auch zum Nachdenken an. Ich finde, man muss dabei nicht jede Meinung des Autors teilen. In mancher Hinsicht geht Jörg Kleis hart ins Gericht mit Deutschen und Europäern. So mag man auch seine ablehnende Haltung zur Entwicklungshilfe polemisch finden, weshalb ich ihr nicht vollkommen folge. Ich unterstütze eine Charityorganisation in Ghana, die sich „Gye Nyame Kids" nennt. Der Verein wurde von Ruth Narh gegründet und engagiert sich vor allem für Waisen- und Halbwaisenkinder sowie für alleinstehende Mütter in der Stadt New Ningo. Ein Projekt ist der Bau einer Wasserpumpe, um die Versorgung der Kinder mit sauberem Trinkwasser sicherzustellen. Und bei dem Projekt geht es wirklich um Hilfe zur Selbsthilfe. Wir machen den Menschen klar, dass sie auch in Ghana mit ein bisschen Unterstützung ein gutes Leben führen können. Es geht darum, sie zur Selbstständigkeit zu führen und nicht in ihrer Abhängigkeit zu belassen. Allerdings gebe ich zu, dass man auch – wie Jörg Kleis es gerne tut – ein bisschen provozieren darf, um die festgefahrenen Sichtweisen auf einen ganzen Kontinent anzuprangern und damit der eigenen These Gehör zu verschaffen.

Ich habe Afrika durch dieses Buch noch einmal neu kennengelernt und sehr viele Dinge erfahren, die ich noch nicht wusste. Doch was heißt das überhaupt, „Afrika neu kennengelernt"? Ich verstehe den Buchtitel als ironischen Wink mit dem Zaunpfahl. Es geht hierbei ja gar nicht um ein weiteres Afrikabuch, wie Jörg Kleis selber schreibt. Es ist vielmehr das Gegenteil davon, weil Afrika nicht in ein Sachbuch gepackt werden kann, wie es bislang immer gemacht wurde. *Gestatten: Afrika* ruft uns vielmehr dazu auf, das zu lassen. Auch ich möchte mich dem anschließen: Schaut in die Länder und nennt sie beim Namen! Zum Beispiel Ruanda. Das Land hat durch den Völkermord 1994 unendliches Leid durchlebt, was für die Bevölkerung bis heute nicht einfach zu ertragen ist. Trotz allem hat sich Ruanda positiv entwickelt. Ruanda ist eines der wenigen Länder auf dieser Welt, wo Plastiktüten verboten sind. Haben Sie das gewusst? Ich nicht! Wussten Sie, dass es in Ghana keine Altenheime gibt? Ältere Menschen werden innerhalb der Familien gepflegt. Die Ghanaer sagen, dass die Eltern ihre Kinder aufziehen, bis sie ihre Zähne bekommen. Im Alter werden sie dann von ihren Kindern gepflegt, bis die Eltern ihre Zähne verlieren.

Die persönlichen Erlebnisse von Jörg Kleis geben einem das Gefühl, mit ihm auf Reisen zu sein, und es kommt einem so vor, als hätte man das alles selbst erlebt. Die faszinierenden Geschichten von Menschen, die er kennengelernt hat und zu denen er immer noch Kontakt hält, zeigen, dass wir viel voneinander lernen können. Doch selbst wenn dieses Buch den richtigen Ansatz verfolgt, wird es allein mit *Gestatten: Afrika* nicht getan sein. In Deutschland sollte offen darüber diskutiert werden, wie die zukünftige Beziehung zwischen Europa und Afrika aussehen soll. Das betrifft nicht nur politische Fragen, sondern auch das alltägliche Miteinander. Am allerwichtigsten ist mir dabei, dass Europäer endlich anfangen, mit Afrikanern zu reden, nicht über sie. Dieses Buch bietet daher einen wunderbaren Einstieg und einen ersten Einblick in einen Kontinent, der uns in Europa in weiten Teilen noch völlig unbekannt ist. Nicht etwa, weil er dunkel, exotisch oder fremd ist, sondern weil er herrlich durchschnittlich ist, weil er ganz normalen Alltag kennt. Denn überall auf der Welt findet man die unterschiedlichsten Charaktere, kann man jedem Menschentypus begegnen – selbstverständlich auch in Afrika. *Gestatten: Afrika* soll uns hieran erinnern, und daran, dass die Geheimnisse des Lebens in den Menschen liegen, ganz besonders in denen, die wir noch nicht kennengelernt haben – überall auf der Welt.

Liz Baffoe im Juni 2014

EINLEITUNG

Zeit für Aufklärungsarbeit

„*Dieser Kontinent ist zu groß, als daß man ihn beschreiben könnte. Er ist ein regelrechter Ozean, ein eigener Planet, ein vielfältiger, reicher Kosmos. Wir sprechen nur der Einfachheit, der Bequemlichkeit halber von Afrika. In Wirklichkeit gibt es dieses Afrika gar nicht, außer als geographischen Begriff.*"

(Der polnische Journalist Ryszard Kapuściński in seinem Buch *Afrikanisches Fieber*)

Was ist das Erste, woran Sie denken, wenn Sie das Wort „Afrika" hören? Überlegen Sie kurz – und bevor Sie weiterlesen, merken Sie sich drei Dinge, die Ihnen in den Sinn kommen! Dieselbe Frage habe ich auch meinem Bekanntenkreis gestellt und möchte Ihnen die Antworten selbstverständlich nicht vorenthalten – unsortiert und unzensiert:

„Faszination, Schwarze, Tiere, Kultur, Armut, Korruption, Sahara, Sonnenuntergänge, Natur, Giraffen, kein Rechtsstaat, Unterdrückung der Frau, Schwarze, Affen, Kinderarbeit, Schwarze, Dschungel, Korruption, Schwarze, Landschaft, Südafrika, Schwarzafrikaner, der schwarze Kontinent, Löwen, Sahara, Sonne, Ägypten, Wildnis, Gazellen, Kontinent, Freiheit, Neger, Apartheid, Leopard, Kamel, Wüste, Armut, Elefanten, Steppe, Stämme, Safari, Toto, schwarze Menschen, Hunger, Kolonisation, Ausbeutung durch kapitalistische Länder, Affen, ungerechte Regime, Schwarze, Aids, Elefanten, Sahara, Kolonialzeit, Safari, Schwarze, Dürre, arm, keine Ahnung."

Und? War da etwas von Ihnen dabei? Ich gebe zu, weder war meine Frage sonderlich zielorientiert, noch ist die Anzahl meiner Probanden repräsentativ. Genauso gut hätte ich sie zum Thema „Zeit" befragen können. Man sollte freilich niemanden mit einem abstrakten Begriff konfrontieren und eine preisverdächtige Antwort erwarten. Dennoch finde ich, dass das Ergebnis meiner kleinen Umfrage tiefer blicken lässt, als es zunächst den Anschein hat. Die Antworten waren zumeist negativ besetzt – oder Tierarten. In dem Buch *Was wir tun, wenn der Aufzug nicht kommt: Die Welt in überwiegend lustigen Grafiken* gibt es sogar eine Abbildung zum Thema „Afrika aus Sicht der Europäer". Darin ist der afrikanische Kontinent in zehn verschiedene Regionen unterteilt, die entsprechend beschriftet wurden: Im westlichen Afrika (Mauretanien und Mali) herrscht demnach „gerade kein Krieg". Diese Region ist umschlossen von schätzungsweise 23 Ländern, die die Grafik lakonisch als „Sand" bezeichnet. Der Bereich um Eritrea, Dschibuti und Äthiopien im Osten Afrikas heißt „Hunger und sowas", daneben steht „Jack Sparrow", der Hollywoodpirat. Gemeint ist hier Somalia. Daran angrenzend finden wir „Obamaland". Das soll Kenia sein. Südwestlich von

Obamaland gibt es „Aids". Das sind gleich zwölf Länder auf einen Schlag. In Sambia herrscht „100 Prozent Arbeitslosigkeit" und Malawi wurde in „Madonnaland" umgetauft. Zu guter Letzt tragen Namibia und Südafrika die verheißungsvollen Bezeichnungen „Deutsch-Afrika" und „Vuvuzela". Es lässt sich nicht von der Hand weisen, dass auch die Grafik in gewisser Weise das verkörpert, was wir tatsächlich mit Afrika in Verbindung bringen. Immerhin stellt sie unseren Nachbarkontinent nicht als ein Land dar. Denn oft tun wir so, als handele es sich bei Afrika um ein einziges Land: Es sind Afrikaner, die nach Lampedusa flüchten und Afrikaner, die unseren Kaffee anbauen. Afrikanische Sprichwörter, afrikanisches Essen und afrikanische Musik? Finden wir alle toll! Die britische Schriftstellerin Elspeth Huxley wusste bereits 1959 in ihrem Buch *The Flame Trees of Thika* zu berichten: „Afrika ist ein grausames Land; es reißt Dir das Herz raus und pulverisiert es zu Stein – und keinen stört es." 41 Jahre später war es George W. Bush, der sagte: „Afrika ist eine Nation, die unter unglaublichen Krankheiten leidet." Immerhin hat er Afrika auch als wunderschönes Land zu preisen gewusst. Im Dezember 2012 wurde die gambische Juristin Fatou Bensouda zur neuen Chefanklägerin des Internationalen Strafgerichtshofes in Den Haag ernannt. *Welt, Morgenpost* und *Spiegel-Online* titelten: „Afrikanerin wird neue Chefanklägerin in Den Haag". Im Juni 2013 veranstaltete meine Heimatstadt Stolberg im Rheinland ein Wochenende unter dem Motto „Stolberg goes Africa". Dies stand in der jährlichen Tradition eines kulturellen Austausches mit einem anderen Land, wie auf der Homepage der Veranstalter zu lesen war. So hatte es in den Jahren zuvor „Stolberg goes Brazil", „Stolberg goes Italy" oder „Stolberg goes China" geheißen. Im Juli 2013 war es dann wieder *Spiegel-Online,* wo die Ghanaerin Nana Sekyiamah in einem Interview zur „Afrikanischen Aufklärungs-Bloggerin" erklärt wurde. Einen Monat später sendete ZDFneo eine vierteilige Serie mit dem Titel *Auf der Flucht – das Experiment,* die 2013 mit dem Deutschen Fernsehpreis ausgezeichnet wurde. Die Protagonisten machten sich darin auf den Weg in die Ursprungsländer von Menschen, die in Deutschland Asyl suchten. Es ging darum, am eigenen Leib zu erfahren, was es heißt, auf der Flucht zu sein. Neben dem „Team Irak" gab es auch das „Team Afrika", obwohl „Team Afrika" eigentlich nur in die ostafrikanischen Länder Eritrea und Äthiopien unterwegs war. Gegenfrage: Was würde passieren, wenn ein afrikanischer Chronist von der Falls Road im nordirischen Belfast oder den Massengräbern in Bosnien-Herzegowina auf den Zustand Europas schlösse? Stellen Sie sich einmal vor, ein kenianischer Reporter würde sich nach seinem Besuch in Holland die Frage stellen, warum alle Europäer ständig Holzschuhe tragen!

Dass Afrika kein Land ist, wissen wir selbstverständlich. Vielleicht ist es Unwissenheit, sprachlicher Verunsicherung oder einfach nur reiner Bequemlichkeit geschuldet, dass wir inflationär, geradezu willkürlich mit dem Begriff „Afrika" umgehen. Denn wir beschreiben mit ihm auch ein Gefühl, eine ungefähre Ahnung. Deswegen müssen wir ihn nicht gleich aus unserem Wortschatz streichen. Schließlich gibt es auch einheitsstiftende Elemente auf dem afrikanischen Kontinent. Man denke nur an die Philosophie Ubuntu oder die politische Bewegung des Panafrikanismus. Und doch haben sich die Wörter „Afrika" und „afrikanisch" in unserem Sprachgebrauch so manifestiert, dass man Differenzierungen vergeblich sucht.

Afrika. Allein schon das Wort mutet sagenumwoben an. Sie dürfen dabei auch gerne die drei Silben langziehen und das ‚r' rollen. Das verleiht dem Ganzen noch die nötige Exotik. Doch was ist dieses Afrika überhaupt? Liebe Leser, es ist das Beste, Sie bekommen die harte Wahrheit bereits zu Beginn mitgeteilt: Afrika ist ein Kontinent. Jetzt ist es raus. Ein Erdteil. Eine Festlandmasse, auf der Menschen leben. Nicht mehr und nicht weniger. Eine der vielen Namenserklärungen bietet übrigens die gleichnamige erste römische Provinz auf heute tunesischem Boden, die wiederum aus dem phönizischen Wort *afar* (Staub) abgeleitet sein soll. Was will ich Ihnen damit sagen? Nichts anderes, als dass man sich bei Gebrauch des Wortes grundsätzlich auf alle 54 Länder gleichzeitig bezieht. Streng genommen müsste man die Gemeinsamkeiten aller Länder und Bevölkerungsgruppen mit all ihren historischen und soziokulturellen Bezügen von Marokko bis Madagaskar herausarbeiten. Sie ahnen es bereits: Das wird eine Heidenarbeit! Ein Tunesier hat mit einem Kongolesen ungefähr so viele Gemeinsamkeiten wie ein Nordfinne mit einem Neapolitaner. Afrika ist einfach zu groß, zu mannigfaltig, um den gesamten Kontinent in sechs Jahren – so lange beschäftige ich mich mit ihm – auch nur annähernd vollständig zu verstehen. Eine ernüchternde Erkenntnis? Nicht unbedingt. Denn von Millionen Menschen, zahllosen Völkern, Kulturen und Religionen zu berichten, die auf einer Landmasse anzutreffen sind, in die Europa dreimal hineinpasst, ist gar nicht der richtige Ansatz.

Deshalb möchte ich Ihnen diesen Kontinent anders näherbringen. Ich werde Sie mitnehmen auf eine Reise durch den Westen, Osten und Süden des Kontinents; schwerpunktmäßig nach Ghana, Togo, Nigeria, Ruanda, Tansania, Simbabwe und Südafrika. Diese Länder stellen vielleicht nur eine kleine Auslese dar. Doch mein Ziel ist es gar nicht, den gesamten Kontinent in ein Buch zu packen. Auch wenn es der Titel vielleicht suggerieren mag, käme das ungefähr der Quadratur des Kreises gleich. Meine Absicht ist es vielmehr, mit den zahllosen Klischees aufzuräumen, die auf einem ganzen Kontinent lasten. Ich möchte ein realitätsnäheres Bild von einzelnen Ländern und ihren Menschen zeichnen und Ihnen die sie prägenden Unterschiede näherbringen. Denn die Pauschalisierungen von Afrika als großem Kontinent mit vielen Problemen oder von im Einklang mit Natur und Tieren lebenden, tanzenden Menschen sind haarsträubend oberflächlich und oft schlichtweg falsch. Mein Ziel ist es, mit diesem Buch zur längst überfälligen Entmystifizierung des Kontinents beizutragen. Bei aller Faszination für afrikanische Länder gilt Folgendes: Weder sind sie eine Projektionsfläche für den menschgewordenen Horror, noch für unsere eigenen Sehnsüchte. Sie glauben gar nicht, wie herrlich durchschnittlich dieses „Afrika" sein kann.

Ich möchte in den folgenden zehn Kapiteln nicht zu Schönfärberei animieren oder für einen ganzen Kontinent Partei ergreifen. Ich möchte weder den Kritiker geben, der sich in bester Leserforen-Manier abreagiert, noch Claudia Rothsche Betroffenheitsrhetorik betreiben. Nein, meine Absicht ist es nicht, den Robin Hood Afrikas zu spielen und mich in jeder verallgemeinernden Darstellung über den Kontinent gekränkt zu fühlen. Und dennoch liegt mir eines besonders am Herzen: Gerade weil sich bestimmte Vorstellungen in unseren Köpfen nahezu eingebrannt haben, werden wir auch nicht darum herumkommen, die unser Verhältnis zu Afrika prägenden Einstellungen grundlegend zu hinterfragen. Dazu möchte ich Ihnen die Menschen vorstellen und sprechen lassen, die eine noch viel engere Beziehung zu Afrika haben als ich – vom einheimischen Taxifahrer über Leute, die ich in Bars kennengelernt habe, bis hin zu Wissenschaftlern, Politikern, Publizisten, Bloggern und Künstlern. Wenn es eines ist, was ich über die Jahre durch sie gelernt habe, dann dass sich „Afrika" ganz gut um sich selbst kümmern kann. Die Menschen brauchen keine Fürsprecher. Sie brauchen keine Gönner. Und sie brauchen keine Promis, die eigenmächtig Länder unter sich aufteilen und zu Hilfszonen deklarieren. (Ich möchte nur kurz an die Popsängerin Madonna erinnern, die sich nach Aussage ihres Managers „auf Malawi konzentriert. Südafrika hingegen ist Oprahs Territorium"; gemeint ist die US-Talkmasterin Oprah Winfrey.)

Genau hiergegen wehren sich vermehrt junge Afrikaner und Europäer, indem sie unser fragwürdiges Verhältnis zu Afrika kritisieren – meine Bekannte Safia Dickersbach etwa, die ein Blog mit dem Titel „Dear German Kulturstiftung, Africa is Not a Country" gründete, um ihre Kritik am Projekt TURN der Kulturstiftung des Bundes zu äußern, weil darin in ihren Augen ohne fundiertes Konzept zwei Millionen Euro für den gesamten „deutsch-afrikanischen Kulturaustausch" zur Verfügung gestellt würden. Ähnlich nehmen Seiten wie „Africa is a Country – the blog that is not about famine, Bono or Barack Obama", www.africaisacontinent.com oder „What's up Africa" des Nigerianers Ikenna Azuike auf unterhaltsame Art diese Sichtweisen aufs Korn. Des Pudels Kern traf im Winter 2013 ein Satirevideo, in dem norwegische Studenten im Tonstudio das Lied *We are the World* des Starensembles USA for Africa aus dem Jahre 1985 veralberten. In ihrem Lied riefen sie dazu auf, Afrika möge bitte Radiatoren für Norwegen spenden, denn immerhin seien Frostbeulen tödlich: „In Norway kids are freezing. It's time for us to care", singen sie. Auch bei Negativschlagzeilen, die uns aus afrikanischen Ländern erreichen, melden junge Menschen sich zu Wort – nach einem Ausbruch von Ebola in Uganda im Juli 2012 zum Beispiel. Auf *sueddeutsche.de* las man: „Es begann mit einem toten Mädchen. Uganda beklagt erneut eine Ebola-Epidemie, mindestens 16 Menschen sind schon an den Folgen der Viruskrankheit gestorben." Am Ende waren es nach offiziellen Angaben weniger als 40. Meine Freundin Sheilah aus Kampala stellte auf Facebook die Frage, warum die Nachricht über Ebola bei nahezu allen internationalen Nachrichtenagenturen an vorderster Stelle zu finden sei: „Ist das wirklich alles, was mein Land erreicht hat? Für das es sich lohnen würde, Uganda in den Weltnachrichtenticker aufzunehmen? Ist das so eine Art globale Sympathie? Oder bloß ein Mittel, die Neugier internationaler Leser zu befriedigen?" Ich halte die Anliegen von Safia, Ikenna und Sheilah für unterstützenswert und möchte Ihnen hierzu verschiedene Regionen zeigen, Sie die einzelnen Länder sehen lassen und von meinen persönlichen Begegnungen in Städten und Dörfern berichten.

Machen wir also gleich mit der nächsten Unterscheidung weiter: Tatsächlich ist der afrikanische Kontinent mit 54 Ländern der staatenreichste Erdteil. Doch unterscheidet man zwischen den sogenannten Maghrebstaaten (Marokko, Mauretanien, Algerien, Tunesien, Libyen) sowie dem Maschrekstaat Ägypten im Norden und den 49 Ländern südlich der Sahara.[2] Trotz der geografischen Gemeinschaft und politischen Verbundenheit durch die Afrikanische Union (AU) ist eine Unterteilung in den arabisch geprägten Norden und Subsahara-Afrika gerade wegen der historischen und kulturellen Unterschiede sinnvoll. Tatsächlich haben Marokko oder Algerien viel mehr gemeinsam mit Saudi-Arabien (Teil der Jazeera) oder Syrien (ebenfalls ein Maschrekstaat) als mit Ghana oder Sambia, weswegen sie auch in diesem Buch kaum vorkommen werden.

Zoomen wir noch weiter hinein in dieses „Subsahara-Afrika"! Wussten Sie, dass die weltgrößte Kirche, die Basilika Notre-Dame de la Paix, in Yamoussoukro in Côte d'Ivoire steht? Dass zwei junge Ghanaer eine Messenger-App für Smartphones entwickelt haben, die schon von über

14 Millionen Menschen genutzt wird? Dass der Nigerianer Chinua Achebe mit seinem Werk *Things fall apart* („Okonkwo oder Das Alte stürzt".

Die neue und passendere Übersetzung lautet „Alles zerfällt") eines der bedeutendsten, den Kontinent seither prägenden Bücher geschrieben hat? Wussten Sie, dass in Ostafrika die Länder Burundi, Kenia, Ruanda, Tansania und Uganda eine gemeinsame Währung einführen wollen? Dass die Regierung in Ruanda eine Ein-Laptop-pro-Schulkind-Politik verfolgt? Dass Nairobi wegen seiner vielen Start-up-Unternehmen bereits „Silicon Savannah" genannt wird? Dass es in Südafrika neben Englisch und Afrikaans noch neun weitere Amtssprachen gibt? Um das große Ganze zu bewerten, müssen wir seine kleinsten Einzelteile berücksichtigen. Um das Bauwerk zu beschreiben, müssen wir seine Bausteine betrachten. Um Afrika zu begreifen, müssen wir in seine Regionen, Länder, Städte und Dörfer. Vergessen Sie alles, was Sie bisher über Afrika zu wissen glaubten und kommen Sie mit! Ich will Ihnen von Afrika erzählen!

DIE GEFAHR EINER EINZIGEN GESCHICHTE

Klischees und ihre Folgen – Wie Afrika nicht ist
und warum sich ein differenzierter Blick lohnt

(Ghana im November 2011)

„Ich stamme aus einer konventionellen, nigerianischen Familie der Mittelklasse. In dem Jahr, in dem ich acht wurde, bekamen wir einen neuen Hausdiener. Sein Name war Fide. Das einzige, was meine Mutter uns über ihn erzählte, war, dass seine Familie sehr arm war. Meine Mutter schickte ihnen Süßkartoffeln und Reis und unsere alten Kleider. ... Dann, an einem Samstag, besuchten wir sein Dorf. Und seine Mutter zeigte uns einen wunderschön geflochtenen Korb aus gefärbtem Bast, den Fides Bruder gemacht hatte. Ich war überrascht. Es wäre mir wirklich nicht eingefallen, dass jemand aus seiner Familie etwas derartiges herstellen könnte. Alles, was ich über sie gehört hatte, war, wie arm sie waren, so dass es für mich unmöglich geworden war, sie als irgendetwas anderes zu sehen, als arm. Ihre Armut war die einzige Geschichte von ihnen, die ich kannte.“

(Die nigerianische Schriftstellerin Chimamanda Adichie)

Im November 2011 habe ich ein bemerkenswertes Erlebnis in Kumasi, der mit eineinhalb Millionen Einwohnern zweitgrößten Stadt Ghanas. Es ist mein bis dahin erster Aufenthalt in Westafrika, der sich seinem Ende zuneigt. Ich beziehe mein Zimmer in einem vergleichsweise komfortablen Hotel im Stadtzentrum. Drei Tage vor meiner Abreise gönne ich mir ein dunkelgrün eingerichtetes Zimmer mit Doppelbett und einem Badezimmer mit lockeren Fliesen. Die Klimaanlage übertönt mit ihrem Surren die Geräusche, die von der Straße in mein Zimmer dringen. Nach dem Auspacken mache ich mich auf zur Stadterkundung.

Ich denke bei der Mehrheit afrikanischer Großstädte – und hier verallgemeinere ich einmal absichtlich – eher selten an Wörter wie „romantisch" oder „bezaubernd". Viele Ortschaften warten mit Betongebäuden auf, die den Weg zu Marktplätzen und Bushöfen säumen. Wahrscheinlich eignen sich Wörter wie „Tohuwabohu" oder „Remmidemmi" eher, da es ihre Lebhaftigkeit ist, die sie ausmacht. Aber in welcher Großstadt auf der Welt ist das nicht so?

Wenn ich mich jetzt zurückerinnere, empfand ich Kumasi als recht übersichtliche Stadt – mit Ausnahme des Marktes, den ich von einer höher gelegenen Zugangsstraße als eine über mehrere Fußballfelder große Fläche verlaufende, dichte Aneinanderreihung von Wellblechdächern ausmache. *Wellblechdächer sind gut*, denke ich mir. *Da gibt es Schatten*. Denn selbst am späten Nachmittag verlässt einen die Hitze bis zum Sonnenuntergang nicht. Sobald ich ihn betrete, saugt der Markt mich förmlich auf. Ich habe gar keine Gelegenheit, irgendwo zu verharren, sondern bin damit beschäftigt, dem Ansturm der mir begegnenden und mich überholenden Menschen standzuhalten. Sie mustern mich neugierig bis kritisch, während mir links und rechts der Schweiß herunterläuft. Vielleicht bin ich hier auch einfach überfordert. Ich will ja gar nichts kaufen, bin nicht an bunten Toilettensitzen, Lockenwicklern, Radios oder Hühnerbeinen interessiert. Der Markt entpuppt sich als der wohl ungeeignetste Ort zum Bummeln. Ich sehe ihn wie ein menschliches Kaleidoskop mit stetig wechselnden Geräuschmassen und Farben, bis er mich 20 Minuten später an einem völlig anderen Ende wieder ausspuckt.

Um mich wieder in Richtung des Hotels zu orientieren, gehe ich eine viel befahrene Straße entlang. Ein Bürgersteig trennt sie von den anliegenden Geschäften. Da höre ich auf einmal ein Pfeifen: „Tsssss! Ey! White man!" Ich schaue auf, und vor mir sehe ich drei junge Männer vor einem der Geschäfte. Sie sind ungefähr in meinem Alter. Der eine sitzt auf einem Plastikstuhl, seine beiden Kollegen stehen daneben und blicken mich an. Sie witzeln miteinander auf Twi, der Muttersprache von rund zwölf Millionen Ghanaern. Man hat damit die besten Chancen, fast überall im Land verstanden zu werden. Die drei Jungs tragen kurze Hosen und Flip-Flops. Der im Stuhl hat ein Basecap auf dem Kopf. Es sitzt schief, aber das soll wohl so sein. Ich mit meinen Trekkingsandalen und meiner Trekkinghose bin da bei Weitem nicht so schick. Funktionskleidung halt. „Come here, come here! Wo ho te sen?" Der eine winkt mich näher zu sich heran. Er will wissen, wie es mir geht und reicht mir seine Hand, die in meiner Handinnenfläche verharrt. „Where are you from, my friend?" Fünf Sekunden später lösen wir den Körperkontakt. Ich setze mein Botschafterlächeln auf und entgegne: „Me ho ye! Berlin!" Mehr Twi kann ich auch nicht wirklich. Der Kollege im Stuhl lacht und ruft erfreut: „Germany!! Eyyyy, Michael Schumacher! You know he is back!" Ich muss grinsen und tue dabei so, als würde ich das aktuelle Formel-1-Geschehen verfolgen. Mein Blick schweift umher und ich erkenne, was die drei in ihrem geräumigen Geschäft verkaufen: Tische, Vasen, Lampen. Glas scheint ihr Leben zu sein. Ein bisschen zu viel 90er für meine Begriffe. Aber ich habe auch nicht vor, mir von Kumasi aus einen tischtennisplattengroßen Glastisch mit Messingfüßen nach Hause schicken zu lassen.

Es entwickelt sich ein netter Plausch mit den dreien und wie sich herausstellt, läuft das Geschäft gut. Ganz nebenbei verkaufen sie noch Handys und SIM-Karten mit Guthaben. Ein ziemlich krisenfestes Geschäftsmodell. Wir schwenken um auf Fußball. Zum Glück bin ich ein großer Fan und Fußball zieht als Thema fast immer. Ob ich Anthony Yeboah kenne. Ich bejahe, will mich ebenfalls als Fachmann zu erkennen geben und nenne im selben Atemzug den Namen Jay Jay Okocha. Yeboah und Okocha spielten einmal gemeinsam bei Eintracht Frankfurt. Da schauen sie mich fragend an, als käme ich vom Mond. Bis unser Gespräch von einem fragenden Kunden unterbrochen wird. *Habe ich etwas Falsches gesagt?*

Negativer Afrikanismus

Drei Tage später mache ich mich zu Recherchezwecken auf in die namibische Hauptstadt Windhuk. Ich will dem Gerichtshof der Southern

African Development Community (SADC), der Wirtschaftsgemeinschaft der Staaten des südlichen Afrikas, einen Besuch abstatten und mich für meine Dissertation über die Arbeit der Juristen informieren. Auf meinem fünf stündigen Flug über den Atlantik vom westlichen in den südlichen Teil des Kontinents muss ich an den Plausch in Kumasi zurückdenken (wobei ich immer noch nicht darauf komme, was ich Falsches gesagt haben könnte). Drei aufgeweckte Typen, die ihre Brötchen mit dem Verkauf komischer Poco-Domäne-Glastische verdienen. Meine Erlebnisse in Südafrika, Namibia, Botsuana, Simbabwe, Sambia, Tansania, Ghana und Togo wollten bis dahin so rein gar nichts mit dem zu tun haben, was meine kleine Umfrage im Bekanntenkreis vermuten ließ. Und je länger ich darüber nachdenke, desto stärker komme ich ins Grübeln über den Grund für unsere Assoziationen zu Afrika.

Da hätten wir einerseits das Phänomen, das ich einmal als „negativen Afrikanismus" beschreiben möchte. Der „negative Afrikanismus" ist eine Denkweise, die von der Unterdrückung durch Diktatoren, aufständischen Milizen, Blutdiamanten, Flüchtlingen, Hungersnöten, Warlords, Aids, zerfallenden Staaten oder einem geradezu bedeutungslosen Durchschnittseinkommen handelt. Die Liste nicht wirklich herzerwärmender Themen ist schier endlos. Es handelt sich um eine im Unterbewusstsein so fest verankerte Ansammlung von Gedanken zu menschlichen Nöten, die gravierender und existenzieller nicht sein können: Krankheit, Hunger, Krieg und Tod. Gebündelt auf einem einzigen Flecken Erde. In allen Ländern. Und zwar zur selben Zeit. Ach, Afrika! Du Opfer!! In unseren Köpfen herrscht der Eindruck vor, du würdest in existenziellen Problemen geradezu ersaufen. Wie soll man bei einem solchen Katastrophenwust glauben, dass du auch so etwas wie ganz normalen Alltag kennst? Es lohnt sich ja noch nicht einmal, sich damit zu beschäftigen, denn gleich fällt dir ohnehin der Himmel auf den Kopf. So gehe ich davon aus, bereits alles Wissenswerte von dir zu kennen. Und damit meine ich nicht ARTE-Tierdokumentationen zum Paarungsverhalten von Sumpfmangusten in der Serengeti.

„Ach, Afrika!" Mit genau diesem seufzerischen Ausruf – in Anlehnung an Enzensbergers „Ach, Europa" – brachte es der Journalist Bartholomäus Grill in seinem gleichnamigen Buch auf den Punkt. Ich hatte es während meines Besuchs in Westafrika gelesen. Eine Passage war mir besonders im Gedächtnis geblieben. Grill schreibt dort, es sei, „als würden wir unsere Nachbarn durch ein umgedrehtes Fernglas betrachten, wodurch sie in die Ferne rücken und ihre Feinheiten unerkenntlich würden." Er meint, ein oberflächlicher Journalismus erhalte unsere Sichtweise aufrecht und verfestige diesen Rasterblick: „Afrika schreit, Afrika weint, Afrika stirbt." Er bezeichnet Afrika als den K-Kontinent, den Kontinent der Krisen, Kriege und Katastrophen. Die tatsächlich nicht zu leugnende Wiederkehr und Permanenz von Gewaltausbrüchen, gepaart mit einer oberflächlichen Art der Berichterstattung, habe unsere Wahrnehmung von Afrika als blutigen Erdteil, als Hort zeitlosen Unfriedens nahezu unumkehrbar geprägt. Gerade durch diese Zementierung finde eine Verrohung und Verhärtung statt, die zu ungerechtfertigter Ignoranz führe. Zudem seien knappe Depeschen eher gefragt als nachhaltige Analysen. Dies könne vor dem Hintergrund äußerst komplexer Geschehen nicht gut gehen. Nach dem Ausbruch von Ebola – benannt nach dem gleichnamigen kongolesischen Fluss – in der Stadt Kikwit sei innerhalb von zwei Wochen mehr über die Demokratische Republik (DR) Kongo geschrieben worden als in den zwei Jahren zuvor. Grill stellt fest, dass es dabei immer nur um den Stoff gegangen sei, aus dem die Urängste des Europäers gemacht sind: Malariakranke und Aidstote, Cholera und Pest. Dass an Ebola weniger Menschen starben als bei einer durchschnittlichen Grippewelle in London, habe niemanden interessiert.

Mir scheint ebenfalls, dass wir ahnungslos hinnehmen, wie die Medien Afrika als eine einzige wabernde Konfliktmasse darstellen. Sie halten unseren Irrglauben aufrecht, bereits alles Wissenswerte über einen ganzen Kontinent erfahren zu haben. Klar, wenn sich für die Medien zwei Dinge bewährt haben, dann besonders hohe Auflagen durch negative Berichterstattung – oder die 179. Story über Hitler und seine Helfer. Es ist kein Wunder, dass wir uns bereits an all die Negativität gewöhnt haben. In der Breite hat sich über die letzten Jahrzehnte durch überwiegend einseitige und pauschale Berichterstattung jenes realitätsferne Bild aufgebaut, das geprägt ist von aidsverwaisten Kindern mit Wasserbäuchen und um sie herumkreisenden Fliegen oder selbstherrlichen Tyrannen, die Oppositionelle zum Frühstück verzehren. War das der Präsident der Zentralafrikanischen Republik oder von Kamerun? Egal, irgendwo da unten.

Jay Jay kommt aus Nigeria

Aber ich habe Ihnen, liebe Leser, ja versprochen, nicht den Robin Hood Afrikas zu geben. Und um davon abzulenken, dass mir das nicht immer gelingt, möchte ich Ihnen von dem kenianischen Journalisten Binyavanga Wainaina erzählen. Er traf bereits 2005 den Nagel auf den Kopf, als er einen unnachahmlichen Artikel mit dem Titel „How to write about Africa" veröffentlichte. Seine Anleitung lautet:

„Verwenden Sie in Ihrem Titel immer das Wort ‚Afrika‘, ‚Dunkelheit‘ oder ‚Safari‘. Auf dem Cover Ihres Buches sollten Sie keinen gutsituierten Afrikaner zeigen, es sei denn, dieser Afrikaner hat den Nobelpreis gewonnen. Eine AK-47 oder nackte Brüste tun es auch. Behandeln Sie Afrika so, als sei es ein Land. Es ist heiß und gekennzeichnet von Grasland, Tierherden und großen, dünnen, hungernden Menschen. ... Erwähnen Sie bloß nicht Reis und Rindfleisch, denn auf dem Speiseplan steht Affenhirn! Tabuthemen sind gewöhnliche Szenen zu Hause, Liebe, Referenzen zu Schriftstellern, Intellektuellen oder Schulkinder, die nicht von Ebola oder Genitalverstümmelung geplagt sind. ... Der moderne Afrikaner ist ein Fettsack, der klaut, im Visabüro arbeitet und den Leuten aus dem Westen die Arbeitserlaubnis verweigert, obwohl die sich doch so sehr um Afrika sorgen. ... Eine Ihrer Figuren sollte in jedem Fall ‚die hungernde Afrikanerin‘ sein, die nackt im Flüchtlingslager umherstreunt und auf die Güte des Westens hofft. ... Oder eine warme, mütterliche Frau mit überwältigender Lache, die stets um Sie bemüht ist. Nennen Sie sie einfach Mama! Ihre Kinder sind alle straffällig. All diese Figuren sollten sich um Ihren Hauptprotagonisten herum bewegen. Er kann sie unterrichten, baden und füttern. Ihr Hauptprotagonist, das sind Sie.“

Jetzt hat mir Binyavanga Wainaina doch glatt meine Buchidee geklaut: „Gutes Afrika, schlechtes Afrika.“

Geschäftsleute überqueren eine Straße im ghanaischen Kumasi.

Und während ich hoch über dem Atlantik über das Image eines ganzen Kontinents nachdenke, fällt mir plötzlich ein: *Jay Jay Okocha ist gar kein Ghanaer. Der ist doch Nigerianer! ... Shit.* Kein Wunder, dass die drei Händler aus Kumasi nicht angetan waren von meinem Kommentar über ghanaische Fußballer. Fettnäpfchen! Ein Engländer wäre auch nicht gerade begeistert, wenn man ihm Bastian Schweinsteiger als berühmten englischen Fußballspieler nennen würde. Tatsächlich hatte ich nirgendwo die Menschen so sehr über Nigeria schimpfen hören wie in Ghana. Aber dazu komme ich noch. Das Interesse der drei an Deutschland war hingegen groß. Sie kannten den Kaiser, den sie wohlgemerkt auch genau so nannten, Oliver Kahn und Michael Ballack. Der mittlere Kollege sagte, er habe einen Cousin in Bochum, der bei Opel arbeite. Sie telefonierten öfter miteinander; mittlerweile schrieben sie häufiger E-Mails. Der dritte schwärmte von einem deutschen Bier, das er irgendwo einmal getrunken haben wollte. Es schien gar, als ob sie mehr von meinem Heimatland wussten als ich von ihrem. Fest im Gedächtnis geblieben waren mir über Ghana der ehemalige UNO-Generalsekretär Kofi Annan, der erste Staatspräsident Kwame Nkrumah sowie Kakao und Zuckerrohr als landwirtschaftliche Exportprodukte. Sehr aussagekräftig. *Jay Jay kommt also aus Nigeria. Die drei werden mir diesen Fauxpas nachsehen.*

Positiver Afrikanismus

Wir überfliegen weiter den großen Teich. Auf dem Bildschirm kann ich erkennen, dass wir mittlerweile auf der Höhe Angolas angekommen sind, einem Land, das man in Sachsen wohl nur durch den einfallsreichen Wortwitz „Angola gännd ischma dod sauwe" kennt. Ich lasse meine Gedanken weiterschweifen und muss an die anderen Antworten aus meinem Bekanntenkreis denken. Scheinbar ist Afrika bei allen Negativassoziationen nicht nur der K-, sondern auch der F-Kontinent: Der Kontinent der Freude, Farben und Flusspferde, der Freiheit, Faszinationen und Flamingos. Als eine ungeordnete Sammlung exotischer Abziehbilder gefällt uns Afrika besonders gut: Voodoozauber, Akazienbäume und Löwengebrüll in der Serengeti. Ich nenne das den „positiven Afrikanismus".

Gerade die Werbebranche weiß den „positiven Afrikanismus" zu nutzen. Im Supermarkt sah ich einmal eine Chipstüte mit der Aufschrift „Chakalaka". Den Untertitel „Die Würze Afrikas" mag man noch für verzeihlich halten, handelt es sich bei Chakalaka schließlich um eine Würzsauce aus dem südlichen Afrika. Beim Duschgel „African Moments", das uns angeblich die grenzenlose Weite Afrikas ins heimische Badezimmer bringen soll, bin ich mir da allerdings nicht so sicher. Der exotisch frische Duft weckt angeblich das Fernweh und nimmt uns mit auf eine Reise der besonderen Sinneserlebnisse – steht so auf der Packung. Die Fastfood-Kette McDonald's lud 2002 zu Afrika-Wochen mit einem McAfrica und Kongo-Sticks ein. Auf Plakaten warb man mit dem „Geschmack Afrikas" und „exotischer afrikanischer Soße", einer gelblichen Tunke auf Mayonnaisebasis. Der Marketingabteilung von McDonald's zufolge war der Burger an ein „original-afrikanisches Rezept angelehnt". Senegal oder Sambia? Egal, irgendwo da unten.

„Positiven Afrikanismus", bei dem hunderte Millionen von Menschen über einen Kamm geschoren werden, findet man natürlich auch in der Unterhaltungsindustrie. Dort werden ein ganzer Kontinent und seine Bewohner gerne wie das Reich der Sinne auf Erden mit edlen Wilden im Lendenschurz dargestellt. Afrika und seine Bewohner wecken unsere Sehnsüchte von der großen Freiheit in der endlosen Weite der Wildnis. Der wohl beliebteste Musiktitel, der den Namen des Kontinents im Titel trägt, stammt von der kalifornischen Rockband Toto aus dem Jahre 1982. Darin heulen wilde Hunde in der Nacht. Wir hören, wie sich der Kilimandscharo über die Serengeti erhebt. Dass die sich nur durch Tansania und Kenia zieht, ist ja wurscht. Ein Jahr später sang Rose Laurens in ihrem gleichnamigen Song *Africa* in bester Popmanier von Gazellen, wilden Trommeln und Voodoomeistern. Dabei ist Voodoo nur noch in einzelnen ländlichen Regionen Westafrikas, etwa Benin, zu finden. Hätte sich Frau Laurens doch besser gleich selbst geopfert! Auch Andrea Berg, Königin des deutschen Schlagers, trällerte 1998, *Tief im Herzen Afrikas* seien „in der Hitze der Nacht die Trommeln erwacht". Die arme Andrea „lebte für den Augenblick, doch der kam nie mehr zurück." Zur Weltmeisterschaft 2010 in Südafrika war es die kolumbianische Popsängerin Shakira: Mit *Waka Waka*, was auf Fang so viel wie „Los geht's!" bedeutet (und in Teilen Kameruns, Gabuns, des Kongo und Äquatorialguineas gesprochen wird), sang sie sich in die Herzen der Fußballfans. Jedoch schien auch hier niemanden der englische Teil des Textes zu interessieren: Eine Zeile, die Kernaussage des Liedes, lautet: „This time for Africa." Ich darf das mal eben frei übersetzen: „Jetzt ist endlich auch mal Afrika dran und alles wird gut." Noch sinnfreier ist die letzte Zeile des Refrains „Cause this is Africa." Genau, denn das ist Afrika! Warum ist mir das bloß nicht viel früher eingefallen? Das pseudo-solidarisierende, den Song leise verstummen lassende „We're all Africa!" am Ende setzt dem Ganzen die Krone auf. Titus Arnu titelte auf *sueddeutsche.de*: „Sinnfreiheit, Disco-Gejodel und Ethno-Gestampfe: Shakiras ,Waka Waka' erfüllt alle Mindestanforderungen an einen WM-Song. Aber was soll das mit Afrika zu tun haben?"

Ich stelle mir in jenem Moment die Frage, was das in Europa oder jedenfalls in Deutschland wohl bekannteste Buch zu Afrika sein könnte. Eines steht fest: Chinua Achebes *Things fall apart* ist es nicht. Manch einer von Ihnen kennt vielleicht Joseph Conrads *Herz der Finsternis*. Aber ich vermute, dass es Tania Blixens *Afrika, dunkel lockende Welt* ist. Darin beschreibt die dänische Schriftstellerin, die eigentlich Karen Blixen heißt, wehmütig ihre Erlebnisse als Farmerin in Kenia. Das Buch wird Ihnen unter dem heutigen Titel *Jenseits von Afrika* geläufig sein, vor allem aber durch die gleichnamige Verfilmung, die eine wahre literarische Afrika-Diarrhoe zur Folge hatte: So steht in der Tradition Tania Blixens nicht nur die deutsche Schriftstellerin Stefanie Zweig, die sich mit ihren autobiografischen Werken, allen voran dem später verfilmten *Nirgendwo in Afrika*, einen Namen gemacht hat. Dasselbe hätte sich Kinderkrankenschwester Bettina Landgrafe bestimmt auch gewünscht, die in *Weiße Nana: Mein Leben für Afrika* ihren Hoheitsanspruch auf eine Landgrafesche Hilfszone namens Ghana unmissverständlich mit den Worten „man muss ihnen nur einmal in die Augen sehen" unterstreicht. Dazu ein Coverfoto mit einem schwarzen Mädchen auf dem Arm, ein Vorwort von Atze Schröder und fertig ist das Afrikabuch. In *Mit Hand und Herz: Mein Leben für Afrika* lässt uns Ordensschwester Raphaela Händler an ihrem Wirken als von Gott entsandte Helferin in Tansania und Namibia zwischen 1980 und 2013 teilhaben. Für die restlichen 52 Länder reichte die Zeit dann doch nicht. Hera Lind schloss ihre Figuren im apartheidgeschüttelten Südwestafrika, dem heutigen Namibia, ein und machte gleich ein ganzes *Gefangen in Afrika* daraus. Stefanie Gercke schickte ihre Figuren *Ins dunkle Herz Afrikas* und meinte damit eigentlich nur Südafrika. Wir halten fest: Wo Afrika draufsteht, muss nicht unbedingt Afrika drin sein. Doch auch Bücher ohne „Afrika" im Titel zeugen nicht gleich von Qualität. (Vorsicht: Selbstironie!) So beglückte die Schweizer Boutiquenbesitzerin Corinne Hofmann Millionen von Lesern mit ihrer romantischen Schicksalsbeichte *Die weiße Massai*. Während eines Kenia-Urlaubs hatte sie sich hoffnungslos in Massai-Krieger Lketinga verliebt. „Ein junger Gott", fand Hofmann, ließ ihren Schweizer Freund sausen, verkaufte ihren Laden, zog in die kenianische Savanne und heiratete Lketinga mit dem eindrucksvollen Kopfschmuck. What a story! Corinne konnte die Tinte einfach nicht halten. Natürlich darf da auch eine gefühlvolle Haarwäsche unter freiem Himmel nicht fehlen. Denn der nächste Malariaschub kommt bestimmt.

Auch die Liste klischeedurchtränkter deutscher Fernsehspielfilme kann sich sehen lassen. Wenn Christine Neubauer in einer ARD-Schnulze als Ärztin Namibia rettet, dann heißt das *Afrika im Herzen*. Katja Flints Abenteuer am Kap der Guten Hoffnung waren gleich ganze *Stürme in Afrika*.

Selbst die SOKO Leipzig hat sich schon nach Namibia vorgewagt. Das ZDF nannte die sächsische Exkursion ins Nirgendwo *Verloren in Afrika*. Was das wohl für ein Schock für die Namibier gewesen sein muss! Unvergessen auch *Afrika ruft nach dir* mit Erol Sander als verwitwetem Tierarzt Markus, der in Südafrika einen Nationalpark übernimmt und dort auf Christina Plate als engagierte Wildhüterin Ariana trifft. Weiter geht es mit *Eine Liebe in Afrika,* diesmal mit Starbesetzung in Person von Hannelore Elsner und Heiner Lauterbach als sozial engagiertem Bischof Jo. Jo schmeißt sich an die Verlobte seines besten Freundes heran und rettet ganz nebenbei ein Kapstädter Township. Wir sahen dabei zu, wie Tanja Wedhorn als Zoologin Verena *Mein Herz in Afrika* verlor und wie – da wären wir wieder bei Frau Neubauer – diese auf *Momella – Eine Farm in Afrika* glücklich wurde. Da grasen die Zebras noch im Vorgarten. Was zur Primetime zählt, sind weiße Identifikationsfiguren, die in Afrika nach dem Rechten sehen. Auswanderer, Farmer, Ärzte, Kinderheimbetreiber, alle gut und selbstlos, wie Günther Maria Halmer in *Mein Traum von Afrika.* Alles, Sie ahnen es, umrahmt von blutroten Sonnenuntergängen, Safaris am Kilimandscharo oder lachenden Buschkindern. Ein ganzer Kontinent dient als ideale Projektionsfläche für unser Fernweh.

Doch damit nicht genug. Denn erst, wenn man denkt, es könnte nicht mehr schlimmer werden, kommen kabel eins und RTL. Bei kabel eins strahlte man eine Serie mit dem Titel *Die strengsten Eltern der Welt* aus und stellte hierzu den Erziehungsaufenthalt deutscher Terror-Teenager bei einem „tansanischen Buschvolk" dar. Die Kinder sollten bei Arbeiten im Dorf mithelfen, die darin bestanden, Feuerholz zu sammeln und Kühe zu hüten. Selbstverständlich sollte es für sie keine Sonderbehandlung geben. Das wäre ja noch schöner gewesen. Ebenfalls keine Sonderbehandlung gab es für die Teilnehmerinnen in *Wild Girls – Auf High Heels durch Afrika.* Dabei handelte es sich um eine RTL-Kulturoffensive der besonderen Art. Hierzu stellte das Fernsehteam ein dutzend herausragend peinlicher (Doppel-)D-Prominenter zum Blödsein in die namibische Wüste und hielt die Kamera drauf. Die Damen meisterten „Prüfungen" mit wilden Tieren und deren Fäkalien, was wohl an das ländliche Leben der ansässigen Himba angelehnt sein sollte. Dabei frönten sie eigentlich nur ihrem Dasein als ein Haufen geltungsbedürftiger Gehirnamputierter, die besser in der Steppe geblieben wären.

Manchmal sagt ein Bericht mehr über den Schöpfer aus als über Afrika: Das Beispiel Peter Scholl-Latour

Ich schaue aus dem Fenster und denke, dass Ghana mir wohl als die bislang schönste Reiseerfahrung in Afrika in Erinnerung bleiben wird. In keinem anderen Land würde ich jemals wieder so viele Heiratsanträge bekommen, von den Handynummern und Facebook-Kontakten ganz zu schweigen. Viele melden sich bis heute und fragen, wie es mir geht und wann ich das nächste Mal wieder nach Ghana komme. Nein, mit biblisch-apokalyptischen Zuständen oder Liebesstürmen in der Wildnis wollten meine Erlebnisse in den von mir bereisten Ländern bislang wahrlich nichts zu tun haben. Doch heißt das gleich, dass die Informationen, die uns erreichen, überhaupt nicht zutreffen? Die Antwort lautet, dass sie in der Regel zutreffen, doch dass dabei weniger der Inhalt das Problem ist. Falsch ist vielmehr ihre einseitige Darstellung. Sehen wir uns hierzu einmal zwei konkrete Beispiele für den „negativen Afrikanismus" genauer an: Den Völkermord in Ruanda, der sich 2014 zum 20. Mal jährte und die Verbreitung von HIV.

Der Völkermord in Ruanda verkörpert mit bis zu schätzungsweise einer Million Opfern das wohl Grausamste der vergangenen sechs Jahrzehnte, was sich Menschen gegenseitig in einer solch kurzen Zeit, innerhalb von drei Monaten zwischen April und Juli 1994, haben antun können. Im Rucksack in der Gepäckablage über mir habe ich neben Grills *Ach, Afrika* auch Peter Scholl-Latours *Afrikanische Totenklage – Der Ausverkauf des Schwarzen Kontinents*. Klingt nicht nur furchterregend, ist auch so. Scholl-Latour schreibt in einer Passage über den Völkermord – halten Sie sich gut fest:

> „Bei ihrer Schlächterarbeit waren [die radikalen Hutu] von oben bis unten mit Blut verschmiert. Sie zerhackten ihre Opfer und verschonten auch Frauen, Säuglinge und Greise nicht. ... Die Kirchen, in die sich die Gläubigen in der Hoffnung geflüchtet hatten, um dort Asyl zu finden, wurden zu besonders scheußlichen Hinrichtungsstätten. Das Blut der Verstümmelten besudelte die Altäre und spritzte zum Antlitz des gekreuzigten Erlösers hoch. ... [Beim Gegenzug der Tutsi unter General Paul Kagame schließlich sind] die Tutsi-Krieger ... wie Racheengel in ihre alte Heimat zurückgekehrt und hielten unerbittlich Gericht."

Jetzt können Sie wieder loslassen. Schlächterarbeit, spritzendes Blut, Racheengel. Hätte es ein bisschen weniger nicht auch getan? Man muss dazu sagen, dass Scholl-Latour auch immer Kriegsreporter gewesen ist. Die *Frankfurter Allgemeine Zeitung* lobte das Buch als erschreckend wahrhaftig. Seine Analysen seien schwer zu widerlegen. Hinzu komme ein geradezu enzyklopädisches Wissen über die Entwicklung des Schwarzen Kontinents. (Steht jedenfalls so auf dem Buckdeckel meines Exemplars. Mensch, da muss man doch zugreifen!) In der Tat wartet Scholl-Latour mit einer nahezu überwältigenden Informationsdichte auf. Eine Karte im Buchdeckel belegt seine imposanten Reiserouten. Eine genauere Betrachtung offenbart jedoch, dass er sich in Afrika die Rosinen herausgepickt hat: Den Völkermord in Ruanda, die Rolle Ugandas unter den Präsidenten Amin und Museveni, den Kongo als Verkörperung des gescheiterten Staates, die Bürgerkriege in Angola, Sierra Leone und Liberia; Namibia („Ein schwarz-weißes-rotes Disneyland"), das von der Apartheid erschütterte Südafrika, Kenia, Guinea („Ein afrikanisches Albanien"), den Sudan und die Elfenbeinküste. (Letztere heißt übrigens korrekterweise Côte d'Ivoire.[3]) Genau hierin liegt das Problem. Indem er stets 30 bis 50 Jahre alte Katastrophengeschichten mit „neuen" Essays aus der Zeit der Jahrtausendwende verbindet, um den Beweis über den Ausverkauf ganz Afrikas anzutreten, entfernt er sich unweigerlich von einer Realität, die es in seinen Augen nicht wert ist, überhaupt Erwähnung zu finden. Dabei legen Statistiken des südafrikanischen Instituts für Sicherheitsstudien dar, dass die Anzahl innerstaatlicher Konflikte in Subsahara-Afrika lediglich von den 1970er bis in die frühen 1990er Jahre kontinuierlich anstieg und dann ihre Hochzeit erfuhr. Seitdem sind sie wieder rückläufig, zuletzt mit dem Ende der Bürgerkriege in Sierra Leone, Liberia, Angola, Burundi und Côte d'Ivoire. Prognosen deuten darauf hin, dass sich dieser Trend weiter fortsetzen wird. Laut Heidelberger Institut für Internationale Konfliktforschung ist Subsahara-Afrika seit 2006 nicht mehr die Region mit der höchsten Anzahl an gewaltsamen Konflikten auf der Welt, sondern Asien und Ozeanien.[4]

Es sind die (para-)militärischen Konflikte, die unsere Wahrnehmung von Afrika dominieren. Scholl-Latours virtuose Inszenierung ist ein Grund dafür. So kommt es nicht von ungefähr, dass eine der beliebtesten Fragen, die ich in den vergangenen Jahren beantworten sollte, lautete: „Aber ist es da denn nicht gefährlich?", wobei „da" wohl zumeist ein Synonym für „im Busch" war. Ich muss Sie gleich enttäuschen, liebe Leser: Keine entsicherten Kalaschnikows im Rücken, keine Macheten an der Halsschlagader und keine Löwen, die mir den Arm abbeißen wollten. Wie bereits erwähnt waren Handynummern und Freundschaftsanfragen auf Facebook, hier und da sogar ein Heiratsantrag, die Regel. Somit habe ich die Frage auch stets verneint und beteuert, es sei absolut ungefährlich, allein um die Fragenden mit meiner Antwort zu schocken. Die darauffolgende Ungläubigkeit, die sich zumeist durch ein langgezogenes „eeeeeeecht??" äußerte, war für mich dann doch Anlass genug, meine Antwort zu präzisieren. Das möchte ich auch jetzt tun: Tatsächlich gibt es „schwierige Adressen" in Subsahara-Afrika. Da beißt die Maus keinen Faden ab. Es sei jedoch vorweg gesagt, dass die Dynamik der innerstaatlichen Konflikte, um die es geht, enorm ist. Der Südsudan ist das jüngste Beispiel hierfür. Die nationalen Territorien sind außerdem oftmals viel zu groß, um eine abschließende Feststellung zu treffen. Nicht umsonst beziehen sich Reisewarnungen des Auswärtigen Amtes fast ausschließlich auf spezifische Landesteile. Wenn Sie an der Seite eines einheimischen Bekannten reisen, sieht die Sache ohnehin meist anders aus. Wenn Sie mich fragen, würde ich mir einen Besuch in der Zentralafrikanischen Republik, dem Tschad, dem Osten der Demokratischen Republik (DR) Kongo, dem Norden Nigerias, Teilen Malis, des Sudans, dem Südsudan und Somalia zunächst sparen. Der Rest – und das sind knapp 85 % der gesamten Fläche – ist grundsätzlich unbedenklich. Großes Ehrenwort! (Aber beschweren Sie sich hinterher nicht bei mir, wenn Sie abends alleine durch Nairobi laufen und „angehalten" werden – etwas, das Ihnen übrigens auch in Gütersloh passieren kann.)

Manchmal sagt ein Bericht mehr über die Schöpferin aus als über Afrika: Das Beispiel Stephanie Nolen

Nun komme ich zu meinem zweiten Beispiel. Ähnlich pauschalisierend und undifferenziert sind Darstellungen zur Verbreitung von HIV/Aids. Auf diesem Gebiet gilt die Kanadierin Stephanie Nolen als eine der bekanntesten Journalistinnen. In einem Interview, das die *Frankfurter Allgemeine Zeitung* im Juni 2007 mit ihr führte, bezeichnete die Autorin des Buches *28 Stories über Aids in Afrika* die Aidskatastrophe als einen Völkermord aus Gleichgültigkeit. Afrikanische und westliche Regierungen wüssten schließlich um günstige Generika, die HIV im Schach halten könnten. In dem Interview sticht besonders eine Äußerung Nolens hervor: „Es gibt nur eine Linse, durch die man auf Afrika gucken kann." Das sitzt. Irgendwann hat Nolen nach eigener Aussage gemerkt, dass hinter nahezu jeder Geschichte eine Aids-Geschichte steckt: „Jeder, der in Afrika war, scheint mit demselben Eindruck zurückzukommen: Die Leute sind arm und erleben schlimme Dinge, aber sie singen, tanzen und sind fröhlich. Ich sage immer, ja, sie haben euch willkommen geheißen, sie haben für euch gesungen, aber nehmt ihr wirklich an, sie seien glücklich, obwohl um sie herum alle sterben?"[5] Von Frau Nolen lernen wir nicht nur, dass alle Afrikaner arm sind. Allen Afrikanern geht es schlecht. Aber dafür singen und tanzen alle Afrikaner gerne. Das macht es allen Afrikanern erträglicher. Denn alle Afrikaner haben Aids. Aber das wissen ja sowieso alle, die mal „da" waren. Das Interview, das sich auf den ersten Blick wie ein hinreißendes Plädoyer liest, ist in Wirklichkeit höchst bedenklich. Zwar mag es sein, dass durch solche solidarisierenden, stellenweise drastischen Worte der Politik Beine gemacht werden und dem Zugang zu Therapien auf die Sprünge geholfen wird. Nolen macht jedoch aus allen Afrikanern, von Jung bis Alt, von Nord bis Süd, von Ost nach West hilflose Aidskranke. Richtig ist, dass sich die Pandemie weiterhin mit circa 70 % aller HIV-Neuinfektionen und 66 % aller Aidstoten auf Afrika konzentriert. Das ist zweifelsohne ein erschreckender Missstand. Dass die Medikamentenversorgung nicht ansatzweise mit der in den meisten Staaten Europas zu vergleichen ist, erklärt sich ebenso von selbst. Wenn ich Ihnen jedoch sage, dass sich die Infektionszahlen zwischen dem südlichen, westlichen und östlichen Teil des Kontinents massiv unterscheiden, ist dies eine erste differenzierte Auseinandersetzung mit dem Thema, als nur von „der einen Linse" zu sprechen, wie Nolen es tut. Während man in Südafrika und Botsuana von 18 bis 23 % HIV-Infizierten ausgeht, sind es in Tansania 6 %, in Kamerun 5 %, in Nigeria 4 %, in Ruanda 2 %. In der Ukraine oder Estland sind mit rund 1,2 % mehr Menschen infiziert als im Senegal. In Kenia ist der prozentuale Anteil seit 2000 von 9 auf 6 % gesunken.[6] Die burundische Journalistin Jocelyne Sambira macht ebenfalls darauf aufmerksam, dass in den vergangenen Jahren die Zahl von HIV-Neuinfektionen dramatisch gefallen sei: In Malawi um 73 %, gefolgt von Botsuana, Namibia, Sambia und Simbabwe. Gerade in Botsuana ist das Thema allgegenwärtig. Überall stößt man auf Plakate und Werbeflächen, die vor HIV/Aids als real existierendem Problem warnen, vor dem man sich schützen kann. Es gibt in Botsuana keine Denkverbote mehr. Dass HIV durch Hexerei oder böse Blicke übertragen wird, irgendwo „von da drüben hinterm Berg kommt", sind vergangene Mythen. Auch in Südafrika hat man eine Reduzierung der Neuinfektionen um 41 % erreicht. Heute erhalten 1,9 Millionen Südafrikaner eine Therapie. Das sind zehn Mal mehr Menschen als 2005.[7] Leider gelingt mir die sprachliche Darstellung dieser statistischen Daten nicht ganz so volltönend wie Peter Scholl-Latour, der auch zu diesem Thema etwas zu sagen hatte. Halten Sie sich wieder gut fest: „Der apokalyptische Reiter Südafrikas trägt die vier Buchstaben ‚AIDS' auf seinem Schild." Jetzt können Sie wieder loslassen.

Es sind oft die Haltungen und Darstellungsweisen westlicher Korrespondenten, die das eigentliche Problem offenbaren. Bei allen guten Absichten wird durch die jeweilige eindimensionale Betrachtungsweise der gesamte Kontinent in Mitleidenschaft gezogen. Stellenweise wird er gar zur Erreichung der eigenen Ziele instrumentalisiert. Völkermord, Bürgerkriege und Aids, so scheint es, werden bei ihnen zu rein afrikanischen und zu dort omnipräsenten Themen. Da verwundert es nicht, dass man als Leser vor Furcht und Schrecken nur die Hände über dem Kopf zusammenschlagen möchte. Die Vereinnahmungen sind so einschüchternd, dass man sich nicht traut, sich zu Wort zu melden, ohne sich zugleich an den vielen Opfern zu versündigen.

Auf den Punkt gebracht:
Die wahren Ursachen für heutige Probleme

Ich möchte nicht den Eindruck erwecken, als herrsche in allen afrikanischen Ländern Heiterkeit und Sonnenschein. Das werde ich in den folgenden Kapiteln noch versuchen zu verdeutlichen. Dennoch drängt sich unweigerlich die Frage auf, wie man die wahren Ursachen für die Probleme vieler afrikanischer Länder am besten erklären kann.

Im Flugzeug schaue ich erneut auf den Monitor vor mir. Bis Windhuk sind es noch zwei Stunden und zehn Minuten. Mein Blick schweift rüber auf die rechte Seite des kleinen Bildschirms. Ich sehe ein Land, das so groß ist, dass man wahrlich nur schwer an ihm vorbeikommt: Die DR Kongo. *Hätte die Hälfte des Gebiets es da nicht auch getan?* Mir kommt das Jahr 1885 in den Sinn, als man nahezu gleichgültig die Geschichte afrikanischer Staatswerdung schrieb. Damals lud Bismarck zur Kongokonferenz nach Berlin. Vordergründig ging es um die Handelssituation am Kongo und am Niger. Bedeutender war jedoch ihr Schlussdokument, die sogenannte Kongoakte. Das Zusammentreffen der Kolonialherren von November 1884 bis Februar 1885 sollte später als die Berliner Konferenz in die Geschichte eingehen. Sie bildete die Grundlage für die Aufteilung Afrikas in Kolonien. Gewiss mutet eine Konferenz, auf der ein ganzer Kontinent unter 13 Mächten aufgeteilt wird, wie ein Brettspiel an. (Risiko oder so. Macht ja auch Spaß.) Und je länger ich über den Vergleich nachdenke, desto besser gefällt er mir. Besonders wenn man sich vorstellt, dass König Leopold II. von Belgien den Kongo als Privateigentum erhielt – ein Gebiet, in das Belgien locker über 70 Mal reingepasst hätte. Zur Zeit von Leopolds Herrschaft sind vor allem Elfenbein und Kautschuk aus dem Kongo exportiert worden, wobei mehrere Millionen Menschen aus der einheimischen Bevölkerung durch schwere Misshandlungen und Ausbeutung ums Leben kamen. Leopold hielt den Kongo für ein traumhaftes Tropenreich, eine Art privater Robinson Club. Deutschland bekam dabei Togoland (Togo), Kamerun, Deutsch-Ostafrika (Tansania, Ruanda, Burundi) und Deutsch-Südwestafrika (Namibia) zugesprochen. Der größte Teil Westafrikas, der Sahara und Zentralafrikas wurde französisch. Die größten britischen Territorien waren Nigeria, der Sudan, Kenia und Uganda, Rhodesien (Sambia im Norden und Simbabwe im Süden), Bechuanaland (Botsuana) und Südafrika. Alles wurde schön auf einer riesigen Landkarte mit Lineal und Bleistift markiert und aufgeteilt.

In Folge der Berliner Konferenz nahm der Wettlauf um Afrika an Tempo zu. Bis 1895 waren neben Abessinien (Äthiopien) nur noch die Siedlungskolonien Liberia, Oranje-Freistaat und Transvaal (beide im heutigen Südafrika) unabhängig. Frankreich gründete in diesem Jahr das Generalgouvernement Französisch-Westafrika, mit dem die zahlreichen Neuerwerbungen Senegal, Sudan, Guinea und Côte d'Ivoire zusammengefasst wurden. Später kamen Obervolta (Burkina Faso), Dahomey (Benin), Mali und Mauretanien dazu. Nach dem Ersten Weltkrieg wurden die deutschen Kolonien als Mandatsgebiete des Völkerbundes unter Großbritannien (Kamerun, Südwestafrika/Namibia, Tanganyika/Tansania, Togoland/Togo), Frankreich (Kamerun, Togoland/Togo) und Belgien (Ruanda-Urundi/Ruanda und Burundi) als Verwalterstaaten aufgeteilt. Wer von Ihnen einen alten Atlas zu Hause hat, wird auf all diese Namen stoßen. Warum ich sie überhaupt erwähne, fragen Sie sich? Bei der nächsten „Wer wird Millionär"-Folge werden Sie sich freuen zu wissen, wer oder was Dahomey war.

Wie nun aus afrikanischen Kolonien afrikanische Staaten wurden? Nach dem Zweiten Weltkrieg ging die formale Hoheit des Völkerbundes über seine Mandatsgebiete auf die neu gegründeten Vereinten Nationen über. Um das Ziel zu bekräftigen, die Staaten langfristig zu unabhängigen Staaten aufzubauen, wurden aus ihnen sogenannte Treuhandgebiete, die laut UN-Charta dem Zweck dienten, den Frieden zu festigen sowie den Fortschritt ihrer Einwohner zur Selbstregierung zu fördern. Nachdem Äthiopien bereits 1941 unabhängig von Italien geworden war und diverse Mittelmeeranrainer (Libyen, Marokko, Tunesien) sowie der Sudan zwischen 1951 und 1956 unabhängig wurden, fand mit Ghana im Jahre 1957 das erste Treuhandgebiet südlich der Sahara seinen Weg in die Unabhängigkeit. Es entstand in den darauffolgenden Jahren eine nie zuvor dagewesene Unabhängigkeitswelle, die bis 1968 zur Gründung von insgesamt 33 souveränen afrikanischen Staaten führte, wobei 1960 mit 17 Staatsgründungen als das „afrikanische Jahr" in die Geschichte einging.[8] Schnell folgten ernüchternde Zustände. Dass Grenzen im Zuge der Berliner Konferenz stellenweise mit dem Lineal gezogen wurden, wie etwa zwischen Kenia und Somalia, Ghana und Burkina Faso oder Mali und Mauretanien, sollte sich nun rächen. Plötzlich fanden sich tausende afrikanischer Völker auf den für sie vorgesehenen, klar bestimmten Territorien wieder. Damit waren sie entweder getrennt von ihresgleichen oder bunt zusammengewürfelt mit anderen Bevölkerungsgruppen. In der DR Kongo, dem größten Staat südlich der Sahara, leben bis heute über 200 Ethnien.

Ich möchte Ihnen in diesem Zusammenhang von einer interessanten Begegnung erzählen, die ich zwei Wochen zuvor in dem ghanaischen Küstenort Ada Foah gehabt hatte. Während ich dort nichtsahnend auf

einem Gehweg in Richtung Strand spaziere, treffe ich auf Frederick. Er
werkelt an seinem Haus. Mit einer Schubkarre beseitigt er Bauschutt. Er
trägt eine Jeans, ein rot-weiß gestreiftes Poloshirt und einen schwarzen
Cowboyhut. Ich schätze ihn auf Mitte 30. In der Mittagshitze sieht er mich
von weitem seinen verwilderten Vorgarten passieren. Ich winke ihm zu. Er
ruft mich zu sich und kommt ebenfalls zum Gartenzaun. Wir geben uns
die Hand und kommen ins Gespräch. Ob ich nicht Lust auf ein Bier hätte.
„Klar habe ich!", bejahe ich erfreut, und so zieht er einen zweiten Plastikstuhl heran. Dann bittet er mich, unter seinem im Wind schwankenden
Sonnenschirm Platz zu nehmen. Drei Minuten später kommt er mit zwei
kühlen „Star Lager" aus seinem noch recht unbearbeiteten, beige-gelb angemalten Haus zurück. Frederick hat eine Frau, zwei Töchter und ist der
Sohn des Chiefs in der Region. Auf meine Nachfrage hin sagt er, ich müsse
mich deswegen nicht extra verbeugen. Dabei lacht er laut auf. Das Haus
habe er vor kurzem gekauft. Offensichtlich gebe es noch viel zu tun, aber
es hätte auch keine Eile. Ganz easy. Am Wochenende biete es ihm regelmäßig die Gelegenheit, aus Accra herauszukommen, wo er als Redakteur
für das Fernsehen arbeite. Frederick fragt mich nach meinen Erfahrungen
in Ghana und ich sage ihm ganz unverblümt, wie toll ich es finde. Die
Leute seien unglaublich freundlich, ich hätte sogar schon einen Heiratsantrag von einer jungen Dame bekommen. Wieder muss er lachen. Und
wie sich unser Gespräch so entwickelt, merke ich, dass er immer wieder darauf Bezug nimmt, dass die Ghanaer ein sehr friedfertiges Volk seien. Jetzt
hat er meine Neugierde geweckt. Ich frage ihn, ob das auch der Grund dafür sei, dass Ghana bislang eines der stabilsten Länder in Westafrika gewesen sei. Er nimmt einen Schluck Bier und nickt. „Wahrscheinlich." Dann
pausiert er kurz und führt fort: „Weißt du, wir sind in Ghana viele Ethnien,
viele Bevölkerungsgruppen. Die Ashanti, die Ewe, die Ga, es gibt sehr viele.
Und doch haben wir uns schon immer gut verstanden. Es gab viele Eheschließungen untereinander. Und so kam es, dass wir in Ghana nie große
Probleme miteinander hatten. Aber schau dir Nigeria an! Die haben sich
die Köpfe eingeschlagen! Die schlagen sich doch immer noch die Köpfe ein!
Die wollten alle Macht. Und das ist gefährlich."

Ich sehe Frederick an und merke, dass die Bürgerkriege zwar den Ruf
des gesamten Kontinents geprägt haben, aber es auch Länder wie Tansania, Botsuana und eben Ghana gibt, in denen Frieden herrschte. Ich frage
ihn, ob es also eine Art historischer Zufall sei, dass gerade auf dem Gebiet dieser Staaten die Bevölkerungsgruppen gut miteinander klar-
kamen? „Ja, das kann man vielleicht so sagen. Aber das ist bestimmt nicht
alles. Länder wie Liberia oder Äthiopien waren ja zum Beispiel nie wirklich

kolonialisiert."[9] Ich erkundige mich danach, warum dann viele afrikanische Länder den sprichwörtlichen Anschluss verpasst hätten, auch solche, in denen es friedlich zugegangen sei: „Wir bekommen zu Hause immer diese Schreckensmeldungen. Militärputsche, Gewalt, Armut, Korruption. Woran liegt das?" Frederick schaut mich an, dann auf seine Bierflasche, die er in den Händen hält, und nimmt einen Schluck. „Gewalt, Armut, Korruption. Ja, das stimmt. Das sind zwar die Probleme. Aber die Ursachen liegen doch ganz woanders." Er sagt, er könne natürlich nur für Ghana sprechen, aber wenn er sich so manch anderes afrikanische Land anschaue, dann seien doch nach der Unabhängigkeitsbewegung viele Gemeinsamkeiten vorhanden gewesen. Es habe sich in vielen Ländern deshalb nichts entwickeln können, weil mit dem Abzug der Kolonialmächte und des Versuchs des Aufbaus eigener Strukturen gleichzeitig die Büchse der Pandora geöffnet worden sei: „Die Kolonialherren, ihr Europäer habt Lücken hinterlassen. Und die mussten gefüllt werden. Bis dahin hatte es überall viele Völker gegeben. Die Lücken hatten sich vorher nie bemerkbar gemacht. Nach und nach begannen dann aber die Auseinandersetzungen. Manche fühlten sich benachteiligt, andere wiederum schwelgten im Luxus. Das waren meist diejenigen, die in der Verwaltung und in der Regierung installiert worden waren. Die hatten Swimmingpools und Hausdiener wie die Kolonialherren vor ihnen. Du siehst, es geht um Macht. Das ist alles eine Frage der Macht. Macht hat sie blind gemacht. Selbst demokratische Wahlen konnten das nicht verhindern. Es gab dann Risse. Schau dir Nigeria an! [Frederick liebt es offensichtlich, auf Nigeria herumzuhacken.] Die Grenzen sollten ja stabile Verhältnisse sichern. Aber das Gegenteil war der Fall. Und so gab es Konflikte. Da kann sich doch nichts entwickeln. Versuch du doch mal, einen Haufen wilder Hühner einzufangen. Die laufen dir alle weg. Und dann kam die Korruption. Dann nimmt sich jeder, was er kriegen kann."

Wilde Hühner einfangen. Jeder, was er kriegen kann. An diese Sätze muss ich mich besonders erinnern. Das Gespräch mit Frederick war aufschlussreich, weil ich einige der wahren Ursachen für die vielseitigen Probleme in so manchem afrikanischen Land erfuhr. Er hatte besonders mit seiner Darstellung zu den entstandenen Rissen recht. So verband sich Britisch-Togoland (Westtogo) 1957 mit der Goldküste zu Ghana, während Französisch-Kamerun 1960 als Kamerun seine Unabhängigkeit erhielt und der Süden sich ein Jahr später Britisch-Kamerun anschloss, während sich der britisch verwaltete Norden in Nigeria integrierte. Bestrebungen nach territorialen Neugliederungen, seien sie durch Sezessionen oder Gebietsfusionen, lassen sich auch weiterhin in vielen Ländern finden.[10] Das von Frederick so heißgeliebte Nigeria ist, man muss es fast so sagen, ein künstliches

Gebilde mit drei Großvölkern – Yoruba, Ibo und Hausa-Fulani – und rund 430 kleineren Ethnien. Kein Wunder, dass dann auseinanderstrebt, was nicht zusammengehört. Die ehemaligen afrikanischen Kolonien zu demokratischen, souveränen und funktionierenden Staaten werden zu lassen, konnte nur in der Theorie funktionieren.[11]

Nach eineinhalb Stunden verabschieden Frederick und ich uns. Ich will noch zum Strand, bevor die Sonne untergeht. Auf dem Rückweg komme ich wieder an seinem Haus vorbei, wo er mir von weitem zuruft: „George! Vielleicht solltest du doch übers Heiraten nachdenken! Ghanaische Frauen sind die besten!"

Frederick vor seinem Haus in Ada Foah.

Nachrecherchiert: Über die fehlende Legitimation des europäischen Staatsmodells

Endlich setzen wir zur Landung an. Windhuk. 30 Grad. Die Sonne brennt. Die Frisur hält. Meine Erinnerungen an das Gespräch mit Frederick veranlassen mich dazu, im Hotel der Frage nach der Staatswerdung afrikanischer Länder weiter nachzugehen. Im Internet stoße ich auf einen Artikel des kongolesischen Politikwissenschaftlers Mwayila Tshiyembe, Direktor des Institut Panafricain de Géopolitique im französischen Nancy. Darin verweist Tshiyembe auf den Unterschied zwischen dem europäischen Staatsverständnis, das afrikanischen Völkern übergestülpt wurde, und dem eigenen afrikanischen Verständnis, dem – wie er es nennt – soziokulturellen

Staat. Er meint, dass unser Begriff von Staat sehr viel stärker vom Element des Territoriums geprägt war. Im Gegensatz dazu agierte der afrikanische Staat jedoch verteilt über eine Vielzahl von Örtlichkeiten. Der Staat diente also weniger der Markierung von Grenzen. Er war vielmehr ein Bezugssystem zum gemeinsamen Leben. Er war geprägt von einem Netzwerk, das Menschen an ihre Umwelt bindet. Tshiyembe schlussfolgert, dass der europäische Staat von der überwiegenden Mehrheit deshalb auch als aufgezwungener Machtapparat wahrgenommen wurde. Er hatte einfach keine sozialen und kulturellen Wurzeln in Afrika. Lange vor dem Beginn des Kolonialismus hatte es in Afrika ein eigenes gruppenübergreifendes Staatsverständnis gegeben. Die Reiche Äthiopien, Ghana, Maliu, Songhay, Noupé, Ifé, Benin, Kanem-Bornou, Kongo, Monomapata und Simbabwe beispielsweise, die zurück bis ins 7. Jahrhundert datieren, waren multiethnische Staaten. Der Kolonialismus hat in den Augen Tshiyembes den Prozess einer Staatswerdung nach eigenen sozialen und kulturellen Vorstellungen dann aber unterbrochen. Dies musste zwangsweise zu Widersprüchen führen.

Oktroyiert, übergestülpt, schablonenhaft kopiert? Man kann es nennen, wie man will. Man hat nach dem Zweiten Weltkrieg einfach nicht über Alternativen nachgedacht. Die Integration afrikanischer Völker in die Weltgemeinschaft sollte nach einem nationalstaatlichen Vorbild geschehen. Und doch ließen diese nationalen Neuordnungen Kräfte entstehen, die wie Gift auf die Entwicklung afrikanischer Völker wirkten: Schlechte Regierungsführung und das eigennützige Abschöpfen von Ressourcen durch die Eliten („rent-seeking"). Die vom Ausland unterstützten Politiker oder Militärs gingen nicht gerade verantwortungsvoll mit ihren Mandaten um. (Uganda durch Großbritannien, die Zentralafrikanische Republik durch Frankreich oder Angola, Mosambik und Äthiopien durch die Sowjetunion etwa.) Warum auch? Wie Frederick schon sagte, waren Macht und Geld zu verheißungsvoll. So fand nicht zuletzt auch der Kalte Krieg seinen Weg auf den Kontinent. Fast alle Regierungen erfreuten sich irgendwann der Unterstützung durch Washington, Paris, London, Moskau oder Peking. Gleichzeitig litten viele Staaten darunter, dass sie sich vornehmlich auf die Förderung einzelner Rohstoffe konzentrierten, was in Krisenzeiten zur Abwertung ihrer Währungen führte. Eine Verschiebung im Welthandelsgefüge oder ein Einbruch der Rohstoffpreise konnte so die Wirtschaft eines afrikanischen Staates zerstören. Die Abhängigkeit vom Kupfer in Sambia beispielsweise hatte beim Einbruch des Kupferpreises für das Land schwerwiegende Folgen. Es konnte sich keine Zivilgesellschaft entwickeln, um dem neuen System Leben einzuhauchen. Auch Länder, die sich in keinen wirklichen Konflikten befanden, wurden zumindest durch Entwicklungs-hilfe „gepämpert", um sie vor Sezessionen oder gar dem Umkippen zu bewahren. Der Aufbau eigener Infrastrukturen und klimatischen Verhält-nissen widerstehender Landwirtschafts-, funktionierender Bildungs- oder Gesundheitssysteme fand nicht statt. Diejenigen, die in den Genuss guter Bildung kamen, gingen weg und kamen meist nie wieder – der vielzitierte Talentschwund („brain drain"). Diejenigen, die sich Medikamente nicht leisten konnten, starben. Zu wenige qualifizierte Arbeitskräfte, sinkende Steuereinnahmen, explodierende Gesundheitskosten. Stattdessen jeglicher wirtschaftlicher und politischer Stabilität fremde Räume, die höchstens auf der Landkarte noch als Staaten erkennbar waren. Die Balkanisierung des Kontinents und die durch sie entstandene Unstetigkeit sind die Ursachen für die Fehlentwicklungen afrikanischer Länder seit ihrer Unabhängigkeit.

Eine einzige verhängnisvolle Geschichte

So kamen die Probleme in afrikanische Länder und ein ganzer Kontinent zu seinem Image. Wer es beschönigt, der wird ermahnt. Wer es beklagt, dem wird anerkennend zugenickt. Daran, dass drei Verkäufer aus Kumasi vielleicht in diesem Moment einen Glastisch verkaufen, dass ein Mann sein Haus am Strand renoviert, dass ein Kind aus der Schule kommt, an all diese Banalitäten denkt man nicht.

Auf einer Konferenz in Oxford im Juli 2009 hielt die nigerianische Schriftstellerin Chimamanda Adichie einen Vortrag über die Gefahr einer einzigen Geschichte („The danger of a single story"). Damit meinte sie nicht etwa die Gefahr des Geschichtenerzählens an sich, sondern das Risiko eines bedenklichen Missverständnisses, wenn wir nur eine einzige Ge-schichte über eine andere Person oder über ein anderes Land hören. Adichie berichtete, wie Sie dem Zitat zu Beginn dieses Kapitels entnehmen können, nicht nur von ihrem Erlebnis bei Fides Familie. Sie erzählte auch davon, wie sie selbst im Erwachsenenalter während ihres Studienaufenthaltes in den USA unweigerlich dessen Rolle eingenommen hatte: Ihre amerikanische Zimmergenossin war wohl mit ihr überfordert. Sie fragte Chimamanda, wo sie so gut Englisch sprechen gelernt habe, und war verwirrt, als diese ihr sagte, dass in Nigeria Englisch die Amtssprache sei. Sie fragte, ob sie das, was sie „Stammesmusik" nannte, hören dürfe, und war ganz enttäuscht, als Chimamanda ihre Kassette von Mariah Carey hervorholte. Sie nahm an, dass sie nicht wusste, wie man einen Herd bedient. Was Chimamanda wirk-lich betroffen machte? Ihre Mitbewohnerin hatte Mitleid mit ihr, bevor sie sie überhaupt kennengelernt hatte. Ihre Grundhaltung ihr gegenüber als Afrikanerin war eine Art gönnerhaftes, gut gemeintes Mitleid. Auch sie hatte nur eine einzige Geschichte gekannt, eine einzige Geschichte über Afrika. Eine einzige verhängnisvolle Geschichte. Diese einzige Geschichte enthielt keine Möglichkeit für Afrikaner, ihr in irgendeiner Weise ähnlich zu sein, keine Möglichkeit für eine Beziehung als gleichberechtigte Menschen:

„Wäre ich nicht in Nigeria aufgewachsen, und alles, was ich über Afrika wüsste, stammte aus den gängigen Darstellungen, dann würde auch ich denken, Afrika sei ein Ort wunderschöner Landschaften, wunderschöner Tiere, und unergründlichen Menschen, die sinnlose Kriege führen, an Armut und Aids sterben, unfähig sind, für sich selbst zu sprechen, und die darauf warten, von einem freundlichen Weißen gerettet zu werden. Ich würde Afrikaner auf die gleiche Weise betrachten, wie ich als Kind Fides Familie betrachtet hatte. … So kreiert man also eine einzige Geschichte; man zeigt eine Seite eines Volkes, und nur diese eine Seite, immer und immer wieder, und dann wird diese Seite ihre Identität."

„THE HORROR! THE HORROR!"

Über politische Schuld und historische Verantwortung

(Ruanda im Mai 2013)

„Wenn Du mich wirklich kennst und Du Dich, dann wirst Du mich nicht töten."

(Übersetzter Schriftzug auf einem Altartuch in der Gedenkstätte Ntarama in Ruanda)

Kennen Sie schon die Schweiz Afrikas? Es handelt sich um das kleine Ruanda im Osten des Kontinents. Wie sich dieser Name etabliert hat? Die Straßen in Ruanda sind geteert und in einem fast schon verstörend guten Zustand. Die Hauptstadt Kigali ist sauber, fast schon verstörend sauber. Gut, ich höre ja schon auf. Trotzdem: Die Hecken geschnitten, die Mittelstreifen bepflanzt, der Rasen gemäht. Es gibt ein funktionierendes Busverkehrsnetz. Die Regierung fährt eine beachtliche Ein-Laptop-pro-Schulkind-Politik. Plastiktüten sind verboten; sie werden bereits bei Ankunft am Flughafen konfisziert. Und Ruanda schlägt andere afrikanische Länder in Sachen Marktliberalisierung um Längen. In Ruanda dauert es drei Tage, ein Unternehmen zu gründen und registrieren zu lassen. Damit belegt Ruanda weltweit den neunten Platz. Das Wirtschaftswachstum der vergangenen sieben Jahre lag bei rund 7 %. Die Armut konnte in den vergangenen 15 Jahren von 60 auf 25 % reduziert werden. Die Regierung wurde dadurch bekannt, dass sie Entwicklungsgelder besonders effizient einsetzt.

Was das mit der Schweiz zu tun hat? Nichts. Oder haben Sie schon einmal gehört, dass jemand die Schweiz das Ruanda Europas genannt hätte? Eben. Na gut, einige Gemeinsamkeiten gibt es wohl doch. Die Schweiz ist ähnlich klein wie Ruanda und hat auch geteerte Straßen. Es gibt dort auch viele Hügel und Berge. Ruanda wird nicht ohne Grund „das Land der 1000 Hügel" genannt. Aber Hügel und Berge gibt es auch in der Eifel. Zudem überfällt die Schweiz nicht das benachbarte Frankreich, um dort Diamanten oder Kobalt zu stehlen. Das tut Ruanda nämlich seit Jahren im Osten der DR Kongo. Der Staatshaushalt der Schweiz setzt sich nicht mehrheitlich aus Entwicklungshilfe zusammen. Die Schweiz ist im Gegensatz zu Ruanda eine lebendige Demokratie. Und in der Schweiz gibt es Plastiktüten. Kurzum, die Schweiz ist die Schweiz und Ruanda ist Ruanda. Ich bin ja auch nicht Sie.

Die gerade genannten Fakten verraten aber vielleicht schon, warum ich mir Ruanda im Mai 2013 für meine vorerst letzte Reise nach Afrika ausgesucht habe. Vergangenheitsbewältigung einerseits und wirtschaftlicher

Fortschritt andererseits? Es scheint mir bei meinen Recherchen ein Land voller Kontraste zu sein, das man obendrein gut mit dem Rucksack bereisen kann. Ich will erfahren, was für ein Land Ruanda knapp 20 Jahre nach dem Völkermord geworden ist. Meine Vermutung vor Ankunft ist, dass der Bürgerkrieg in den Köpfen der Überlebenden und ihrer Nachfahren wie eine leicht verblasste und dennoch sichtbare Narbe im Hautbild des Landes weiterexistiert. Ich muss an dieser Stelle gestehen, dass ich unzählige Male über den Bürgerkrieg gelesen und trotzdem immer noch Probleme damit hatte, mir zu merken, wer die Tutsi und wer die Hutu waren, welche der beiden Gruppen wann die Macht innehatte, wer wen angriff, und wie sich der Bürgerkrieg und schließlich der Völkermord entfachen konnten. Vielleicht geht es dem ein oder anderen von Ihnen ähnlich. Doch auch diese Fragen soll meine Reise beantworten. Man kann nicht über einen Baum schreiben, den man noch nie zuvor gesehen hat. Das ist übrigens kein afrikanisches Sprichwort.

Eine kleine ruandische Geschichte

Es gibt bestimmte Orte auf der Erde, die historisch so belastet sind, dass man sie selbst in einem normalen Satz nicht einfach so nennen kann, ohne dass der ganze Satz auf einmal grotesk klingt. Zum Beispiel: „Wir tranken Kaffee in Hiroshima." Oder etwa „In Auschwitz habe ich mir einen Sonnenbrand geholt." Letzteres ist mir übrigens wirklich passiert. Ich frage mich aber, ob dies für die Ruander auch auf das Dorf Nyarubuye im Osten ihres Landes zutrifft. Das Massaker, das östlich der Hauptstadt Kigali am 16. und 17. April 1994 stattfand, steht stellvertretend für das Grauen des Bürgerkrieges, bei dem Milizen extremistischer Hutu innerhalb von drei Monaten bis zu eine Million Tutsi und gemäßigte Hutu umbrachten. Nyarubuye ist deswegen so erschütternd, weil dort mehr als 500 Menschen aus Angst vor dem Tode Zuflucht in einer Kirche suchten. Die angreifenden Soldaten drangen zuerst in die Kirche ein, dann in die Schule und schließlich in umliegende Werkstätten, Büros und Wohnungen. Sie richteten ein Massaker an. Insgesamt ließen in Nyarubuye schätzungsweise 2000 Menschen an den beiden Apriltagen ihr Leben. Die damalige Chefanklägerin des Internationalen Strafgerichtshofes, die Vorvorgängerin Fatou Bensoudas, Carla del Ponte, schrieb in ihrem Buch *Im Namen der Anklage*, sie habe noch nie zuvor jemanden kennengelernt, der einen Völkermord überlebt hätte und es bedauerte, davongekommen zu sein, oder eine vergewaltigte Frau, die von ihrem Verwandten im Dschungel ausgesetzt worden war, um dort das Kind ihres Peinigers zur Welt zu bringen.[12]

So prägend der Bürgerkrieg auch sein mag, stellt er gewiss nicht die ganze Geschichte Ruandas dar. Eine Reduzierung Ruandas auf das Jahr 1994 wäre verfehlt, wie ich Ihnen darlegen möchte. Die Königreiche Ruandas datieren zurück bis 1000 v. Chr. und wurden seitdem in ihren unterschiedlichsten Ausdehnungen von Tutsi-Monarchen, den Mwamis, regiert. Den Überlieferungen zufolge handelte es sich um schillernde Persönlichkeiten, die manchen ihrer europäischen Kollegen in Sachen Exzentrik in nichts nachstanden: Da hätten wir Ndahiro II Cyaamatare, der seine königliche Trommel verlor, woraufhin er in eine tiefe Depression stürzte und seine Untertanen gleich mit. Oder Yuhi III Mazimpaka, der sich der Poesie verschrieb, sich in seinen künstlerischen Wahn wohl zu sehr hineinsteigerte und schlussendlich durchdrehte. Doch es gab auch den fürsorglichen Mibambwe II, der seinen „Häuptlingen" (Chiefs) auftrug, drei Mal am Tag Bottiche mit Milch an die Armen zu verteilen. Die Mwamis regierten auf absolutistische Weise und hatten ein strukturiertes Herrschaftssystem aufgebaut. Unter ihnen standen jeweils für die lokale Verwaltung von Land, Vieh oder Heer zuständige Chiefs, welche Wohngegenden, Hügel, Bezirke und Provinzen leiteten. Diese spiegeln sich in den heutigen Verwaltungseinheiten Kommune, Kreis, Bezirk und Provinz wider. Schon damals war die Verwaltungshoheit den Tutsi vorbehalten, auch wenn Hutu auf lokaler Ebene vereinzelt das Sagen hatten.

Bis 1885 war Ruanda eines der wenigen von Sklavenhandel und Kolonialismus verschont gebliebenen Königreiche, bis es dann im Zuge der Berliner Konferenz mit Burundi unter dem Namen Ruanda-Urundi als Teil von Deutsch-Ostafrika zusammengelegt wurde. Erstaunlicherweise hatte bis 1894 jedoch offiziell kein Europäer einen Fuß in das Land gesetzt. So war es Gustav Adolf Graf von Götzen, der als Erster in jener Zeit König Rwabugiri mit Handschlag begrüßte. Vielleicht ist das ja der Grund, dass die Ruander mir dafür in Erinnerung bleiben werden, dass sie mir besonders zielstrebig zur Begrüßung die Hand entgegenhielten? In jedem Fall werteten die Untertanen Rwabugiris das Verhalten des Deutschen als desaströsen Affront. Wahrscheinlich dachten sie, es gäbe nun sieben Jahre keine Ernte. Oder sieben Jahre schlechten Sex. Wer weiß das schon? Dass die gesamte Region aus der Sicht des Grafen bereits seit neun Jahren offiziell unter deutscher Kontrolle gestanden hatte, offenbart einmal mehr die wie ein Brettspiel anmutende Verteilung des afrikanischen Kontinents unter den europäischen Kolonialmächten.

„Irgendwie ein bisschen anders"

Gegen Abend lande ich in Kigali. Es hat geregnet. Die Treppe aus dem

Flugzeug hinuntersteigend atme ich die feuchtwarme Luft ein und freue mich auf das, was vor mir liegen mag. Nach zwei Minuten klebt das Hemd. *Super!* Meine erste Amtshandlung gleich nach der Gepäckentgegennahme ist der Kauf einer SIM-Karte. Die kostet mich rund 3000 Ruandische Francs (3,50 Euro). Das ist eine Investition, die ich Ihnen definitiv für Ihren Aufenthalt in jedem afrikanischen Land ans Herz legen kann. Glauben Sie mir, am Ende werden Sie 40 neue Handynummern im Telefon stehen haben. (Unbedingt die Nummern mit Personennamen und Ort des Kennenlernens zuweisen!)

Mit dem Taxi geht es vom Flughafen in die Stadt, wo sich mein Hostel befindet. Mein Zimmer teile ich mit einer Gruppe amerikanischer College-Studenten, die in Uganda und Ruanda Gorillas gesehen haben und „Africa" einfach „totally awesome" finden. Doch meine Mission besteht nicht aus Gorillastreicheln. Am nächsten Morgen mache ich mich mit einem der umherknatternden Mototaxis auf zum zentralen Busbahnhof der Hauptstadt. Auch das sollten Sie einmal versuchen! Mototaxis sind nichts anderes als Taxifahrer auf Motorrädern, die Sie schnell von A nach B bringen. Das macht Spaß und kostet wenig. Dass Ruanda „doch irgendwie anders" ist, stelle ich erneut fest, nachdem ich mich hinter meinem Fahrer aufs Motorrad setzen will. „No, no!", höre ich seine dumpfe Stimme durch den Helm. Ich frage ihn: „What's wrong?" Er blickt mich streng an. Dann drückt er mir einen zweiten Helm in die Hand. *Helmpflicht! Ich fasse es nicht!* Das kannte ich bislang auch nicht. Überrascht nehme ich den Helm dankend an. *Sitzt, wackelt, hat Luft.* Ich signalisiere ihm meine Zustimmung und so brettern wir los. Auf den Straßen Ruandas herrscht Rechtsverkehr, obwohl ich immer wieder Autos mit dem Lenkrad auf der rechten Seite sehe. Damit bildet Ruanda eine Ausnahme in Ostafrika. Denn wie auch in den meisten Ländern des südlichen Afrikas fährt man im Osten auf der linken Seite. Während wir durch die Stadt knattern, bemerke ich: Kigali ist nicht nur sauber, sondern auch grün, ja geradezu bunt. Ähnlich wie in Ghana, aber anders als in Nigeria zum Beispiel, haben die Mobilfunkunternehmen auch hier aus Werbezwecken Häuser bemalen lassen: Rot für Vodacom oder gelb für MTN.

Nach einer hügeligen Fahrt – 70 km/h bergab, 20 km/h bergauf – kommen wir an der Busstation an, wo ich meinen Fahrer auszahle. Die Station ist so groß wie drei Fußballfelder. Von hier aus verlassen die Busse Kigali in alle möglichen Himmelsrichtungen. Es läuft laute Hip-Hop-Musik aus riesigen Lautsprechern. Ich frage mich durch zum Bus nach Nyamata, vorbei an Frisörläden, Matratzengeschäften und Getränkeständen. Es ist neun Uhr morgens, und das bedeutet, dass hier schon seit drei Stunden reger Verkehr herrscht. Denn – und hier verallgemeinere ich erneut absichtlich – Afrikaner sind Frühaufsteher. Große Busstationen sind Transport-, Handels- und Gesellschaftsplätze zugleich. Während sich sechs Uhr morgens am Berliner Hauptbahnhof vielleicht noch verirrte Touristen gute Nacht sagen, ist man in Kigali und anderswo in afrikanischen Städten schon längst auf den Beinen. Will man rechtzeitig irgendwo ankommen, dann erwischt man am besten in aller Herrgottsfrühe dort seinen Bus. Ich kaufe mir für 600 Ruandische Francs mein Ticket nach Nyamata und nehme im Bus Platz. Dabei fällt mir auf, dass auf meinem Ticket 10.15 Uhr als Abfahrtszeit genannt ist. Ich kann mein Glück kaum fassen, als wir um 10.19 Uhr tatsächlich losfahren. Warum? Das verrate ich Ihnen im folgenden Kapitel.

Der Bushof in Kigali. Markt und Drehkreuz in einem.

Nyamata liegt eine knappe Autostunde südlich von Kigali. Bereits auf dem Weg raus aus der Hauptstadt bemerke ich die unzähligen Fahrradfahrer, die sich bergauf abmühen, sich dafür umso mehr an den darauffolgenden Abfahrten erfreuen. Einige von ihnen lassen sich auch einfach von den vor ihnen fahrenden Autos die Hügel hochziehen und lassen am Gipfel des Hügels wieder los. *Die Radfahrer-Republik Ruanda.* Das hatte ich auch noch nicht in dem Maße erlebt, war doch das Fahrrad auf meinen Reisen bisher das seltenste Fortbewegungsmittel. Zehn Minuten später wird unser Bus zwar von einem Polizistenteam angehalten, ausgestattet mit

Stativ, Laserpistole und digitalem Lesegerät. Doch trotz der anschließenden Passkontrolle, für die wir alle aussteigen sollen, kommen wir pünktlich in Nyamata an.

Nyamata, Ntarama, Murambi, Kigali, Nyarubuye

Egal ob die Trauerstätten Nyamata, Ntarama, Murambi, Kigali oder Nyarubuye heißen – überall waren es die gleichen Gräueltaten durch wütende, teilweise betrunkene Horden. Die Menschen waren ihnen hilflos ausgeliefert und suchten Zuflucht an schutzversprechenden Orten. So war es auch bei der Kirche in Nyamata. Sie befindet sich zwei Kilometer südlich des Ortszentrums. Von dort aus kommend biegt man rechts auf eine sandige Straße ab. Zur Kirche sind es dann noch rund 100 Meter. 19 Jahre später sieht man hier zur Rechten bereits vor der Kirche mehrere Grabkreuze im hohen Gras. Ich gehe weiter den Pfad entlang. Weiße Mauern umgrenzen das Grundstück. Die rund 30 Meter breite und 20 Meter tiefe Kirche ist aus braun-rotem Backstein. Der Vorgarten ist sehr gepflegt und weiße Bänder und Wimpel zieren den Weg. Ich bin zu dieser Mittagszeit der einzige Besucher. Am Eingang sitzt eine junge Dame, die mir freundlich die Hand gibt.

Ich betrete die Kirche. Durch einige der Backsteinlücken dringt das Licht in den hohen Raum. Von draußen hört man Vogelgezwitscher. Auf den schräg dem Altar zugewandten Gebetsbänken sehe ich Berge von Kleidern. Hosen, T-Shirts, Röcke, Gewänder. Reihe für Reihe gehe ich ab, starre auf die verkommenen Textilien. Sie sind rötlich verstaubt. Es scheint, als seien sie über die Jahre mit der Kirche eins geworden. In der hinteren Mitte liegen fünf grüne Gedenkkränze in Plastikfolie gepackt. Darunter ein drei Meter tiefer Keller, der ausgehoben wurde, um die Schädel und Knochen der Verstorbenen unterzubringen. Die steilen Treppenstufen, die nach unten führen, enden dort vor einer Glaspyramide, in der Gebeine aufbewahrt werden. Wieder oben schreite ich vor zum Altar, auf dem eine Machete liegt. Daneben liegen bunte Ohrringe und Ketten, angehäuft auf zwei kleinen Stapeln. Etwas weiter rechts vom Altar der Tabernakel und das Taufbecken und oben an der Wand hängend die Heilige Maria, die ihre Arme ausbreitend nach unten schaut, als frage auch sie sich „Warum?".

An der rechten Wand aufgetürmt und auf den Gebetsbänken verteilt liegen weitere Kleiderberge. Ich verweile insgesamt eine Stunde an diesem traurigen Ort, begebe mich danach langsam wieder nach draußen, trage mich in das Gästebuch ein, bedanke mich leise. Ich hinterlasse eine Spende, wie es der Wunsch der jungen Dame ist, und gehe zurück durch den Vorgarten zum Ausgang, vorbei an den weißen Bändern. Die Sonne scheint. Es herrscht friedliche Ruhe. Draußen setze ich mich auf eine Mauer und starre eine weitere Stunde auf dieses Gebäude, aus dem ich gerade herausgekommen bin.

Ungefähr 15 Minuten nordwestlich von Nyamata, abseits der Hauptstraße, befindet sich Ntarama. Eine Schule, die ebenfalls heimgesucht und Jahre später zum Denkmal umgebaut wurde. Auch hier sehe ich weiße Bänder und Wimpel, die den Weg entlang den kleinen Hügel hoch säumen. Die Schule samt eines Gebetsraums liegt am Waldrand auf rotem, sandigem Boden. Auf dem Vorplatz stehen ein paar Bäume. Mich begleitet eine junge Mitarbeiterin. Die Klassenräume aus Backstein seien ebenfalls noch so erhalten, wie man sie damals vorgefunden habe, sagt sie. Die Schädel und Knochen der Leichen hat man in einem Metallregal an der Wand fein säuberlich aneinandergereiht und aufeinandergestapelt. Die Kleider wurden auf die Schulbänke gelegt oder hängen über den Fensterbänken des Gemäuers. An der hinteren Wand sehe ich einen verblassten Blutfleck, mit einem Durchmesser von ungefähr zwei Metern. Die Frau sagt leise zu mir, die Kinder seien reihenweise von den überfallenden Soldaten an den Beinen gepackt und mit dem Kopf gegen die Wand geschleudert worden. In dem Gebetsraum wurde ein blaues Tuch über den Altar gehängt. In Kinyarwanda steht darauf geschrieben: „Wenn Du mich wirklich kennst und Du Dich, dann wirst Du mich nicht töten." Draußen hat man an einer sauber angelegten Hecke entlang eine Mauer errichtet, auf der die Namen der Kinder eingraviert wurden: Muhire Emmanuel, Umubyeyi Louise, Ntwari Jean Paul, Gasigwa Desiré, Ndekezi Innocent, Kayetesi Alice, Ndahimana Pierre, Kamaraba Marie … . In dem Moment zieht sich der Himmel zu. Kurze Zeit später fängt es an zu regnen.

Ein Plausch auf dem Kivusee

Meine Reise führt mich nicht ausschließlich zu traurigen Gedenkstätten. Ruanda ist allein schon wegen seiner herrlichen Landschaften so abwechslungsreich, dass ich auf andere Gedanken komme. Und doch habe ich das Gefühl, als ob die Geschichte des Landes wie ein Schleier über vielen Dingen des alltäglichen Lebens liegt. Nicht so, als seien Land und Leute zu Tode betrübt. Nein, es hat eine viel subtilere Erscheinungsform. Der gegenseitige Umgang der Menschen ist von größerem Respekt, sogar von überdurchschnittlich großer Vor- und Rücksicht geprägt, als in den anderen von mir bereisten Ländern. Vielleicht bilde ich mir das alles aber auch nur ein. Vielleicht hatte ich mich bislang zu sehr von meiner

Forschungsfrage leiten lassen und versucht, durch alles einen Rückschluss auf den Bürgerkrieg und den Völkermord zu ziehen. Ich werde mich jedenfalls noch ein paar Tage gedulden müssen, bis ich in Richtung Südwesten über Nyanza und Butare (Huye) in Rusizi ankomme, von dort ein Schiff nach Kibuye (Karongi) nehme und ein Mann namens Henry meinen Eindruck bestätigt.[13]

Der Kiwusee trennt Ruanda von seinem westlichen Nachbarn, der DR Kongo. Früh morgens mache ich mich um kurz nach sechs mit einem Mototaxi zum Hafen auf, von wo aus eine Stunde später ein Schiff in Richtung Kibuye fahren soll. Der Schiffsbetrieb wurde kürzlich wieder aufgenommen, seitdem die Region befriedet ist. Zuvor hatte es in der kongolesischen Stadt Goma Aufstände durch Rebellen gegeben. Ruanda und der Kongo teilen sich den Kiwusee, was dazu führt, dass Schiffe nur verkehren, wenn tatsächlich auch Ruhe im Grenzgebiet herrscht. Die Pendelroute des Schiffes verläuft von Rusizi nach Kibuye, dann nach Rubavo und wieder dieselbe Strecke zurück nach Rusizi. Eine Frau versichert mir am Steg, die Fahrtdauer betrage drei Stunden. Am Ende sind es sechs.

Kurz nach sieben legen wir ab mit einem weiß angemalten Kutter, von dem langsam die Farbe abblättert, der aber ganz ordentlich in Schuss zu sein scheint. Baujahr 1970 schätze ich. Es rattert und poltert, aber die löchrige, am Bug aufgestellte blau-gelb-grün gestreifte ruandische Nationalflagge weht stolz im Fahrtwind. Innen drin stapelt sich das Gepäck der Passagiere, die nahezu alle orangefarbene Schwimmwesten tragen und wie im Kino in dieselbe Richtung glotzen. Ein irgendwie erheiternder Anblick. Ich beschließe gleich, mich aufs vordere Deck zu stellen, wo ein Motorrad geparkt und eine Bananenstaude als Fracht abgelegt wurde. Weil Rusizi gleich an der Grenze zum Kongo liegt, kann man auch problemlos zur kongolesischen Seite hinüberschauen. Ich sehe weite Bergzüge, die den Kiwusee einseitig umarmen. Das muss ich natürlich gleich mit der Kamera festhalten. Die sechs anderen am Bug stehenden Männer mustern mich. Vielleicht stört sie auch einfach nur das Klicken meines Fotoapparates. Aber das ist mir egal. Den Kongo kann ich fotografieren, bis mir der Zeigefinger einschläft. (Anders ist es, wenn man ungefragt seine Kamera auf Leute richtet. Hier sollte man immer vorher fragen.) Vorbei an Fischerbooten mit meterlangen Angeln und an grünen Buchten, bewundere ich die Schönheit des Sees. Ich merke in der kommenden halben Stunde gar nicht, dass ich nur noch alleine mit einem anderen Mann auf dem Vorderdeck stehe. Er hat schon graue Haare. Er trägt keine Schwimmweste, sondern einen blauen Pullover. Immer wieder schaut er zu mir herüber. *Vielleicht wartet er darauf, dass ich ihn anspreche?* Ich sehe ihn an, mache einen Schritt auf ihn zu und sage lächelnd „hello". Das Eis ist gebrochen. Er gibt mir die Hand. „How are you?", frage ich ihn. „Oh, thank you, thank you. I am fine. How are you?"

Liebe Leser, ich muss Folgendes kurz erwähnen: So begannen in den vergangenen Jahren neun von zehn Gesprächen auf meinen Reisen. Es zeigte sich auch bei Henry, dass sich der erste Schritt meist lohnt. Es bleiben einem sonst die tollsten Erfahrungen verborgen. Das sollte man aber nicht mit dem positiven Klischee „alle Afrikaner sind superfreundlich" verwechseln. Gelegentlich entpuppt sich der oder die Gegenüber als gesprächig oder eben nicht. Manchmal ergibt sich ein vielseitiger, herzlicher Gedankenaustausch, manchmal eben nicht – wie überall.

In der kommenden Stunde führe ich an Deck eine interessante Konversation mit Henry über Ruanda. Mit ihm komme ich vielleicht deshalb so gut ins Gespräch, weil ich aus Deutschland komme und mein Heimatland schließlich jahrzehntelang die Kolonialmacht seines Heimatlandes war. Ein merkwürdiger Zusammenhang, ich weiß. Doch Henry versichert mir, die Deutschen hätten gar keinen so schlechten Ruf in Ruanda. Es seien vielmehr die Belgier und die Franzosen, die nicht gut wegkommen. „Henry, ich habe gelesen, dass es die Deutschen waren, welche die Bevölkerung in drei Gruppen einteilten. Ich wundere mich, dass wir trotzdem als ‚gute' Kolonialherren gesehen werden. Ich meine, gibt es überhaupt so etwas wie einen ‚guten Kolonialherrn'?" Ich frage ihn das deshalb, weil die Deutschen und die Belgier, die 1916 im Zuge des Ersten Weltkrieges in Ruanda-Urundi einmarschierten, jene Kategorisierungen pflegten, die sich am äußeren Erscheinungsbild der Hutu, Tutsi und Twa orientierten. Tatsächlich kam es damals auf die Größe an. Die Kolonialherren sollen dabei voller Enthusiasmus mit Maßband und Notizbuch vorgegangen sein. Schon 1908 hatte Friedrich Adolf Herzog von Mecklenburg nach einer Ostafrika-Expedition über Watussi berichtet, die bis zu 2,50 Meter hoch sprängen, viel höher als Amerikaner und Europäer. (Der gute Herzog muss wohl etwas übereifrig gewesen sein; den Weltrekord im Hochsprung von 2,45 Meter hält bis heute der Kubaner Javier Sotomayor): „Die Bevölkerung ist in drei Klassen unterteilt – die Watussi, die Wahutu und die Batwa, einen hauptsächlich in Bambuswäldern hausenden Pygmäenstamm. Die Watussi sind große, wohlgeformte Menschen und erreichen bis zu 1,80, 2,00 oder gar 2,20 Meter. Die primitiven Einwohner sind die mittelgroßen Wahutu, ein bäuerlicher Bantustamm." Henry antwortet mir: „Ihr Deutschen habt uns Missionare geschickt. Ihr habt uns das Christentum gebracht. Ihr habt Schulen gebaut. Und ihr habt die Organisationen, wie sie waren, beibehalten. Die Belgier waren es [1932, Anm. d. Autors], die uns dann Ausweise ausgehändigt haben, wo drin stand, ob du Hutu oder Tutsi bist. Wenn du weniger als zehn Kühe hattest, warst du automatisch Hutu, wenn du mehr hattest, warst du Tutsi. Das ist doch verrückt!"

Die Volkszählung der Belgier hatte ergeben, dass offiziell 84 % Hutu und 15 % Tutsi in Ruanda lebten. Doch Ruanda bestand ursprünglich aus 18 verschiedenen Clans. Die Kategorien Hutu, Tutsi und Twa waren sozio-ökonomische Klassifizierungen dieser Clans. Die Deutschen waren die Schöpfer einer Rassentheorie, die von den Belgiern in die Tat umgesetzt wurde. Henry erzählt mir, die ersten offenen Auseinandersetzungen zwischen Tutsi und Hutu hätten tatsächlich erst Ende der 1950er Jahre stattgefunden. All die Jahrhunderte zuvor habe das bestehende System friedlich funktioniert. Aber in Anbetracht der bevorstehenden Unabhängigkeit wäre ein Aufstand der Hutu ohnehin nur eine Frage der Zeit gewesen. Besonders gebildete Hutu unterstrichen ihre Machtansprüche und strebten Führungspositionen an, weil sie ja gemessen an ihrer Zahl stark unterrepräsentiert waren. Ich frage mich, ob Henry ein Hutu oder ein Tutsi ist. Allein aufgrund seiner Körpergröße darauf zu schließen, finde ich aber irgendwie befremdlich. Seine Erzählungen scheinen mir jedenfalls eher einer Hutuperspektive zu entstammen. Letztendlich erübrigt sich die Frage, als er fortfährt: „Unser erster Präsident war ein Hutu [Grégoire Kayibanda, 1962 mit Gründung der Republik Ruanda, Anm. d. Autors]. Und wir Hutu hatten zum ersten Mal die Macht inne. Vorher waren es immer die Tutsi." Dass nach der Machtübernahme 1962 schätzungsweise 135.000 Tutsi aus Ruanda in das nördliche Uganda, in den Kongo und nach Burundi flohen, unterschlägt er. Unter ihnen war damals auch ein dreijähriger Junge namens Paul Kagame, der heutige Präsident Ruandas. Zwischen 1962 und 1994 wurden regelrechte Tutsiquoten eingeführt. Da diese nur 9 % der Bevölkerung ausmachten, sollten sie auch nur 9 % der Schulplätze oder 9 % der Anteile am Arbeitsmarkt beanspruchen dürfen. Dies führte zu weiteren Unruhen, die auch von Exiltutsi aus dem benachbarten Ausland organisiert wurden. 1973 folgte Juvénal Habyarimana als Präsident einer immer diktatorischer agierenden Hutu-Regierung, die durch diesen Politikstil auch Hutu gegen sich aufbrachte. Diese gemäßigten Hutu würden später ebenfalls Opfer des Bürgerkriegs werden.

Parallel zu dieser Entwicklung in Ruanda formierte sich im benachbarten Uganda in den 1980ern unter dem jetzigen Präsidenten Museveni – ja, der Mann ist immer noch am Ruder – die Rwandan Alliance for National Unity (RANU), um gegen das dortige Regime von Milton Obote anzukämpfen. Unter den Anhängern war auch Paul Kagame. Es gelang ihnen, Obote die Macht abzutrotzen. 1986 übernahm Museveni in Uganda. Der

Siegeszug der RANU-Allianz sollte jedoch in Ruanda fortgesetzt werden. Sie wurde 1987 in die Rwandan Patriotic Front (RPF) umbenannt, die nicht nur von Exiltutsi, sondern auch gemäßigten Hutu in Ruanda unterstützt wurde. So geschah es, dass die RPF im Oktober 1990 von Uganda aus in den Nordosten Ruandas einmarschierte. Dort wollte sie eine (eigene) Demokratie einführen. Die ständigen Gefechte führten dazu, dass Habyarimana die ruandische Armee um ein Vielfaches aufstockte, natürlich auch mit finanzieller und materieller Unterstützung aus dem Ausland, allen voran Frankreich und den USA. In der Zwischenzeit hatte Paul Kagame die RPF als Anführer übernommen, auch wenn diese mit 12.000 Mann immer noch wesentlich kleiner war als die ruandische Armee.

Die Verhandlungen mit der Regierung Habyarimanas fruchteten nichts und die militärischen Auseinandersetzungen hielten an. So begann auch das nationale Radio in Ruanda, besonders der Sender Radio-Télévision Libre des Mille Collines, mit Anti-Tutsi-Propaganda. Diejenigen mit Vorahnungen versuchten Kigali zu verlassen. Die Stimmung heizte sich immer mehr auf, insbesondere als der Präsident Burundis, Melchior Ndadaye, ebenfalls ein Hutu, im Oktober 1993 in einem Militärcoup umgebracht wurde. Am 6. April 1994 wurde schließlich das Flugzeug, in dem sich Habyarimana und Burundis neuer Präsident Cyprien Ntaryamira befanden, von Raketen abgeschossen. Beide starben. Die Quelle des Angriffs wurde nie bestätigt. So hält sich hartnäckig das Gerücht, Präsident Habyarimana sei von Hutu-Soldaten, also aus dem eigenen Lager, abgeschossen worden. Innerhalb weniger Stunden begann das Töten.

Henry muss damals so zwischen 15 und 20 Jahre alt gewesen sein. Über seine eigenen Erfahrungen während des Bürgerkrieges sprechen wir nicht. Ich will nicht zu aufdringlich sein. Mir brennt jedoch eine Frage besonders unter den Nägeln: „Wie würdest du die Situation jetzt im Land beschreiben. Es ist friedlich. Aber wie funktioniert das Zusammenleben zwischen Hutu und Tutsi? Wie äußert sich das genau?" Er gibt mir zu verstehen, dass es recht gut läuft. Er habe schließlich auch Freunde, die Hutu und Tutsi seien. Aber – und hier bestätigt Henry meinen vorhin geschilderten Eindruck – der Krieg habe das Land sehr geprägt. Er sei nun in den Köpfen drin und werde das auch noch lange bleiben. Der gegenseitige Respekt sei daher besonders wichtig. „Ich habe gemerkt, dass ihr in Ruanda irgendwie anders miteinander umgeht. Ist es das, was euch vielleicht von Uganda oder Kenia unterscheidet?" Er schaut mich ein bisschen so an, als fände er die Frage sonderbar. „Ah, das weiß ich nicht. Das kann sein. Aber weißt du, ich bin aus Ruanda. Du musst wissen, dass jeder hier in Ruanda irgendwie unter dem Krieg zu leiden hatte. Er hat niemanden verschont. Viele meiner Freunde haben keine Eltern oder Geschwister mehr. Also müssen wir daraus lernen. Es darf nicht noch einmal passieren. Und das geht nur durch gegenseitigen Respekt. Respekt hält uns zusammen."

Wir verharren noch eine weitere Viertelstunde auf dem Deck, bis Henry wieder nach drinnen geht und seine Tasche holt. Kurz darauf legen wir an einem kleinen Hafen an, wo sich bereits die nächsten Passagiere anschicken, das Boot zu betreten. Ich beobachte das Treiben interessiert und verabschiede mich schließlich von ihm. Wir tauschen noch unsere Telefonnummern aus. Er gibt mir seine Hand, wünscht mir eine gute Reise und Gottes Segen. Wohin er sich aufmacht, weiß ich nicht.

Als das Morden begann

Erst drei Stunden später lege ich in Kibuye (Karongi) an, wo ich eine Bleibe der Presbyterian Church aufsuche. Im Bethany Hotel habe ich Zeit, meine Geschichte mit Henry aufzuschreiben. Kibuye ist ein wunderschön am Kiwusee gelegener Ort, der kurioserweise von einer Einbahnstraße umschlossen ist. Verkehrspolitik mit System. Auch wenn das für manchen Anwohner unpraktisch ist, wenn er erst eine ganze Runde drehen muss, laufen die Verkehrsteilnehmer nicht Gefahr, in den engen Straßen ineinander zu krachen. Die Nachmittagssonne zeigt sich von ihrer besten Seite, und so laufe ich die gesamte Straße im Kreis ab, vorbei an im Hügel gelegenen Häusern und an Mülleimern mit der Aufschrift „Keep Kibuye clean". Ich muss in dem Moment unweigerlich an die Schweiz denken: *Für e suubers Züri. Vielleicht ist die Parallele zur Schweiz doch nicht so abwegig?*

Nach einer Stunde komme ich an eine Abzweigung, die links zu einer katholischen Kirche führt. Die Kirche steht mitten im Grünen, umringt von Palmen und Büschen, gleich am Abhang zu einer auslaufenden Bucht des Sees gelegen. Sie besteht aus Steinmauern, einem linken Turmflügel mit rotem Wellblechdach und einem Kreuz darauf. Vorne ist sie mit einem großen, runden, bunten Glasfenster geschmückt. Ich nähere mich der Kirche und bemerke, dass links neben dem Treppenaufgang ein kleiner umzäunter Vorgarten angelegt wurde. Hinter einem überdachten Innenbereich sehe ich Totenköpfe durch ein Glasfenster. Darüber mit violetter Schrift auf weißem Mauergrund geschrieben: „Never Again". Ich nehme auf einer Bank vor dieser kleinen Parzelle Platz und halte inne. Da setzt sich eine Frau langsam neben mich. Sie ist sehr hübsch und trägt ein langes Kleid. Ich schätze sie auf mein Alter. Plötzlich fängt sie an, mit mir zu reden – auf Kinyarwanda, wovon ich natürlich kein Wort verstehe. Das hält sie aber nicht davon ab, weiterzuerzählen. Da merke ich, dass ich gar kein

Kinyarwanda können muss, um ihre Geschichte zu verstehen. Zunächst zeigt sie auf sich und tippt sich mehrmals gegen die Brust. Sie bewegt ihren Arm und hält ihn auf eine niedrige Höhe. *Sie erzählt von sich, als sie noch klein war.* Dann zeigt sie auf die Kirche, wieder auf sich und spricht dabei ganz einfach weiter. Auf einmal wird sie lauter und geradezu aufgeregt, wedelt mit ihren Armen umher, zeigt dabei immer wieder auf die Kirche, später auf die Kirchturmspitze. Sie zeigt auf den Boden und nimmt mit ihren beiden Armen eine Haltung ein, die so aussieht, als würde sie ein Gewehr halten. Sie fängt an: „Tutututututu! Tutututututu!" Sie imitiert die Schussgeräusche eines Maschinengewehrs, zeigt dabei immer wieder auf die Kirchturmspitze und auf das Kirchengebäude. Dann stupst sie mich an und weist in Richtung des Sees und wieder auf sich. Dass sie nun neben mir sitzt und mir ihre Geschichte erzählt, grenzt an ein Wunder. Als kleines Mädchen überlebte sie 1994 den Angriff extremistischer Hutu auf diese Kirche.

Ich verbringe noch zwei weitere Tage in Kibuye und mache mich danach wieder auf nach Kigali. In Kigali, wo ich das Genocide Memorial Centre besuche, schließt sich der Kreis. Die Gedenkstätte öffnete rund zehn Jahre nach dem Völkermord ihre Pforten für Besucher. Sie ist auf einem der vielen Hügel der Hauptstadt gebaut, direkt über einer Massengrabstätte, in der 250.000 Menschen beerdigt wurden. Man kann es sich nicht vorstellen. Doch weil sich die Gedenkstätte immer wieder auf einzelne Schicksale bezieht, ist sie ein bewegender Ort zum Trauern und Innehalten um alle Opfer. Ein Mann, der zeitgleich das Museum betritt, liest mit mir gemeinsam die in die Plastikwand gedruckten Texte. Wir schweigen. Doch immer wieder fängt er laut an zu seufzen und zu stöhnen. Er scheint den Tränen nahe. Ich frage mich, ob er gerade eine gedankliche Zeitreise vollzieht, ob er innerlich noch einmal das Jahr 1994 erlebt. Die Informationstafeln, Fotos, Fernsehbildschirme und Originaldokumente führen uns das Ausmaß des Mordens vor Augen. Mich beschleicht ein Gefühl, das ich nur schwer beschreiben kann. Es ist wie bei einer ins zuschnappende Schloss fallenden Tür, die einen im dunkelkalten Raum zurücklässt und für immer den Ausweg versperrt. Ich lese, wie innerhalb weniger Stunden Straßen blockiert wurden. Die ruandische Armee und die Kampforganisation Interahamwe („Diejenigen, die zusammenstehen") begannen, Tutsi und moderate Hutu mit Schusswaffen, Macheten und Handgriffen zu ermorden. Überall lagen Leichen, am Straßenrand, in Flüssen und Bächen. Es gab Hutu, die ihre Tutsinachbarn zu schützen suchten. Es gab Menschen, die sich in Kirchen als letztem denkbaren Zufluchtsort versteckten. Es gab kaum eine Familie, die nicht betroffen war – ganz wie Henry es beschrieben hatte.

Schätzungen gehen von 800.000 bis zu 1.000.000 Opfern aus. Ein Verwesungsgeruch lag über dem Land. UNICEF stellte später fest, dass 99,9 % aller Kinder Zeugen von Gewalt waren. 90,6 % dachten, sie selbst müssten sterben. 79,6 % hatten Opfer in den eigenen Familien zu beklagen. 69 % waren direkte Zeugen einer Hinrichtung oder körperlichen Misshandlung, davon mehrheitlich mit Macheten. 61,5 % hatten Todesdrohungen erhalten und 87,5 % hatten Leichen oder Leichenteile gesehen.[14] Besonders lange verharre ich vor den in die Informationstafeln eingebauten Bildschirmen. Die Videoeinspielungen zeigen Interviews mit Überlebenden, die ihre Geschichte erzählen. Eine Frau, die schildert, wie sie als kleines Mädchen regelmäßig bei der Familie ihres Nachbarn gewesen ist, dort mit dessen Kindern gespielt und zu Abend gegessen hatte. Plötzlich stand der Familienvater der Nachbarn uniformiert und bewaffnet in dem Haus ihrer Familie, und sie musste zusehen, wie er ihrem Vater drei Kugeln in den Kopf jagte. Aus irgendeinem ihr unerklärlichen Grund ließ er sie am Leben. Ein anderer Mann erzählt, wie er sich tagelang in einem Berg von Leichen versteckte und totstellte, um nicht auch erwischt zu werden. Noch eindringlicher sind für mich die im oberen Geschoss aufgestellten Fotos kleiner Kinder, deren Leben steckbriefartig zusammengestellt wurde: Jeremy, 1988–1994, aus Rubavo, Lieblingsessen: Eiscreme, Lieblingshobby: Mit Papa angeln gehen, Traumberuf: Arzt.

Draußen an der frischen Luft gehe ich die Treppenstufen hinab zu den tennisfeldgroßen Steinplatten, die über den Massengräbern inmitten von sie umgebenden Hecken errichtet wurden. Von hier aus kann man auf einen unbebauten Teil Kigalis blicken. Zu meiner Linken sehe ich zwei Frauen in ihren farbigen Gewändern, die auf einer der Platten sitzen. Eine von ihnen hat sich nach vorne gebeugt, hält den Kopf in ihre auf dem Schoß abgestützten Arme und Hände. Die andere Frau hält sie fest und umarmt sie von der Seite. Beide weinen bitterlich.

Die Schuldfrage

„Ja, es ist wieder April. Jedes Jahr im April beginnt die Regenzeit. Und jedes Jahr und jeden Tag im April werden unsere Herzen von einer unvergesslichen Qual heimgesucht. Jedes Jahr im April denke ich daran, wie schnell das Leben zu Ende sein kann. Jedes Jahr erinnere ich mich daran, wie glücklich ich sein sollte, am Leben zu sein. Jedes Jahr im April."

Der Film *Als das Morden Begann* (*Sometimes in April*) erzählt die Geschichte zweier Brüder während und nach dem Völkermord. Der eine, Honoré, wirkte darin aktiv mit. Der andere, Augustin, verlor seine Familie, weil er mit einer Tutsi verheiratet war. Der Film beginnt mit Augustins soeben zitiertem inneren Monolog. Am 4. Juli eroberte die RPF schließlich Kigali und etablierte eine Interimsregierung. Sie schritt weiter in Richtung Westen vor und verkündete am 18. Juli, dass der Krieg vorbei sei. Doch erst das Kriegsende weitete den bitteren Blick auf die Verbrechen gegen die Menschlichkeit, wie uns in *Als das Morden Begann* ergreifend geschildert wird. Die Vereinten Nationen und die von ihr entsandten UNAMIR-Truppen sahen rat- und vor allem tatenlos dabei zu, wie das Grauen immer weiterging. Dieser nicht unbeachtliche Teil der Tragödie wirft die Frage auf, welche Rolle die internationale Staatengemeinschaft vor und während des Völkermordes spielte – oder eben nicht spielte. General Roméo Dallaires Blauhelmtruppen waren im Oktober 1993 nach Ruanda gekommen, jedoch nach Kapitel 6 der UN-Charta mit einem friedenserhaltenden Mandat ausgestattet, das ihnen lediglich die eigene Selbstverteidigung erlaubte. Dallaire, der erst Jahre später seine Gedanken in dem Buch *Handschlag mit dem Teufel. Die Mitschuld der Weltgemeinschaft am Völkermord in Ruanda* zu Papier bringen konnte, hatte nach 1994 einen schweren psychischen Zusammenbruch erlitten. In seinem Buch konstatiert er, mit etwas mehr als 2200 Soldaten sei die Mission personell viel zu dünn aufgestellt gewesen, um selbst bei Verbrechen gegen die Menschlichkeit Tutsi und gemäßigte Hutu zu schützen. Denn in diesem Ausnahmefall waren die Truppen zum Einschreiten mit Waffengewalt ermächtigt. Als der Massenmord dann einsetzte, wurde den Blauhelmsoldaten vom Department for Peacekeeping Operations der UNO außer im Selbstverteidigungsfall jegliche Anwendung von Waffengewalt in Gänze untersagt. In *Sometimes in April* sehen wir gar Blauhelmsoldaten, die von Hutu-Milizen eingeengt und verprügelt werden. Besonders die extremistischen Kräfte sahen in ihnen keine UNO-Truppen, sondern eine Kolonialarmee.

Hätte ein konsequenteres Einschreiten, eingebettet in ein personell und völkerrechtlich adäquat ausgestattetes Mandat, den Völkermord unterbunden oder zumindest eingedämmt? Diesem Vorwurf sieht sich auch Kofi Annan bis heute ausgesetzt. Er war damals als Untergeneralsekretär für Friedenssicherungseinsätze der Vereinten Nationen zuständig. Im Allgemeinen stellt sich die noch wesentlichere Frage, wie weit zurückverfolgbar die Kausalkette für die Schuld am ruandischen Grauen ist, warum Biografien, wie die der Geschwister Honoré und Augustin, solch dramatische Wendungen nehmen konnten. Wie weit zurück reicht die zeitliche Dimension, um noch ein Fremdverschulden oder bereits ein Eigenverschulden zu bejahen? In die späten 1980er

Jahre? In das Jahr 1973, als Juvénal Habyarimana Präsident wurde? In das Unabhängigkeitsjahr 1962? In das Jahr 1932, als die Belgier das Volk in privilegierte und nichtprivilegierte Rassen einteilten und ihnen Ausweise aushändigten? In das Jahr 1894, als von Götzen ruandischen Boden betrat? Man könnte argumentieren, ab 1962 hätten die Ruander erstmalig in Eigenregie eine dauerhafte Lösung für sich finden können, die allen Menschen eine friedliche Koexistenz, politische und gesellschaftliche Teilhabe sowie Gleichberechtigung garantiert hätte. Eines ist klar: Es handelt sich nicht um eine hypothetische Frage, nur weil sich Bürgerkrieg und Völkermord 2014 zum 20. Mal gejährt haben. Zwischen Fremd- und Eigenverschulden wird wohl kaum eine zeitlich saubere Abgrenzung möglich sein, beruht doch das Handeln aller Menschen immer auch auf den sozialen und historischen Begebenheiten ihrer Umwelt, in die sie hineingeboren werden. Es sprechen selbst Argumente dafür, dass bereits die herrschenden Gesellschafts- und Machtverhältnisse vor der Kolonialisierung durch die Deutschen das Potenzial zu Unruhen in sich trugen. Das Argument beruht auf der These, dass auch ohne Kolonialeinflüsse in Ruanda früher oder später eine Revolution stattgefunden hätte, dass die straff organisierte Hierarchie einer die politische Teilhabe einfordernden Hutumehrheit ohnehin nicht standgehalten hätte, erst recht nicht vor dem Hintergrund einer den gesamten Kontinent erfassenden Unabhängigkeitswelle. Jedoch ist die Frage, ob es zu einem Bürgerkrieg mit solch enormen Ausmaßen, gar einem Völkermord, auch ohne die Kolonialisierung Ruandas gekommen wäre, rein hypothetischer Natur. Das ändert wohl nichts daran, dass die Zeitspanne April bis Juli 1994 auch ein Produkt deutsch-belgischer Kolonialgeschichte ist. Man wird zwar keine Mitschuld der ehemaligen Kolonialherren an den viele Generationen später begangenen Verbrechen konstruieren können, denn es waren Ruander, die Ruander getötet haben. Versagt hat dabei die gesamte Staatengemeinschaft, welche tatenlos zusah. Und dennoch zeigt sich einmal mehr: Der Kolonialismus hat überall dort, wo die Europäer einfielen, seine Spuren hinterlassen. Ruanda ist da keine Ausnahme.

Bitte umblättern!

Der Bürgerkrieg und der Genozid in Ruanda sind einzigartig. Ihre Hintergründe zu verstehen gelingt nur mit einem spezifischen Blick auf die Geschichte des Landes. Daher ist es sinnlos, von Ruanda auf andere Länder oder gleich auf ganz Afrika zu schließen. Nichtsdestotrotz möchte ich an dieser Stelle genereller werden und eine grundsätzliche Frage aufwerfen:

Haben wir Europäer das Wüten unseres Kolonialismus auf dem afrikanischen Kontinent in seiner gesamten Dimension überhaupt begriffen? Werden wir unserer historischen Verantwortung überhaupt auf angemessene Weise gerecht? Haben wir Deutschen ein Bewusstsein für unsere kolonialen Fremdeinwirkungen entwickelt? Mitnichten! Man kann es an der ablehnenden Haltung vergangener Bundesregierungen zu Entschuldigungen hinsichtlich deutsch-kolonialer Geschichte sehen. Außenminister Joschka Fischer sagte bei seinem Besuch in Namibia 2003, eine offizielle Entschuldigung bei den Herero und Nama würde zu Präzedenzfällen und Entschädigungsforderungen führen.[15] Man kann es sogar daran ablesen, welch geringen Stellenwert deutsch-koloniale Geschichte im Schulunterricht einnimmt. Vor 105 Jahren begann der Maji-Maji-Krieg in Deutsch-Ostafrika (Tansania), an dessen Ende mehr als 100.000 Menschen tot waren. Ich weiß nicht, wie es Ihnen geht, aber ich habe das nicht in der Schule gelernt. Von der Rolle Belgiens bei der Ausbeutung des Kongo möchte ich gar nicht erst anfangen zu erzählen.

Die Frage nach unserer eigenen historischen Verantwortung dient nicht bloß oberflächlicher Symbolpolitik. Sie ist fundamental für die zukünftigen Beziehungen zwischen Afrikanern und Europäern. Die mangelnde politische Aufarbeitung führt immer noch beiderseits zu eklatanten Missverständnissen. Besonders politische Treffen leiden unter einer sonderbar gestörten Form der Kommunikation. Während die Europäer davon ausgehen, sie müssten Afrika bei jedem Problem zur Hilfe eilen oder ihnen zeigen, wie man etwas richtig macht, werfen die Afrikaner den Europäern vor, diese seien gar nicht an ihrem Wohlergehen interessiert, sondern auch heute noch für die schlechten Lebensumstände in Afrika verantwortlich. So können wahrlich nur zwei denken, die sich nie ausgesprochen haben. Dabei ist der erste Schritt hin zu einem Neuanfang denkbar einfach: Will es seine vielbeschworene „Politik auf Augenhöhe" wirklich umsetzen, muss sich Europa endlich eingestehen, dass es einen Fehler gemacht hat. Und zwar einen großen Fehler. Es muss sich seiner historischen Verantwortung bewusst werden und sich endlich bei Afrika entschuldigen. Dafür muss Afrika aufhören, ständig mit dem Finger auf Europa zu zeigen und damit anfangen, heutige Fehler und solche vergangener Jahrzehnte auch bei sich zu suchen.

Sie verzeihen mir diesen rechthaberischen Ton. (Manchmal geht der Oberlehrer dann doch mit mir durch.) Ich wollte mich bloß dem ghanaischen Ökonomen George Ayittey anschließen, der von den ewigen Beschuldigungen seitens mancher Afrikaner, wie auch den andauernden Empörungen mancher Europäer, nichts wissen will. Für das Heute, für das Hier und Jetzt gelten in seinen Augen ganz andere Maßstäbe. Afrikanische Staaten seien nun in der mittlerweile dritten Generation unabhängig. Mit dem Finger weiterhin auf andere zu zeigen sei falsch, weil es in die Irre führe. Von Ayittey stammt daher auch die Fabelanalogie von Geparden („Cheetahs") und Nilpferden („Hippos"). Sie können sich vielleicht schon denken, wer hier wen darstellen soll:

> „Es gibt die Cheetah-Generation. Sie ist eine neue Sorte Afrikaner, die Korruption nicht dulden. Sie wissen, was Verantwortlichkeit und Demokratie bedeuten. Sie warten nicht darauf, dass die Regierung die Dinge für sie erledigt. Und die Rettung Afrikas liegt auf ihren Schultern. Im Gegensatz dazu gibt es die Hippo-Generation. Das sind die herrschenden Eliten. Sie sind in ihrem Gedankengebilde gefangen. Während sie sich über Kolonialismus und Imperialismus beklagen, würden sie nicht einen Finger krumm machen. Wenn man sie darum bittet, die Wirtschaft zu reformieren, werden sie das nicht tun, weil sie die Nutznießer des schlechten Status quo sind."

Wer glaubt, Ayittey richte sich mit seinem Statement nur an Afrikaner, der irrt. Implizit fordert er die Europäer dazu auf, sich endlich von ihrer Gebermentalität zu befreien. Er gibt uns zu verstehen, dass historisches Bewusstsein nichts mit dem kollektiven Aschermittwochszug des westlichen Schuldgefühls zu tun hat, in den die Europäer sich aus freien Stücken immer wieder selbst einreihen. Was Ayittey zu Recht fordert, ist Vertrauen in die Cheetah-Generation: „Lassen Sie uns weitergehen und umblättern in das nächste Kapitel. ... Und ich weiß, mit den Geparden können wir Afrika zurückgewinnen."

Ruanda: 19 Jahre später

„The horror! The horror!" Colonel Kurtz' vielzitierter letzter Satz aus Joseph Conrads *Heart of Darkness* wurde, wie im Übrigen der Titel des Buches selbst, zum klassischen Klischee über ganz Afrika verdreht. Das 1899 erschienene Buch, das von dem Elfenbeinspediteur Marlow und dessen Reise in den Kongo berichtet, wo er auf den Elfenbeinhändler Colonel Kurtz trifft, der auf seinem Handelsposten als absolutistischer Schlächter über die Einheimischen herrscht, thematisierte als erstes weltweit beachtetes Werk den Kolonialismus, seine Ausmaße und die durch ihn entstandene Verrohung.

Auch wenn der Völkermord dem Land eine deutlich sichtbare Narbe verpasst hat, bleibt er nur ein Teil ruandischer Geschichte. Das Ruanda des Jahres 2013 ist nicht das Ruanda der 1990er Jahre. Es heißt, die Menschen sprächen nicht offen über den Bürgerkrieg. Meine eigene Erfahrung ist jedoch die, dass die Begriffe „Bürgerkrieg" (*civil war*) und

„Völkermord" (*genocide*) immer wieder abstrakt in Gesprächen auftauchen. Ohne dass die Mehrheit meiner Gesprächspartner darauf eingänge, was ihnen oder ihren Familien und Freunden konkret widerfahren ist, stehen diese Begriffe stellvertretend für eine Art Zäsur. Als sei das Ende des Schreckens auch zugleich der Beginn einer neuen Zeitrechnung. An allen Ecken und Enden finde ich Plakate und Banner mit der Aufschrift „19 Kwibuka Jenoside", die an Gebäuden, Toren oder Zäunen befestigt sind.

Doch wie konnte es passieren, dass die unzähligen Täter wieder zu Mitbürgern wurden? Die Aufarbeitung des Völkermordes hat ab 2002 durch die Errichtung rund 12.000 sogenannter Gacacagerichte einen großen Schub erfahren. Es wurden dafür 160.000 Richter aus dem Volk gewählt, die stellvertretend für staatliche Gerichte, welche die juristische Aufarbeitung bei der riesigen Zahl an Opfern nicht alleine stemmen konnten, Prozesse abhielten. In diesem Falle ergingen die Urteile also sprichwörtlich im Namen des Volkes. Bei jedem Prozess sollten mindestens 15 dieser Richter und 100 Verhandlungszeugen anwesend sein, wobei über reuige Angeklagte auch mildere Urteile gefällt wurden. Die Gacacagerichte stellten 2012 ihre Arbeit ein. Das Resultat: Es wurden 1,95 Millionen Fälle behandelt und in über 65 % von ihnen wurden Strafen gegen die Angeklagten verhängt.[16] Manchmal sah ich auf meinen Reisen durch das Land von weitem Männer in orangefarbenen Overalls, die auf Feldern arbeiteten. Es handelt sich dabei um jene Verurteilten. Es ist wahr, dass in diesen zehn Jahren viele Menschen in Gefängnissen blieben, ohne dass ihnen jemals der Prozess gemacht worden wäre. Viele von ihnen starben dort. Trotzdem sprechen diese Zahlen eine eindeutige Sprache. Wenn es neben Südafrika ein Land gibt, das sein historisches Erbe ernst nimmt, dann ist es Ruanda.

Von meiner Reise durch das Land bleiben mir besonders die unzähligen Schulkinder in Erinnerung. Auf meiner Erkundungstour durch Nyanza zum Beispiel, wo ich das Rukali-Palastmuseum und das sehr empfehlenswerte Rwesero-Kunstmuseum besichtige, passiere ich auf 20 Metern Abstand mehrere Dorfschulen. Die elf, zwölf Jahre alten Mädchen, die wohl gerade Pause haben, können mich als Reisenden erkennen und fangen gleich an zu tuscheln. Als ich dann im Gegenzug zurückgrinse und ihnen zuwinke, ist die Freude groß. Sie winken mir zurück, brechen in großes Gelächter aus und stecken dann die Köpfe zusammen. Ich muss wohl eine besondere Attraktion gewesen sein. Denke ich an diese Mädchen in ihren Schuluniformen, den dunklen Röcken und weißen Hemden zurück, frage ich mich bis heute, wie viele von ihnen Großeltern haben, wie viele von ihnen wohl Halbwaisen sind, wieviel ihre Eltern ihnen vom Völkermord erzählen. Sie wurden nach 1994 geboren. Sie gehen zur Schule und sehen einer besseren Zukunft entgegen.

Ebenfalls wird mir mein Aufenthalt in Nyanza in Erinnerung bleiben. Ein Blick hinter die hölzerne Hotelbar meiner menschenverlassenen Unterkunft für eine Nacht verrät mir gleich: Hier gibt es nichts zu holen. Der leere Kühlschrank, auf dem ein ruandisches Bier abgebildet ist, das den Namen Mützig trägt, wurde vom Stromnetz getrennt. Die Cola- und Fantaposter an der Wand erübrigen sich auch. So mache ich mich auf zum Abendessen ins benachbarte Freedom Motel, wo ich von Weitem den Fernseher laufen höre. Übertragen wird die Premier League. Es spielt der FC Chelsea gegen Manchester United. Der Klassiker. Die Stimmung ist gut, was ich an den Gesichtern und Ausrufen der rund 20 anwesenden Herren erkennen kann, die gebannt auf den Bildschirm starren. Eine freundliche Dame, die mir gerade bis zum Brustkorb reicht, begrüßt mich auf Französisch. 2008 wurde die offizielle Landessprache von Französisch in Englisch abgeändert. In Kigali ist das kein Problem. Doch im ländlicheren Bereich, wie in Nyanza, hat sich das bei den Erwachsenen noch nicht durchgesetzt. Wie auch? Die offiziellen Amtssprachen, die von den ehemaligen Kolonialmächten stammen – Englisch, Französisch oder Portugiesisch – lernt man in Afrika meist nur in der Schule. (Präsident Kagame wird nachgesagt, er habe die aus dem englischsprachigen Uganda zurückgekehrten Tutsi bevorteilen wollen.)

Mit der Essensbestellung habe ich meine Mühe. Mein Französisch ist wirklich nicht der Rede wert. Auch wenn ich mich meistens irgendwie verständigen kann, besteht das Problem mit der netten Frau darin, dass wir irgendwie aneinander vorbeizureden scheinen. Enthusiastisch zählt sie die drei verfügbaren Mahlzeiten auf: Salat mit Pommes, Hühnchen mit Pommes und Hühnchen-Brochette. Jedes mal entgegne ich bei Hühnchen mit Pommes „oui, parfait, merci". Dann schaut sie mich kurz an, nur um wieder von Neuem mit ihrer Aufzählung zu beginnen. Das geht vier Mal so. Nach fünf Minuten ist mir dann auch egal, was sie mir bringt. Sie will wohl um alles in der Welt eine Fehlbestellung vermeiden, was ich irgendwie putzig finde. In dem Moment tritt ein junger Mann an unsere Seite, der sich später als Martin vorstellen wird. Er hilft mir auf Englisch und gibt die Bestellung für mich auf Kinyarwanda auf. Martin sagt mir, dass es 45 Minuten dauern wird, und bittet mich danach zu sich und seinen Freund Charles an einen der Tische. Charles' Freundin muss für mich Platz machen und wird weggeschickt, auch wenn ich mir problemlos einen weiteren Stuhl organisieren könnte. Wir trinken ein Mützig und so entwickelt sich das Gespräch. Martin und Charles sind 18 Jahre alt und die besten Freunde. Sie gehen gemeinsam im benachbarten Ruhango zur

Secondary School of Hospitality. Das ist eine weiterführende Schule, wo sie ihren Abschluss in Gastronomiewirtschaft machen. Manchmal muss ich etwas genauer hinhören. Sie sprechen das „r" wie ein „l" aus, was in Ruanda nicht unüblich ist. „You tlaver orone?" Ob ich alleine reise. Ja, aber das mache mir nichts aus. Dem ersten Mützig folgt ein zweites Mützig. Ich lerne ein paar Worte Kinyarwanda. Muraho! Amakuru? Murakoze! Guten Tag! Wie geht's? Danke!

Mir wird während unseres Gespräches bewusst, dass Martin und Charles zu der heranwachsenden Generation gehören, die den Völkermord nur von Erzählungen, aus dem Unterricht und von den in Ruanda überall unübersehbaren Postern und Bannern kennt. Bemerkbar macht sich kurz darauf die School-of-Hospitality-Ausbildung. Weil nach 50 Minuten das Essen immer noch nicht da ist, spricht Martin voller Inbrunst: „Das kann doch nicht sein. Jetzt sind 50 Minuten vergangen und das Essen ist immer noch nicht da. Wenn man sagt, dass es 45 Minuten dauert, dann darf es auch nur 45 Minuten dauern." Ich gucke ihn verdutzt an, mit einer Mischung aus Be- und Verwunderung. Ich habe mich über die Jahre schon daran gewöhnt, dass man in afrikanischen Ländern ruhig mal gerne länger warten darf. Europäer haben Uhren, Afrikaner haben Zeit – so das gängige Klischee. Ich hatte mich innerlich schon auf mindestens eine Stunde Wartezeit eingestellt. Als dann bei Minute 55 immer noch nicht das Essen auf dem Tisch steht, haut Martin mit der Faust auf den Tisch und macht sich auf in Richtung Küche. Fünf Minuten später ist es dann soweit. Wir bekommen Wasser zum Händewaschen aus einem Krug. Dann erscheint die Kellnerin mit einem riesigen Tablett, auf dem ein Berg Pommes frites liegt und mitten darauf ein ganzes Grillhähnchen platziert ist. Spätestens jetzt bin ich froh, mit den beiden Bekanntschaft gemacht zu haben. So schaffen wir zu dritt mit Mühe und Not den Vogel und den Frittenberg. Nach dem Essen wünschen wir uns eine gute Nacht. Die beiden müssen noch mit dem Bus zurück nach Ruhango, denn sie haben an ihrer Schule auch ihren Schlafplatz. Doch bevor sich unsere Wege trennen, laden die beiden mich ein, sie doch in ihrer Schule in Ruhango besuchen zu kommen.

Bereits am nächsten Tage folge ich ihrer Einladung. Ruhango liegt 30 Minuten nördlich von Nyanza. Die Schule ist in einen der unzähligen grün-rotbraunen Hänge und Hügel gebaut, die Ruandas Landschaften prägen. Von der Hauptstraße geht es auf einen ungeteerten Pfad. Ich sollte um 16 Uhr vorbeischauen, doch ich merke bei Betreten des Geländes, dass ich zu früh bin. Ich sehe keine Menschenseele. Hier und da einen in weißem Hemd und blauer Hose uniformierten Schüler. Direkt die Treppe runter finde ich zu meiner Rechten das Sekretariat. Alles in rotbraunem Backstein gehalten, der Boden aus Beton. Die Tür ist offen, und so strecke ich meinen Kopf durch den Türspalt ins Zimmer. Dort sitzen an einem Holzschreibtisch der Schuldirektor und die Sekretärin. Wir schütteln uns die Hände. Was auch sonst? „Enchanté." „Sehr erfreut." Ich stelle mich als Freund von Martin und Charles vor und zeige der Sekretärin auf meinem Telefon ein Foto von gestern Abend, nachdem wir das Huhn verputzt hatten. Sie nimmt mein Telefon, schaut auf das Bild, verzieht das Gesicht und schmunzelt. Es stellt sich heraus, dass der Unterricht noch läuft. Ich beteuere zwar, bis zum Unterrichtsschluss warten zu können und dass ich es nicht eilig habe. (Alles in meinem makellosen Französisch, versteht sich.) Aber schon steht die Sekretärin auf und geht voraus. „Allez, allez!", ruft sie freundlich fordernd. Ich folge ihr weitere Stufen hinunter zu den Klassenräumen. Das Schulgelände ist ein geschlossenes Rechteck. Von den Klassenräumen umgeben ist ein Ascheplatz mit Basketballkörben und einem Volleyballnetz. Aus einem der Räume zu unserer Linken kommt plötzlich Charles heraus und begrüßt mich. Dann folgt Martin. Die beiden freuen sich sehr. In dem Moment ertönt eine laute Sirene. Schulschluss.

Wie jeder Schultag ging es auch heute von acht Uhr bis halb fünf. Zwar mit Mittagspause, aber das ist ein stattliches Pensum. Die beiden zeigen mir ihren Klassenraum, aus dem nun die Schülerinnen und Schüler herausströmen und mich neugierig mustern. Zu zweit teilt man sich hier jeweils eine Holzbank und einen Holztisch – mit den bekannten Einkerbungen und Beschriftungen. Ob die beiden auch Zettelchen schreiben? Sie lachen, aber verneinen. Das dürften sie nicht, entgegnen sie. *Also uns hat das früher nicht davon abgehalten.* An der Tafel stehen die „Sources of Protein" als Teil der Ernährungswissenschaften. Ganz rechts in der Ecke der Stundenplan: Englisch, Marketing, Mathe. An der Schule gibt es drei Spezialisierungen: Hospitality, Accounting (Buchführung und Finanzen) und Tourism. Den Computerraum und die Gemeinschaftsküche zeigen sie mir auch noch, bis es dann hoch zu den Schlafräumen geht. Ich bin ziemlich überrascht, als ich in einen großen dunklen Raum geführt werde, in dem geschätzte 20 ein Meter breite Hochbetten stehen. Das macht 40 Matratzen. Doch es schlafen hier tatsächlich 80 Jungen, denn man teilt sich eine Matratze. Die Verhältnisse sind bescheiden. Doch Martin und Charles, die sich ebenfalls eine Matratze teilen, sind mächtig stolz, mir all das zeigen zu können. Es macht auf mich den Eindruck, als sei alles absolut selbstverständlich, vollkommen in Ordnung so. Ich hätte es hier wahrscheinlich keine zwei Nächte ausgehalten. An den unverputzten Wänden hängen Poster des amerikanischen Musikers Snoop Dogg. Wer mein Lieblingsmusiker sei, wollen sie wissen. Ich bin bei den Rappern nicht so firm. Mir fällt in dem Moment nur 50 Cent ein, den ich nie zu meinen Lieblings-musikern zählen würde. Die beiden nicken andächtig. „You're the man!" Dann geben sie mir die Brofist, auch Ghettofaust genannt, bei der sich Jugendliche gegenseitig mit ihrer rechten Faust berühren. (Ich habe mich in Berlin schlau gemacht.)

Mein Schulbesuch neigt sich dem Ende zu. Die beiden begleiten mich noch zur Bushaltestelle, von wo aus ich zurück nach Nyanza fahre. Zu Martin und Charles halte ich bis heute Kontakt. Martin hat mir kürzlich über Facebook geschrieben, dass er die Schule abgeschlossen hat und nun in einem Hotel in Kigali arbeitet.

Charles und Martin in ihrem Klassenraum. Mittlerweile sind beide in Hotels in Kigali angestellt.

Zwei Tage später besichtige ich die National University of Rwanda (NUR) in Butare – die Stadt mit der höchsten Studierendenquote. Die NUR wurde 1963 mit 49 Studierenden gegründet. Heute sind hier 11.000 Studierende aus ganz Ostafrika in Maschinenbau, Medizin, Sozialwissen-schaften, Jura oder Wirtschaftswissenschaften eingeschrieben. Der Mensch vom Büro für Public Affairs gibt mir eine kleine Tour und berichtet mir von Kooperationen mit schwedischen und englischen Unis. Seit dem Erd-beben in Haiti gibt es ein Kontingent an Stipendien seitens der ruandischen Regierung für Studierende aus Haiti. Der Campus, die Gebäude, die Leute: alles ist umgeben von einer Atmosphäre des Aufbruchs. Irgend-wann werden sich hier Schüler wie Martin und Charles einschreiben.

Dazu muss in Ruanda aber noch einiges geschehen. Die Primary School, also die ersten sechs Jahre bis zum Alter von zwölf Jahren, ist kostenlos. (Wenn ich es richtig in Erinnerung habe.) Die dreijährige Secondary School kostet jedoch pro Halbjahr rund 100 US-Dollar. Allein an dieser finanziellen Hürde scheitern die meisten Jugendlichen, besonders die im ländlichen Raum. Es bleibt noch zu häufig dabei, dass nur wohlhabendere Familien ihre Kinder auf die weiterführenden Schulen und später auf die Universitäten schicken, ein Problem in vielen afrikanischen Ländern. Denn die Eliten bleiben unter sich, pflanzen sich fort und erhalten sich selbst. Chancengleichheit und gesellschaftliche Teilhabe sieht in der Tat anders aus. Präsident Kagame, selbst Vater von vier Kindern, hat 2010 sein Versprechen gegeben, für eine kostenlose zwölfjährige Schulausbildung zu sorgen. Auch das ist Teil seiner „Vision 2020", einer politischen Agenda der Regierung. Bei den bisherigen Wahlergebnissen braucht sich Kagame um seinen Chefsessel keine großen Sorgen zu machen. Er wird sich jedoch besonders an diesem Versprechen messen lassen müssen. Bei allen Herausforderungen, die in Zukunft noch anstehen, ob in Kigali, Kibuye, Nyamata, Ruhango oder Butare: Die zur Geschichtsbewältigung notwendige Entwicklung von innen, sie ist 20 Jahre nach dem Völkermord im Begriff der Entstehung.

DAS FEST DES HUHNES

Die Psychologie der Exotik am Beispiel des
Lebens in einem Bergdorf

(Togo im Oktober 2011)

„In Afrika gibt es keine Grenzen. Nicht einmal zwischen Leben und Tod. "

(Der senegalesische Dichter und Politiker Léopold Sédar Senghor)

Ein weiteres gängiges Klischee über Afrika ist, es gäbe keinen Personennah- oder Regionalverkehr. Immer wieder wurde ich gefragt, wie um Himmels Willen ich mich in Afrika fortbewegt hätte, ob ich per Anhalter oder gar auf alten Viehtransportern mitgenommen worden sei. Tatsächlich sind die lokalen und regionalen Personentransportsysteme in afrikanischen Ländern höchst effektiv. Ich scherze nicht: Zwischen Moshi und Arusha in Tansania, zwischen Ho und Hohoe in Ghana oder zwischen Ogbomosho und Ilorin in Nigeria, um nur drei von 3000 Beispielen zu nennen, kommen erfahrungsgemäß alle 20 bis 30 Minuten Minibusse. Der kleine Unterschied ist, dass sie in jedem Land anders heißen: Dala-Dala (Tansania), Tro-Tro (Ghana) oder Danfo (Nigeria).

Und so funktioniert das Ganze: Entweder man steigt an einem der zentralen Busstationen im Ort ein und hofft, dass der Bus bald losfährt. Wie gesagt: Man hofft. Weil der Bus nämlich nicht losfährt, bis er nicht voll ist. Aus diesem Grund habe ich mich in Kigali so sehr über unsere pünktliche Abfahrt gefreut. (Hier offenbart sich der Unterschied zwischen effektiv und effizient. Ruanda ist, wie Sie nun wissen, eine glorreiche Ausnahme.) Befindet man sich nicht an einer der zentralen Busstationen, sondern ist zu Fuß unterwegs, wird man von Weitem angehupt. Man winkt dem Fahrer zu und fragt, wo es hingeht. Manchmal steht der Zielort auch auf einem an die Innenseite der Vorderscheibe geklebten Pappschild. Liegt das eigene Reiseziel auf der Strecke, zahlt man sein Ticket beim Fahrbegleiter, der meist rechts sitzt und für das Auf- und Zumachen der Türen zuständig ist, und steigt ein. Es sind 20 bis 30 Jahre alte Toyota-Minibusse, in denen man es sich bequem machen darf. Die stammen nicht selten aus Deutschland, und so tragen ihre Karosserien auch manchmal Aufschriften wie „DRK Katastrophenschutz Hoyerswerda", „Frisch vom Bäcker" oder „Zahnersatz zum Nulltarif". Die Busse sind auf maximal acht bis zehn Personen ausgelegt und befördern bis zu 16. Da kommt Freude auf. Der Bus hält andauernd, um Leute aufzunehmen, denn logischerweise rentiert er sich nur, wenn er voll ist. Und damit meine ich proppenvoll. Erneut muss ich Ruanda hervorheben, denn dort wurde das System weiterentwickelt:

Man kann im Rahmen von Bonusprogrammen Punkte sammeln – so eine Art „Miles and More", denn nach zehn Fahrten erhält man die elfte kostenlos.

Wie ich Ihnen schon erzählt habe, war ich im November 2011 in Ghana. Bevor ich jedoch in Kumasi aufschlage, befinde ich mich zuvor noch auf dem Weg nach Hohoe im Osten des Landes. Im Bus sitze ich glücklicherweise vorne, weil ich bereits in Ho der erste Fahrgast bin. Die Straßenverhältnisse lassen etwas zu wünschen übrig, was unseren Fahrer aber nicht davon abhält, ordentlich aufs Gas zu treten. Wenn er hupt, spüre ich die Vibration im Fußraum. Dabei hupt er noch nicht einmal mit dem Lenkrad. Er betätigt die Hupe dort, wo man sonst den Scheibenwischerhebel vermutet. *Wie er das nur angestellt hat?* Dieser Erfindungsreichtum begegnet einem immer wieder. Es ist schon verblüffend, wie aus der Not eine Tugend gemacht wird, indem man „Rentabilität" und „Haufen Schrott" miteinander zu vereinbaren weiß. Der Motor heult, es ruckelt und der Wimpel am Innenspiegel baumelt hin und her. Er und die zahlreichen Aufkleber in der vorderen eingerissenen Fensterscheibe lassen auf schier grenzenlose Fußballbegeisterung schließen. Der FC Chelsea ist nicht nur in diesem Bus, sondern in ganz Ghana allgegenwärtig. Ich stelle mir vor, wie schön es doch wäre, wenn das auf meinen Verein, den 1. FC Köln, zuträfe, verwerfe diesen illusorischen Gedanken jedoch wieder.

Ich schlafe kurz ein, um zehn Minuten später von einem gackernden Huhn wieder geweckt zu werden. Das Federvieh hatte ich gar nicht bemerkt. Es sitzt auf dem Schoß seines Besitzers und übertönt mit seinem Geschnatter die Gespräche der anderen Fahrgäste. Auf dem Weg nehmen wir drei Schulkinder mit. Sie fahren gratis. Nach vier Stunden komme ich endlich an. Hohoe befindet sich in der Volta-Region an der Grenze zu Togo. Die Gegend ist bekannt für den Volta-Stausee, den flächengrößten, vollständig von Menschen geschaffenen Stausee der Welt. Mit rund 8500 km² ist der Voltasee fast zehnmal so groß wie Berlin. Mein Zimmer beziehe ich im „Geduld Hotel", einem schön hergerichteten Haus mit Garten. Nach einem Blick auf meinen Reisepass fängt die Hotelbesitzerin plötzlich an, mit mir deutsch zu sprechen. Wo ich herkomme, was ich so treibe. Wie der Zufall es so will, hat sie in Heidelberg studiert – ich auch. Stolz verkündet sie mir, dass hier einmal der Regionalleiter der Gesellschaft für Technische Zusammenarbeit (GTZ) residiert hat und fügt hinzu, dass es ohne ihn doch viel besser sei. Jetzt könne sie endlich mit ihrem Hotel den ghanaischen Tourismus ankurbeln. Wärmstens empfiehlt sie mir die Wasserfälle von Wli, rund zwölf Kilometer außerhalb des Ortes. Was ich da noch nicht ahne, ist, dass dieser Wasserfallbesuch mich von Ghana nach Togo führen wird.

„Let's go to Togo!"

Am nächsten Tag fahre ich nach Wli. An der Pforte zum Wanderweg angekommen zahle ich einen kleinen Eintritt, woraufhin mir vom Parkleiter ein junger Mann namens Kweku als mein Führer durch den Urwald zur Seite gestellt wird. Ich soll ihn Mighty nennen, was ich gerne tue. Da muss ich an Mighty Mouse denken. Viele Menschen, die ich auf meinen Reisen kennengelernt habe, besitzen wie Mighty zwei Vornamen: Zum einen ihren auf der lokalen Sprache basierenden, der Ethnie zugehörigen Namen. In Ghana richtet sich dieser bei Mädchen und Jungen nach dem jeweiligen Wochentag, an dem sie geboren wurden. Kweku kam an einem Mittwoch zur Welt. Ich würde in Ghana wohl Kofi heißen, denn mein Geburtstag war an einem Freitag. Dann wäre da noch der englische beziehungsweise auf der jeweiligen Amtssprache beruhende Vorname, der sich nicht selten nach der jeweiligen Religionszugehörigkeit richtet. Mighty steht, wie er mir später sagt, für die Kraft und Güte des Herrn Jesus Christus. Er ist 20 und hat die Schule absolviert. In Ghana sind das mindestens neun Jahre. Nun besucht er eine weiterführende Schule, die mit der deutschen Oberstufe vergleichbar ist. Er finanziert sie sich durch seinen Job als Touristenführer. Sobald er Geld für ein Trimester an der Schule hat, zahlt er es und besucht sie. So sammelt er langsam seine Leistungspunkte. Ideal ist das natürlich nicht, wie er selbst sagt. Er wünscht sich, es würde alles etwas schneller gehen, aber durch die permanenten Pausen ist das nicht möglich.

Mit Mighty verstehe ich mich auf Anhieb so gut, dass der Wasserfall, die schreienden Vögel und zirpenden Grillen im Urwald zur Nebensache werden. Ich horche erst auf, als Mighty erzählt, er gehe gelegentlich „rüber nach Togo". „Was meint du mit ‚rüber nach Togo'?", frage ich ihn. Er sagt, er mache das öfter. Er habe dort Verwandte und Freunde in einem kleinen Bergdorf. Wenn Leute wie ich nach Wli kommen, dann nimmt er sie manchmal mit dorthin. Ob ich Lust hätte, fragt er mich. Ich gucke ihn erstaunt an und sage: „Mighty, ich besitze überhaupt kein Visum für Togo. Ich komme doch gar nicht ins Land rein!" Er wiegelt ab: „Aaah, das ist kein Problem! Wir wandern einfach über die Berge nach Togo. Es ist auch gar nicht weit." Er sagt das so, als würden wir auf Kaffee und Kuchen mal eben im Dreiländereck Aachen-Belgien-Niederlande herumspazieren. „Was ist, wenn die Polizei mich kontrolliert?" Da fängt er an zu grinsen. Er hat eine witzige Lücke zwischen den Schneidezähnen. „Da passiert nichts." Ich bin mir da allerdings nicht so sicher. Einerseits kenne ich den Typen erst seit einer Stunde. Andererseits finde ich die Vorstellung, ganz unerwartet und ungeplant mal eben kurz ins Nachbarland wechseln zu können, äußerst reizvoll. Zudem habe ich keine konkreten Pläne für die kommenden Tage. Ein schönes Sprichwort besagt ja, man soll nie im Leben die Dinge bereuen, die man getan hat, sondern nur die, die man nicht getan hat. Ich schaue ihn prüfend an. „Ich kann dir vertrauen?", frage ich ihn. Wieder dieses entwaffnende Grinsen. „Na klar!" Am Parkeingang verabreden wir uns für den nächsten Tag um neun Uhr morgens. Fünf Tage wird unser Ausflug dauern. „Und bring genug Wasser mit!", ermahnt Mighty mich.

Grenzenlos nach Togo: Über gelebte Identitäten

In der Tat ist mein Rucksack am nächsten Morgen zu drei Vierteln mit Wasserplastiktüten gefüllt. In Westafrika sind diese Dinger eine Plage. Es handelt sich um gefiltertes Trinkwasser, das in quadratischen, durchsichtigen Plastikbeuteln abgefüllt wird. Man reißt sie mit den Zähnen an einer der vier Ecken auf, hält sich den Beutel in den Mund und presst das Wasser mit der Hand heraus. So ein Sachet beinhaltet einen halben Liter und kostet fünf Cent. Das ist preiswert, vor allem für die nicht so betuchte Bevölkerung. Doch leider säumen die leergetrunkenen Abfalltüten überall die Wegesränder, finden sich zusammengeknüllt im Kanal wieder oder fliegen im durch den Wind aufgewirbelten Straßenstaub. Kein Wunder: Tütchen auf, runter damit, wegschmeißen. Einfacher geht es nicht. *Dabei wäre es doch gar nicht so schwer, in jedem Ort drei, vier große Sammeltonnen zu platzieren!*, denkt reflexartig der ordnungsliebende Deutsche in mir. Küstenstädte wie das wunderschön gelegene Elmina würden so zu noch atemberaubenderen Reisezielen. Sie erinnern an portugiesische Fischerdörfer – wenn nur dieser Müll nicht wäre! Ich nehme hiermit meinen Ordnungssinn zur Kenntnis sowie die Tatsache, dass fehlendes Umweltbewusstsein vor allem in Ghana wohl noch ein Luxusproblem zu sein scheint.

Mighty hat ebenfalls seinen Rucksack gepackt. Er hat zudem drei Stauden Bananen gekauft. Wir teilen uns das Geld und ziehen los, an den Wli-Wasserfällen vorbei und langsam aber sicher in immer höhere Gefilde. Die Grenze zwischen Ostghana und Westtogo verläuft vom Atlantik ausgehend in nördliche Richtung und entwickelt sich dort zu einem 400 bis 800 Meter hohen Hügelpass. Den besteigen wir von Westen aus, eine schweißtreibende Angelegenheit. Teilweise ist es recht steil, doch folgen wir die meiste Zeit einem ziemlich deutlichen Trampelpfad. Immer wieder kommen uns Frauen und Männer entgegen, die große Tabletts auf ihren Köpfen balancieren. Teilweise ist die Ware mit einem Tuch bedeckt. „Manchmal schmuggeln sie Alkohol und Zigaretten", erklärt mir Mighty.

„Aber meistens transportieren sie einfach nur Essen vom einen Dorf ins nächste." „Wo ist denn das nächste Dorf?", will ich wissen. „Das ist in Togo." Ich kann es kaum glauben. Die Menschen laufen einfach so durch die Berge, betreiben Handel oder besuchen Freunde und Verwandte und scheren sich nicht um die Frage, ob sie in Ghana oder Togo sind.

Zwar gibt es in Afrika insgesamt 109 international anerkannte Grenzen. Doch fast ein Viertel davon ist durchlässig. Es gibt insgesamt 350 offizielle Grenzpunkte in Form von Straßenüberquerungen. Das bedeutet im Schnitt einen Grenzpunkt alle 128 Kilometer. Etwas deutlicher wird dieses Verhältnis, wenn man sich bewusst macht, dass nur 414 Straßen tatsächlich zwischenstaatliche Grenzen überqueren. Es gibt sogar 70 Straßen ohne jegliche Zollstationen.[17] Die uns entgegenkommenden Frauen und Männer verdeutlichen mir zum ersten Mal, dass der Territorialstaat zunächst nur auf dem Papier besteht. Es ist nicht so, als würde Staatsangehörigkeit in Afrika keine Grenzen kennen, doch ist sie jedenfalls in weiten Teilen von untergeordneter Bedeutung. Ich finde es faszinierend zu sehen, dass die Menschen ihre eigene lokale und regionale Identität sehr viel stärker leben. Sie sind nicht ausschließlich Ghanaer oder Togolesen, sondern zunächst Ewe. Als Ewe bevölkern sie die Grenzregion zwischen den beiden Ländern, als Ewe gehen sie zur Schule, als Ewe kaufen sie ein und leben ihren Alltag. Die gezogenen Grenzen scheinen sie nichts anzugehen. Wir hingegen denken eher in Dimensionen von Staatsangehörigkeiten, Reisepässen und Aufenthaltsgenehmigungen.

Mein Eindruck erhärtet sich, als Mighty mir stolz verkündet, dass in dem togolesischen Dorf seine halbe Familie wohnt. Gut, ein Teil meiner Familie wohnt auch in Holland. Doch ich merke, dass der Territorialstaat tatsächlich nur in seinen Grundzügen Bestand hat, weil er von weiten Teilen der (Land-)Bevölkerung nicht wirklich mit einer nationalen Identität gelebt wird. Das ist es, was der kongolesische Politikwissenschaftler Mwayila Tshiyembe meint: Die Kolonialisierung des Kontinents durch die Europäer, die Aufteilung und Grenzbestimmung der Kolonien und die Neugründung afrikanischer Staaten haben zu Konstrukten nach europäischem Vorbild geführt: Ghana, Südafrika, Nigeria, Ruanda, Kenia, Nigeria oder die DR Kongo. Doch in diesen Nationalstaaten bestehen wie eh und je gemischte Gruppierungen – die Ewe, Xhosa, Ibo, Hutu oder Lunda etwa. Sie leben ihre eigenen, lokalen Identitäten sehr viel stärker und orientieren sich politisch wie kulturell stärker an diesen. Ein Jahr später stelle ich das auch in Nigeria fest, als ich mit Franca, einer Yoruba, Dauda, einer Hausa, und Chidi, einer Igbo, in der Hauptstadt Abuja zu Mittag esse. Als ich sie frage, ob sie sich als Nigerianer und Nigerianerinnen fühlen, bejahen sie dies. Aber zuerst seien sie Yoruba, seien sie Hausa oder Igbo. Während wir Europäer unsere Nationalität mit uns herumtragen, sind es in afrikanischen Ländern primär die Zugehörigkeit zur eigenen Bevölkerungsgruppe und die Herkunft aus der einer Gruppe zugehörigen Community. Tatsächlich handelt es sich dabei um ein einheitsstiftendes Element in Subsahara-Afrika. Eine Ghanaerin wird Ihnen in Ghana grundsätzlich zunächst sagen, dass sie sich als Ashanti fühlt, bevor sie sich auf ihre ghanaische Staatsangehörigkeit oder gar ghanaische Identität bezieht. Ein Simbabwer oder Botsuaner ist zuerst ein Shona. Auch die kenianische Schauspielerin Mumbi Kaigwa stellte in einem Interview zum 50. Unabhängigkeitstag ihres Landes fest, die Kenianer hätten keinen Sinn für Feierlichkeiten, jedenfalls nicht als Nation. Für die Menschen sei es viel wichtiger, dass sie zu einer bestimmten Clique oder Volksgruppe gehören.[18] Natürlich gilt dies nicht für alle. Gerade in der wachsenden Mittel- und der Oberschicht sind nationale Identitäten ausgeprägter. Franca, Dauda und Chidi sind Angestellte bei der regionalen Wirtschaftsorganisation ECOWAS. Sie haben studiert und verdienen gutes Geld. Auch wenn sie ebenso auf ihre Herkunft als Yoruba, Hausa oder Igbo verweisen, beziehen sie sich vergleichsweise häufig auf ihre nigerianischen Identitäten, denken stärker in nationalen Zusammenhängen. Lustig wird es bei unserem Mittagessen, als sie meinen, dass ja Ghanaer dächten, alle Nigerianer seien kriminell. Franca meint allerdings daraufhin, dafür könnten Ghanaer nicht kochen. „Fufu ohne Suppe!? Das ist doch schrecklich! Und Fisch können die auch keinen zubereiten!" Es sind ähnliche Denkmuster, wie wir sie pflegen: Belgier können nicht Auto fahren und Engländer haben schiefe Zähne.

Doch zurück ins Jahr 2011. Nach fünfstündiger Wanderung dreht sich Mighty, dem ich weiterhin brav hinterhertrotte, zu mir um: „Jetzt sind wir in Togo." Woher er das wissen will, weiß ich beim besten Willen nicht. Ich sehe keinen einzigen Grenzstein, weit und breit keinen Schlagbaum, keine Fahne, keinen Grenzbeamten mit Kelle, kein Schild. *Ehrlich? Der will mich doch verarschen.* Vor uns offenbart sich ein sagenhafter Ausblick über ein riesiges Tal. *Soso, hier beginnt also Togo.* Grüne Bäume und Felder, so weit das Auge reicht. Wir passieren ein Reisfeld. Die arbeitenden Farmer grüßen uns von weitem. Mighty hält immer wieder an und quatscht mit ihnen auf Ewe, einer der rund 75 Kwa-Sprachen, die von mehr als 20 Millionen Menschen in Côte d'Ivoire, Ghana, Togo, Benin und sogar Nigeria gesprochen wird. Wie Sie sehen, auch Sprache kennt in Afrika keine Grenzen. Ich verstehe natürlich kein einziges Wort. „Das war mein Bruder." Ich winke und grüße ihn freundlich. „Nice to meet you!" Er grüßt mich mit einem „Hello, welcome!" zurück. Und dann ein weiteres Reisfeld. Dieselbe Prozedur. „Das war meine Tante." Und noch ein Reisfeld. „Das war mein Cousin." Es kommt mir so vor, als seien Mightys Eltern und deren Geschwister sehr fleißig gewesen, doch langsam dämmert mir, dass Verwandtschaftsverhältnisse weit, sogar sehr weit, auszulegen sind.[19] So sollen es auch nicht die letzten Verwandten sein, die ich kennenlernen werde.

Die Psychologie der Exotik

Eine weitere Stunde später kommen wir an eine Lichtung mit einem Fußballplatz. Eigentlich ist es eine schiefe, grüne Wiese mit Toren drauf. Auf meine blöde Bemerkung, dass dies wohl ein klares Zeichen für Zivilisation sein müsse, reagiert Mighty nicht. Gleich hinter dem Fußballfeld ein großes, wohl 50 Meter breites Ziegelgebäude ohne Türen oder Fenster. Wir marschieren schräg über den Fußballplatz den kleinen Hügel hoch und sehen die ersten Lehm- und Betonhäuser. Manche von ihnen sind mit Stroh gedeckt. Das Dorf liegt in einem Hang ungefähr so groß wie drei Weinberge. Mighty sagt, dass hier 350 Menschen leben. Von ganz jung bis ganz alt ist alles dabei. Meinen schlechten Witz, wie viele davon zu seiner Familie gehören, hat er wohl überhört. Hier werden wir die kommenden vier Nächte bleiben. Auf dem Weg ins Dorf laufen uns die ersten Kinder fröhlich entgegen. Sie rufen laut: „Obruni! Obruni!" („Weißer Mann!/ Fremder!") Mighty muss grinsen. Ein kleines Mädchen, das gerade laufen gelernt hat, macht große Augen und wird von seiner Mutter auf den Arm genommen. Diese nickt freundlich zurückhaltend. Ein Junge, ich schätze ihn auf fünf Jahre, läuft auf mich zu, fährt langsam seine Hand aus und berührt mich ganz kurz am Arm, um zu überprüfen, ob meine Hautfarbe auch echt ist. Er fängt vor Freude an zu glucksen, lacht laut auf und ruft ebenfalls „Obruni!" Dann läuft er wieder weg. Mighty bleibt an einem Haus stehen und redet mit einem der Männer. Ich stehe daneben und denke nur: *Wahnsinn, ein typisch afrikanisches Dorf.* Ich lasse den Blick umherschweifen. Und dann läuft an mir auch noch eine mähende Ziege vorbei. Ich bin gepackt von der unbeschreiblichen Sonderbarkeit dieser Situation, von einer Art kurioser Fremdheit. Ich schaue verwundert auf meine Mitmenschen, mustere meine neue Umwelt. Jörg im Land der Munchkins. Drei Mal die Absätze zusammenschlagen und schon wäre ich wieder in Kansas?

Der Kulturwissenschaftler Hans-Jürgen Lüsebrink von der Universität des Saarlandes zählt den Exotismus zu den wichtigsten positiv besetzten Fremdwahrnehmungsmustern abendländischer Gesellschaften. Generell versteht man darunter das Phänomen der Faszination durch fremde und ferne Gesellschaften. Im Gegensatz zu den Begriffen „fremd", „Fremder", oder „Fremdheit" implizieren „Exotik" und „Exotismus" laut Lüsebrink weit mehr als eine bloße Andersartigkeit von Kultur und Natur. Exotik wird vielmehr als eine Art Schlüsselreiz verstanden, als Impuls, sich fremden Kulturen und Menschen, auch im eigenen Land, zuzuwenden, denen eine Gesellschaft vielleicht sogar eher gleichgültig gegenübersteht. Besonders im Bereich des Tourismus spielt der Exotismus als Reisemotivation und als Wahrnehmungsfilter eine große Rolle, angefangen bei der Tourismuswerbung über Reiseführer bis zu Rubriken in Wochenzeitungen. Sie alle bauen auf ein Stereotyparsenal, das seit dem Logbuch von Christopher Kolumbus keine grundlegenden Veränderungen erfahren hat.[20]

Wie ich auf Professor Lüsebrink komme? Nun, zum einen war meine eigene Faszination eben jener Psychologie der Exotik geschuldet. Nie zuvor war mir etwas so fremd und zugleich so besonders vorgekommen. Ich meinte tatsächlich, einer feierlichen Situation beizuwohnen. Zum anderen möchte ich Ihnen von einem Film mit dem Titel *Das Fest des Huhnes* berichten, eine Fernsehdokumentation über ein Land, in welches das Filmteam ohne jegliche Vorahnung gereist war. Ziel der Dokumentation war es – wie auch im Vorspann eingeblendet –, einen Einblick in „Fremde Länder und Fremde Sitten" zu liefern. Bereits zu Beginn erklärt der Sprecher, man habe sich „ins Herz des Kontinents" vorgewagt. Man sieht Luftaufnahmen und ein atemberaubendes Panorama. Bei der ersten Einblendung von Menschen relativiert der Sprecher, die im Film vorkommenden Stämme seien bereits durch zahlreiche Filme weltweit bekannt, doch habe gerade dieses große Interesse viele ihrer Sitten zerstört. Man sei dennoch zuversichtlich, das unverfälschte Leben der Bewohner studieren und darstellen zu können. Vieles von dem, was man während des Filmaufenthaltes studiert habe, müsse daher wohl auch für andere benachbarte Stämme gelten. Insgesamt sei man voller Freude darüber gewesen, so viel sensationelles ethnologisches Material mit nach Hause gebracht haben zu können. Mit diesen einleitenden Sätzen äußert der Sprecher seine ersten Befunde: „Alles ist kleinräumig und eng, oft bedrückend eng. Bergketten verstellen den Horizont, was sich auch im Denken der dort ansässigen Stämme und Völker bemerkbar macht. Wir dringen sofort ins Landesinnere vor, versuchen bereits am zweiten Tag Kontakt aufzunehmen." Man sieht, wie das Fernsehteam seinen Geländewagen verlässt. Die Eingeborenen wirken verstört. „Dieses kleine Erlebnis wundert uns kaum, gelten doch die Stämme in abgeschiedenen Gebirgstälern hier als besonders scheu. Manchmal haben wir das Gefühl, wir dringen in menschenleeres Land vor.

Die Einwohner haben Angst vor uns. Sie verstecken sich vor uns. Oft ist es richtig gespenstisch. Man hört sie nicht. Man sieht sie nicht. Aber wir wissen, dass sie da sind. Schon fürchten wir, wir sind in ein ganz und gar feindseliges Land vorgedrungen. Und doch gelingt meiner Assistentin Edith die erste Kontaktaufnahme... mit Kindern! Die sind zum Glück auch in Oberösterreich so zutraulich wie überall auf der Welt."

Moment, in Oberösterreich? Ganz genau! Wir befinden uns nämlich im Herzen Europas. Was ich Ihnen vorenthalten hatte, war, dass es sich nicht nur um eine Dokumentation aus der Reihe „Fremde Länder – Fremde Sitten" handelte. Die zweite Einblendung, die ich absichtlich unterschlagen habe, lautet: „Kayonga Kagame zeigt uns die Welt. Diesmal: Das unberührte und rätselhafte Oberösterreich." Die Dokumentation *Das Fest des Huhnes* ist eine Mockumentary, also eine satirische Dokumentation. Sie wurde 1992 vom österreichischen Filmemacher Walter Wippersberg produziert, der die Sitten und Gebräuche der in Oberösterreich ansässigen „Ureinwohner" durch die Augen eines afrikanischen Filmteams im Stile europäischer Expeditionsfilme darstellt. Man sieht, wie die Kinder fröhlich um Edith – Kayongas Assistentin – herumspringen und sie willkommen heißen. Auch Edith mit dem Pagenschnitt ist sichtlich gerührt. Kayonga ist jedoch skeptisch und hofft, bald auf erwachsene Oberösterreicher zu stoßen: „Wenn wir die Welt abseits der ausgebauten Verkehrswege erkunden wollen, brauchen wir Erwachsene als Führer und Träger. Aus der Literatur wissen wir, dass es überall in Europa öffentlich zugängliche Häuser gibt, sogenannte Gasthäuser. Und dieser Name lässt uns auf weniger xenophobische Reaktionen hoffen." Das Filmteam sucht also ein Gasthaus auf. An einem Ecktisch sieht man vier Männer in traditioneller Kleidung sitzen, die Bier trinken und sich in tiefstem Dialekt miteinander unterhalten. Kayonga erklärt: „Die Sprache der Eingeborenen ist übrigens schwer verständlich – angeblich dem Bayerischen, nach anderen Theorien sogar dem Deutschen verwandt, was aber wenig glaubhaft erscheint. Wie sich herausstellt, handelt es sich um Brüder. Rudolf Himmelfreund-Beutner, Sepp Himmelfreund-Beutner, Karl Himmelfreund-Beutner und Franz Himmelfreund-Beutner." Gemeinsam mit ihnen macht sich das Filmteam auf Entdeckungsreise durch Oberösterreich. Kayonga berichtet über seine Erfahrungen mit ihnen: „Als sie schon nach wenigen Tagen ein bisschen Vertrauen zu uns gefasst haben, sind die Himmelfreund-Beutner-Brüder fast bemüht darum, uns das zu zeigen, was sie in ihrer Heimat für sehenswert halten." Kayonga mag die Brüder und ist hocherfreut: „Mit ihnen haben wir Glück. Sie sind ausdauernd und zäh und bedürfen nur selten eines aufmunternden Zuspruchs.

Dennoch stellen wir nach einiger Zeit fest, dass der Grad des Wohlbefindens bei den Oberösterreichern von der konsumierten Menge jenes bitteren starkschäumenden Getränks abhängig scheint, das auch bei uns in Afrika unter dem Namen Bier bekannt ist." So wird dokumentiert, wie auf Bootsfahrten Bier getrunken und gelacht wird. Das unberührte und rätselhafte Oberösterreich eben. Sie finden *Das Fest des Huhnes* auf YouTube. Und die dazugehörigen Deutungen Kayongas. Etwa zu den ethnologisch schwer einzuordnenden Einheimischen („Fußkranke und von langer Wanderschaft Erschöpfte, die sich in den Bergen niederließen; ein mit den Bayern am engsten verwandtes Mischvolk, was auch der Grund für ihre Fremdenfeindlichkeit ist"). Zu Gartenzwergen („kleine Statuetten, die unschwer als Objekte eines Ahnenkultes zu identifizieren sind; Figürchen, die nicht wie in Afrika stilisiert, sondern sehr naturalistisch ausgeführt sind und deshalb einen guten Eindruck vom Aussehen der Oberösterreicher in vergangenen Jahrhunderten vermitteln"). Und schließlich zu einem Volksfest, auf dem der gemeinschaftliche Verzehr von Brathähnchen mit einer anschließenden Darbietung des Vogeltanzes (Chicken Dance) gezeigt wird: „Das Huhn als Projektionsfläche religiöser Vorstellungen. Man ahmt das Flügelschlagen des Huhnes nach – ‚Imitatio Dei' würden es die weißen Theologen nennen. Man fühlt sich als Huhn, man wird eins mit dem toten Tier und so auch mit dem Gott für das es steht. Es ist ein religiöser Paradigmenwechsel, vielleicht sogar das Entstehen einer neuen Religion." Die Deutungshoheit des einen ist eben auch das Leid des anderen.

Selbst ist das Dorf – Leben in der Community

Mighty zeigt mir unsere Bleibe für die kommenden Tage. Es ist ein blaues rechteckiges Häuschen aus Beton mit brauner Tür und einem Fenster, das an einen kleinen Platz angrenzt. Die Häuschen sind alle so angeordnet, dass sie mit ihren Türen zueinanderstehen. An ihren Ecken befinden sich Wäscheleinen mit feuchten T-Shirts, kurzen Hosen und Tüchern darauf. Unser Häuschen besteht aus einem Zimmer und ist sehr spartanisch eingerichtet. Eigentlich ist es gar nicht eingerichtet. Auf einer Fläche von 20 Quadratmetern liegt in der Ecke eine Matratze, die mit Stroh gestopft ist. In der Mitte hängt eine Lampe von der Decke. Das war's. Wir legen unsere Sachen ab und ich versichere Mighty, dass alles perfekt sei, und zwar genau so, wie es ist. Mehr brauche ich nicht. Nachdem wir unsere Rucksäcke abgelegt haben, drehen wir eine Runde durch das Dorf, das einmal kurz stellvertretend für „afrikanisches Gemeindewesen" stehen soll. (Sie verzeihen mir an dieser Stelle die grobe Verallgemeinerung.) Unsere Sichtweise besteht oft darin, dieses Wesen als chaotisches und wildes „Leben im Busch" abzutun, am besten noch mit spärlich Bekleideten, die Trommel spielend und mit Speeren bewaffnet bis tief in die Nacht um ein Feuer herumtanzen. Gerade Begriffe wie „Stamm" oder „Volksstamm" rufen bei uns Assoziationen hervor, die von afrikanisch-primitiver Zeitlosigkeit geprägt sind. Von ihnen verabschiedet man sich besser, weil sie mit der Realität nichts zu tun haben. Das Gemeindewesen reicht vom kleinsten Baustein auf lokaler Ebene, der Community – das können ein Dorf oder mehrere nebeneinanderliegende Dörfer sein – hin zu regionalen und grenzüberschreitenden Ethnien und Bevölkerungsgruppen. Ein Beispiel sind die Ewe, die in Ghana und Togo gleichermaßen zu Hause sind. Dennoch endet das Zusammenleben nicht automatisch mit den Grenzen dieser Bevölkerungsgruppe, sondern reicht darüber hinaus bis zu Interaktionen mit anderen Gruppen.

Vorbei an weiteren Kindern und Ziegen erklärt mir Mighty, wo sich die Toiletten befinden und fragt mich gleich, ob ich gehen müsse. Ich verneine, merke aber jetzt schon, dass ich ohne ihn aufgeschmissen bin. Alleine finde ich sie im Leben nie wieder. *War es hinter dem braunen Haus rechts den Weg hinab? Dann zehn Meter weiter wieder links oder geradeaus?* Ich ahne es: Das wird böse enden. *Ich kann ja auch schlecht irgendwo klopfen und fragen, ob mich jemand zum Gemeinschaftsklo geleitet. Die halten mich doch für bescheuert!* Ich mustere diese besondere Einrichtung. Die Toiletten sind ein Meter tiefe Löcher im Boden und befinden sich alle vor- und nebeneinander, in einem durch Holzplatten abgegrenzten und überdachten Bereich. Die Holzplatten reichen bis auf eine Höhe von einem Meter, etwas höher als ein Gartentörchen. Ich würde hier von circa 70-prozentigem Sichtschutz sprechen. Es ist bereits recht spät und bevor wir uns ans Abendessen machen, kaufen wir auf Mightys Geheiß in einem kleinen Lädchen am Fuße des Hügels noch eine Flasche Rum als Begrüßungsgeschenk – für den Chief.

Der Tante-Emma-Laden hat etwas von einer Weihnachtsmarktholzbude. Hier gibt es fast alles, was man so braucht: Zahnpasta, Toilettenpapier, Seife und eben Rum. Nach unserer Besorgung treten wir den Weg zum Chief an, der am oberen rechten Rand des Hügels wohnt – gar nicht so weit von unserem Häuschen. Die untergehende Sonne zeichnet das Dorf in einem gold-roten Licht. Wir klopfen an der Haustür des Chiefs. Lange Zeit passiert nichts, bis wir langsam schlurfende Schritte hören und ein großer Mann uns aufmacht. Er begrüßt uns, stellt sich vor. Ich bedanke mich bei ihm für seine Gastfreundschaft. Über die Flasche Hochprozentiges freut er sich. Wahrscheinlich handelt es sich um das Standardgeschenk von Besuchern wie mir. (Weswegen wohl auch immer eine Flasche im Dorflädchen verfügbar sein dürfte.) Wir setzen uns zu dritt auf weiße Plastikstühle und unterhalten uns. Ich schätze ihn auf 40 Jahre. Er sieht gar nicht aus, wie ich mir einen Chief vorgestellt habe. Er trägt Jeans und ein grün-braunes Hemd mit Zackenmuster.

Ich lerne zum ersten Mal, was Leben in der Gemeinde bedeutet. Er berichtet von seinen Aufgaben, von seinen Sorgen und den Herausforderungen des Dorfes. Es gibt weiterhin keinen geteerten Weg nach Wli oder in andere Dörfer. Es soll ein kleines Krankenhaus entstehen, doch das Geld reicht hinten und vorne nicht. Auch lerne ich über die kulturelle Praxis in afrikanischen Communities. Diese basiert auf dem Prinzip der Gegenseitigkeit. Besonders deutlich wird das bei Fragen des Eigentums. Stellen Sie sich eine Art gesamthänderisches Vermögen vor, bei der grundsätzlich alle alles besitzen, was der gesamten Community dient. Individuelles Eigentum wird diesem Verständnis untergeordnet. Der Chief erklärt mir: „In der Community ist der Status des Einzelnen durch sein Alter bestimmt. Und ob er oder sie Mann oder Frau ist, sowie durch den Wohlstand der Familie und die ihr gegebene traditionelle Rolle. Dafür unterstützen wir uns gegenseitig. Man müsste dann alles an die Großfamilie abtreten. Doch niemand besitzt hier alleine ein Stück Land. Es gibt keine Grenzen und wir alle besitzen das, was um uns herum ist. Deshalb wird Ackerfläche all denjenigen zugänglich gemacht, die es für die Bewirtschaftung benötigen, um dort Landwirtschaft zu betreiben oder Tiere grasen zu lassen."

Es gibt ein ungeschriebenes Teilungsgebot. Man mag das vielleicht für befremdlich halten, doch kennen wir vergleichbare Wirtschaftsformen. Man denke nur an unsere traditionellen Allmenden aus dem Alpenraum und dem Schwarzwald, also Gemeindevermögen – seien es Festhallen, Bibliotheken oder Schwimmbäder – das jedem zur Nutzung bereitgestellt wird. „Warum machen Sie das? Welcher Nutzen verbirgt sich dahinter?", will ich wissen. Der Chief holt aus und erklärt feierlich: „Die sich dahinter verbergende Idee ist die der größtmöglich gerechten Nutzung unserer Ressourcen. Wir wollen effektiv leben und uns effektiv selbstverwalten. Weißt du, wir müssen uns um Vieles selbst kümmern. Unsere Schule, den Stromanschluss, das kleine Krankenhaus. Aber es fehlt Geld. Von der Bezirksverwaltung gibt es nichts. Da müssen wir uns alle gegenseitig helfen und füreinander sorgen." Mir wird bewusst, dass die Mechanismen staatlicher Strukturen aufgrund ihrer schwachen Ausprägung faktisch nicht bis auf die lokale Ebene durchgreifen. Das sieht man besonders an der Infrastruktur und der Gesundheitsversorgung. Natürlich gibt es staatliche Behörden, die in den nächstgelegenen Städten angesiedelt sind und sich um regionale Aufgaben wie die Stromversorgung und Krankenhäuser kümmern. Aber das dauert eben, wie man sieht. Und trotz dieser staatlichen Verwaltung sind die personellen und wirtschaftlichen Ressourcen oftmals so begrenzt, dass man eben „auf eigene Faust" vorgeht. Mighty fügt hinzu, dass erst kürzlich eine hochschwangere Frau über vier Stunden zurück nach Ghana getragen werden musste. Ein Baby hier zur Welt zu bringen – da braucht man sich nichts vorzumachen – muss rechtzeitig geplant werden und ist mit hohen Risiken verbunden. Das heißt jedoch nicht, dass Communities wie diese völlig hilflos sind. Das in ihnen gelebte Prinzip der lokalen Selbstverwaltung besteht weiterhin. Es ermöglicht einen konstanten Lebensstandard.

Ich bin neugierig und will mehr über die Arbeit des Chiefs erfahren. Er gibt mir gerne Auskunft über seinen Job: „Jedes Dorf wird von einem Chief geleitet. Das ist charakteristisch für viele afrikanische Communities. Vor mir war mein Vater der Chief. Davor war es mein Großvater. Manchmal wird der Chief aber auch von den Leuten ernannt. Ich bin für alles verantwortlich, was in der Community anfällt. Manchmal kommen die Leute zu mir und wollen einen Ratschlag, manchmal muss ich mich darum kümmern, dass wir Ziegelsteine geliefert bekommen." Und so berichtet er uns von den vielen Facetten seiner Tätigkeit. Er ist das sprichwörtliche Mädchen für alles, die Personalunion von Dorfbürgermeister, Dorfvertreter und Dorfrichter. Er ist derjenige, der bei familiären Angelegenheiten angerufen wird und er war es, der vor acht Jahren die Anbindung an das Stromnetz ermöglichte. Die Person des Chiefs ist jedoch noch mehr. Er ist die Verkörperung politisch gemischter Systeme, die es in ganz Afrika gibt. Selbst in den stabilsten Demokratien, wie Botsuana oder Ghana, üben traditionelle Regierungsformen auf lokaler und regionaler Ebene ihre Funktionen neben gewählten Politikern aus. Während der Kolonialzeit wurden die meisten von ihren jeweiligen europäischen Verwaltungsträgern noch zurückgedrängt, was eine Einflussnahme auf die Selbstverwaltung afrikanischer Communities darstellte. Doch besonders im französischsprachigen Afrika, wo die meisten Chiefs qua Staatsverfassung im Rahmen der Unabhängigkeitsbewegungen gänzlich abgelöst wurden, entstanden Probleme, da die Staaten die entstandenen Lücken nicht schließen konnten. Immer wieder wurde ihre Notwendigkeit und Legitimation angezweifelt, doch heute sind die Mischformen wieder weitestgehend etabliert. Sie haben sich als besonders flexibel erwiesen. Sie vermochten als Konstante im Dasein der Communities zu fungieren. Die heutigen Verfassungen – von Botsuana, Ghana und Südafrika beispielsweise – erkennen die Funktionen und Zuständigkeiten der Chiefs sogar offiziell an.

Etwas für den Bauch

Der Tag neigt sich dem Ende zu und so beschließen wir noch zum Abschied den von uns mitgebrachten Rum zu kosten. Der Chief holt drei Tassen und kippt sie voll bis zum Rand. *Der meint es ernst.* Mit der wohl internationalsten Geste, dem gemeinsamen Anstoßen und Zuprosten, beginnt der Spaß. Ich halte mir die Tasse unter die Nase und fange sofort an zu würgen. Das Zeug stinkt bestialisch – und es haut rein wie Lösungsmittel. Der erste Schluck treibt mir Tränen in die Augen. Ich schüttele mich. Beim zweiten frage ich mich, warum es Mighty und den Chief nicht umhaut, die sich das Getränk unbedacht in die Kehle schütten. Beim dritten Mal habe ich das Gefühl, von den eingeatmeten Dämpfen zu schielen. Vermutlich würde ich an diesem König unter den Fuseln erblinden, wenn ich eine weitere Tasse nicht freundlich abgelehnt hätte.

Gegen sieben Uhr abends bereiten Mighty und ich unser Abendessen zu. Auf unserem kleinen Vorplatz ziehen wir zwei Plastikstühle und einen Campingtisch heran. Es gibt Fufu, Bananen und Palmöl. Die geballte Ladung Kohlenhydrate. Palmöl ist der Ketchup Ghanas. Aus dem Fruchtfleisch der Ölpalme gewonnen, passt die rote Soße aus der Plastikflasche zu allem Möglichen, eben auch Fufu und Bananen. Fufu ist ein Brei aus der Cassavapflanze (Maniok) beziehungsweise Yamswurzel. Die wie braun-gräuliche Süßkartoffeln aussehenden Wurzeln werden geschält, in einem Kessel gekocht und danach mit einem dicken, länglichen Holzstamm plattgestampft. Die Masse ist zunächst sehr sehnig und zäh und die Fäden formen sich nur langsam zu einem Brei. Die Köchin hatte mich aufgefordert, es ebenfalls zu versuchen. Nach zehnmaligem Stampfen hatte ich Blasen an den Händen, woraufhin ich mit schmerzverzerrtem Gesicht abbrechen musste – zur allgemeinen Erheiterung der anwesenden Frauen. Die Köchin machte daraufhin einfach weiter und zeigte mir, wie es wirklich geht. Irgendwann sieht Fufu dann aus wie Kartoffelpüree und man isst es mit den Fingern. Fufu schmeckt nach – tja, wie ich soll ich sagen – jedenfalls nicht nach sonderlich viel. Es fehlt Salz. Aber wozu gibt es Palmöl? Beherzt greife ich zu, ertränke mein Fufu in roter Soße und lasse den Tag Revue passieren.

Es wird dunkel im Dorf. So putzen wir auf dem Vorplatz noch unsere Zähne und machen es uns dann in unserem Häuschen auf der Strohmatratze bequem. Bevor ich meine Augen schließe, sagt mir Mighty: „George, let us say a prayer." *Okay, habe ich überhaupt nichts gegen.* Irgendwie bin ich von dem Vorschlag gerührt. Ich hoffe nur, dass Mighty nicht will, dass ich den Vorbeter mache. Ich bin nicht der Geübteste auf diesem Gebiet. Doch während ich liegend meine Hände zusammenfalte und auf den Bauch lege, beginnt Mighty auch schon: „Dear God, thank you for this wonderful day. Thank you for the food and the water. Thank you for protection. Thank you for helping us and my brothers and sisters. Thank you for being with us. Thank you, God. Amen." *Das war ja einfach.*

Erschöpft schlafe ich ein und wache mitten in der Nacht mit einem natürlichen Bedürfnis auf. Mighty will ich nicht wecken. Mir bleibt gar nichts anderes übrig, als rauszugehen und das Gemeinschaftsklo alleine aufzusuchen. Ich nehme mir das Toilettenpapier neben unserem Bett, mache die quietschende Holztür auf und blicke in die pechschwarze Nacht. Ich kann meine eigene Hand kaum sehen, geschweige denn meine Füße. Die einzige Lichtquelle ist der Sternenhimmel, und so stolpere ich aus der Tür in die Richtung, von der ich vermute, dass sie zum Gemeinschaftsklo führt. Erst einmal geradeaus und in Richtung zehn Uhr. *Hätte ich doch nur eine Taschenlampe dabei!* Ich habe eigentlich einen ganz guten Orientierungssinn, aber ich stelle nach fünf Minuten fest, dass ich völlig überfordert bin. Nach zehn Minuten kapituliere ich. Dort, wo ich mein Ziel vermutet hatte, befindet sich bloß ein weiterer Vorplatz mit einem großen Kupferkessel auf einem ausgeglühten Holzbett, in dem wohl Fufu zubereitet wurde. Ich bin verloren. In zwei, drei Häuschen brennt noch Licht. Stellenweise höre ich Stimmen. Doch die meisten Menschen schlafen tief und fest. Es ist ein merkwürdiges Gefühl. Doch damit meine ich nicht das vermeintlich Exotische, wie ich es zuvor beschrieben habe. Diesmal ist es anders. Aus irgendeinem Grund fällt mir plötzlich auf: *Es gibt keine Motorengeräusche, Autohupen, keine zufallenden Mülltonnendeckel oder Türklingeln.* Natürlich nicht, wie auch? Die Stille, die Schlafenden, das Dunkle, alles ist dennoch sehr vertraut. In dem Moment fällt es mir wie Schuppen von den Augen: Überall auf der Welt gehen Menschen abends zu Bett, um morgens wieder aufzustehen und ihrem Alltag nachzugehen. Sie gehen arbeiten und treffen Freunde. Sie sorgen sich um ihre Familien, sie erzählen sich Witze und klagen sich gegenseitig ihr Leid. *Das hier ist kein bisschen anders.* Diesen Kreislauf gibt es seit hunderttausenden von Jahren. Eine triviale Erkenntnis, ich weiß. Mir wird klar, dass daran weder etwas fremd noch irgendetwas exotisch ist. Ich maße mir nicht an, in diesem Moment das wahre Lebensgefühl der Menschen begriffen zu haben. Solange ich an diesem Ort nicht ansatzweise verwurzelt bin, bleibe ich bloß ein Besucher und ein Beobachter. Doch was ich beobachte, ist, dass die Parallelen zu anderen Orten auf dieser Welt unverkennbar sind. Ziegen, Strohmatratzen und Gemeinschaftsklos hin oder her.

Das ist das Stichwort. Ich mache mich auf den Weg zurück und beschließe den Fußballplatz aufzusuchen, um mich gleich dahinter zu erleichtern. Danach trage ich mir selbst auf, Mighty als Erstes in der Frühe nochmal nach dem Weg zu fragen.

„Recht? Haben die überhaupt sowas?"

Am nächsten Tag trägt sich Folgendes zu: Wie mir Mighty beim Frühstück mit Bananen, Weißbrot und schwarzem Tee berichtet, hat es vor zwei Jahren eine kleine Gruppe amerikanischer Studenten in das Dorf verschlagen. Sie versprachen, zu Hause eine Webseite mit einem Spendenaufruf für das Dorf einzurichten. Die Kunde wurde verbreitet und tatsächlich flossen die ersten Beträge auf das eingerichtete Konto. Ein junger Mann aus dem Dorf, der für die Verwaltung der Spendengelder zuständig war und mit dem Chief und den Dorfältesten über ihre Verteilung beraten sollte, hatte sich jedoch die bis dahin fast 5000 Dollar in die eigene Tasche gesteckt. Ein klassischer Fall der Untreue also. Wie mir Mighty berichtet, soll heute das Gerichtsverfahren gegen diesen jungen Mann beginnen. Als Jurist bin ich natürlich hellauf begeistert von dieser Geschichte und frage Mighty, ob ich dem Verfahren beiwohnen darf.

Ich kann mich noch gut daran erinnern: Als ich mich im Frühjahr 2010 zum ersten Mal nach Südafrika aufmachte, um dort für meine Doktorarbeit zu recherchieren, hatte es nicht selten geheißen: „Aha! Du promovierst zu Recht in Afrika?" Gefolgt von einer kurzen Pause und der Nachfrage: „Haben die das überhaupt?" Ein Klischee, wie es im Buche steht. Liebe Leser, leider lässt sich die Frage nicht in einem Satz beantworten. Trotzdem werde ich es versuchen: Ja, natürlich haben „die" „das". Bei allen Menschen besteht eine grundsätzliche Verbundenheit zum Recht. Rechtsbewusstsein und Gerechtigkeitsempfinden der Afrikaner sind genauso ausgeprägt wie die der Europäer. Der namibische Jurist Clever Mapaure macht jedoch auf den springenden Punkt aufmerksam, dass es nicht das *eine* „afrikanische Recht" oder die *eine* „afrikanische Rechtskultur" gibt. Genau so wenig gibt es *die* „afrikanische Lebensart", auch wenn die verschiedenen Rechtskulturen durchaus Gemeinsamkeiten teilen und diese sich durch viele Länder ziehen.[21] Die Ausgangslage ist, dass tatsächlich überall ein Rechtspluralismus herrscht. Das heißt, man findet in den unterschiedlichsten Ländern einen Mix aus geschriebenen, staatlich verordneten Gesetzen, traditionellem Recht oder islamischem Recht. Zum Beispiel gelten in Nigeria das angelsächsisch geprägte „common law", die Scharia und in den Communities das Gewohnheitsrecht. Diese verschiedenen

Rechtsquellen können sich auf alle möglichen sozialen Gebiete beziehen – vom Streit um Hab und Gut bis zu Scheidungsfällen. Das führt gleichermaßen zu unterschiedlichen Rechtsverfahren, will man den Rechtsweg beschreiten. Manche finden diesen Facettenreichtum konfus. Will man nun sein Recht durchsetzen, kann man dies auf zweierlei Wegen tun. Tatsächlich beruht die mehrheitliche Rechtsprechung auf informellen Verfahren und ungeschriebenem Recht, das in Dörfern fernab von offiziellen Gerichten gesprochen wird. Ihre Praxis ist jedoch hoch angesehen, weil die Versöhnung und nicht das Gegensätzliche im Vordergrund steht. Zudem ist das als Grundlage dienende Gewohnheitsrecht nicht staatlich verordnet. Es erwächst direkt aus der jeweiligen Gesellschaft, die es anwendet. So erklärt sich die große Verbundenheit der Bewohner einer Community zum traditionellen Recht.

Moderne gegen Tradition? Nein, denn zutreffender wäre formell gegen informell, staatlich gegen nicht-staatlich. Das vermeintlich widersprüchliche Recht in afrikanischen Ländern ist in Wirklichkeit ein Spiegelbild staatlicher Strukturen und der in ihnen lebenden Gesellschaften. Ähnlich ist es mit der Selbstverwaltung von Communities und den gelebten Identitäten ihrer Menschen. Auch in der Justiz vermag der Staat nicht auf die unterste Ebene durchzugreifen. Lokale Sphären erreicht der Staat meist nicht. Sie bleiben den dortigen Übungen und Gebräuchen vorbehalten, die Rechtsfragen auf eine höchst effiziente Art klären. Die nach dem Völkermord in Ruanda gegründeten Gacacagerichte zur Verurteilung der Täter, von denen ich Ihnen berichtete, haben dies ja demonstriert. Ein weiterer Grund sind sicherlich auch die praktischen Barrieren: Die formelle (staatliche) Gerichtsbarkeit ist geografisch zumeist weit entfernt. Ohne Autos, ohne finanzielle Mittel spielt sie für weite Teile der Bevölkerung kaum eine Rolle. Bei Eigentumsfragen, Schulden oder Scheidungen sind und bleiben es die lokalen Gerichte, die angerufen werden.

Der Jurist Dominik Kohlhagen von der Universität Antwerpen untersuchte am Beispiel Burundis die Verbundenheit der Bevölkerung mit traditioneller Rechtsprechung. Er fand heraus, dass die überwiegende Mehrheit aller Streitfragen daher zunächst in den jeweiligen Communities geregelt wird. So gaben 14 % der Befragten an, sich bereits an Geistliche, 21 % an ihre Nachbarn, 31 % an ihre Chiefs und 53 % an die im traditionellen Recht erfahrenen sogenannten Bashangintahe („Diejenigen, die den Stock schlagen") gewandt zu haben oder diese in einem Streitfall in Anspruch nehmen würden. Demgegenüber vollzogen nur 61 % den Rechtsweg vor staatlichen Gerichten, die auch dann noch angerufen werden können, wenn traditionelle Verfahren den Klägern oder Beklagten nicht zusagten. Die

Studie deutet immer wieder auf eine Unterscheidung zwischen der Land- und der Stadtbevölkerung hin, was wiederum eine Unterscheidung zwischen der bildungsnäheren und der bildungsferneren Bevölkerung impliziert.[22]

Was es mit der Untreue des jungen Mannes auf sich hat, darf ich hautnah miterleben. Auf einem kleinen Vorplatz direkt am Haus des Chiefs setze ich mich auf eine Treppenstufe und beobachte, wie nach und nach die Dorfältesten – allesamt Männer – sich für das Gerichtsverfahren versammeln. Die meisten schätze ich auf 60, 70 Jahre. Sie tragen ihre traditionellen Gewänder und Sandalen und nehmen auf für sie nebeneinander angeordneten Plastikstühlen Platz. Seitlich zu meiner Rechten der Rat, zu meiner Linken der Angeklagte, ein junger Mann Mitte 20 mit langen Haaren, rotem T-Shirt, kurzer Hose und Flip-Flops. Ein Stück weiter hinter ihm sitzt Mighty. Mighty wird als Zeuge auftreten. Mich eingerechnet gibt es fünf Personen im Publikum. Der Chief beginnt das Verfahren, indem er Mighty befragt. Mighty ist deshalb als Zeuge anwesend, weil er vor geraumer Zeit von den Vorwürfen Wind bekommen hat. Der Verdacht wird dadurch erhärtet, dass der Angeklagte immer wieder mit neuen Klamotten sowie einem neuen Handy gesehen wurde. Gleichzeitig ist das Geld noch nicht investiert worden, obwohl auf dem Spendenkonto schon eine beachtliche Summe eingegangen sein soll. Mightys Befragung dauert 20 Minuten. Ich spreche nur sehr schlecht Ewe. (Kleiner Scherz, ich kann gar kein Ewe – ich kann ja noch nicht einmal Satzende und Satzanfang auseinanderhalten.) Doch immer wieder bekomme ich ein paar englische Wörter mit, wie „account", „website" oder „thief". Offensichtlich hält Mighty den Angeklagten für schuldig. Ich finde es hochinteressant, die Abläufe zu sehen, die Reaktionen zu deuten, die Stimmung zu bewerten. Hiernach wird der Angeklagte gebeten, sich zum Tatvorwurf zu äußern. Er fängt an zu sprechen, ungefähr fünf Minuten ohne Unterbrechung. Ab und zu nicken einige Ratsmitglieder, manche raunen. Die Fragen werden häufiger, die Antwortzeiten kürzer. Plötzlich wird die Stimmung angespannter, werden die Stimmen lauter. Der junge Mann scheint sich mit aller Vehemenz verteidigen zu wollen. Während man sich zuvor noch nicht gegenseitig unterbrochen hat, fällt man sich nun immer wieder ins Wort. Dabei stellt sich heraus, dass zwei Ratsmitglieder weiter vorne die Befragungen übernommen haben. Der Chief scheint lediglich zuzuhören. Mein Blick schweift umher und ich sehe, dass einige Männer ihre Augen geschlossen halten. Vielleicht schlafen sie, denn ihre Köpfe wandern immer wieder nach unten, um dann ruckartig nach oben zu zucken. Mir kommt in dem Moment ein Urteil des Bundesverwaltungsgerichts in Leipzig in den Sinn, wonach das Schließen der Augen über weite Strecken und das Senken des

Kopfes auf die Brust allein nicht beweisen, dass ein Richter schläft. Diese Haltung könne auch zur geistigen Entspannung oder zwecks besonderer Konzentration eingenommen werden. Es müssten erst noch andere sichere Anzeichen hinzukommen, wie beispielsweise tiefes, hörbares und gleichmäßiges Atmen oder gar Schnarchen oder ruckartiges Aufrichten mit Anzeichen von fehlender Orientierung. Ich kann mich nicht daran erinnern, dass dies bei den beiden Ratsmitgliedern der Fall gewesen wäre. Bei der sich an die Anhörung anschließenden Besprechung sind sie jedenfalls wieder geistig präsent, denn sie melden sich immer wieder zu Wort, als sie mit dem Chief das Urteil fällen. Sie unterstützen ihn dabei, die Argumente abzuwägen, doch der Chief hat das letzte Wort. Wie mir Mighty hinterher mitteilt, wurde dem jungen Mann aufgetragen, das veruntreute Geld zurückzuzahlen. Er bezweifelt jedoch, dass ihm dies in absehbarer Zeit möglich sein werde. „Er ist ein Dieb! Was man mit all dem Geld hätte machen können!", ruft er erbost.

Der Ältestenrat während einer Gerichtsverhandlung in einer togolesischen Community.

Menschlichkeit, Nächstenliebe und Gemeinsinn

Gerichtsverfahren sind nicht auf die Konfrontation der Parteien ausgerichtet. Vereinfacht ausgedrückt, soll es nicht nur den Sieger einerseits und den Verlierer andererseits geben. Bei uns kann man sich ja schon bei so manchem Familien- oder Nachbarschaftsstreit nicht der Unversehrtheit der jeweiligen Parteien sicher sein. In afrikanischen Communities ist der Prozess dagegen stets dem Gedanken geschuldet, dass ein Urteil das

Wohl der Gemeinschaft berücksichtigt. Es wird im Konsens mit ihrem vermutlichen Interesse gefällt. Das Wohl der Gemeinschaft ist ein Leitmotiv des afrikanischen Wesens. Nach meinem Empfinden ist es gerade diese Gemeinschaftsorientierung, die ein elementares Selbstverständnis der Afrikaner ausmacht. Hier verallgemeinere ich bewusst, denn die in diesem Kapitel angesprochenen Gesellschaftsstrukturen, die Selbstverwaltung auf lokaler Ebene, die grenzüberschreitenden Identitäten, das Verständnis von Recht und Gerechtigkeit – all diese Aspekte beruhen auf einer afrikanische Völker verbindenden Philosophie: Ubuntu. Kurz gesagt: Wer „Afrika" kennenlernen will, muss Ubuntu kennenlernen. Vielleicht haben Sie das Wort schon einmal gehört. Computerexperten werden sich jetzt freuen: Ubuntu stand Pate für die Bezeichnung eines Betriebssystems (nicht umgekehrt!). Der südafrikanische Philosoph Mogobe Ramose bezeichnet Ubuntu als den Ursprung afrikanischer Philosophie, der für menschliche Interaktionen prägend ist. Für ihn ist die Existenz eines jeden Afrikaners untrennbar mit Ubuntu verknüpft. Er vergleicht diese Haltung mit einer familiären, alle Völker verbindenden Atmosphäre, wohl wissend um die verschiedenen Ausprägungen, welche diese mit sich bringen kann. Nichtsdestotrotz reiche – ganz im Sinne grenzüberschreitender Identitäten – Ubuntu von der Nubischen Wüste zum Kap der Guten Hoffnung, von Senegal nach Sansibar. Nelson Mandela erklärte Ubuntu einst mit den Worten:

„Ein Reisender kommt in ein Dorf, und er braucht nicht nach Essen oder Wasser zu fragen. Mit seiner Ankunft versorgen die Bewohner ihn und kümmern sich um ihn. Doch das ist nur eine Seite von Ubuntu. Ubuntu bedeutet nicht, dass Menschen sich selbst bereichern sollten. Die entscheidende Frage lautet daher immer, ob wir in unserem eigenen Handeln stets auch die gesamte Gemeinschaft bereichern."

Das Wort entstammt den Bantusprachen und bedeutet in etwa Menschlichkeit, Nächstenliebe und, vor allem, Gemeinsinn. Es meint ein Bewusstsein dafür, dass man selbst Teil eines Ganzen ist. Bereits sprachlich ist das Wort Ubuntu ein interessantes Phänomen. Die Vorsilbe Ubu- meint eine alle Afrikaner betreffende Verallgemeinerung, die sich im Stamm -ntu entfaltet. Der Wortstamm wiederum beinhaltet die spezifische Ausprägung dieser Verallgemeinerung in Form einer konkreten, stets werdenden, fließenden Existenz. Und dennoch stützt sich auch -ntu stets auf Ubu-, denn der Inhalt von Ubuntu setzt ein Verständnis von Einheit voraus. Der Einzelne als Teil des Ganzen. Es ist zugleich der Anfang und das Ende, eine Art Weltformel. (So viel zu „42".)

Ubuntu ist in den Augen des Philosophen Ramose die Verkörperung eines fundamentalen, ethischen, sozialen und rechtlichen Urteils über den

Wert des Menschen und dessen Verhalten. Auch deshalb lassen traditionelle Richter stets das Wohl der Gemeinschaft in ihre Urteile einfließen. Ramose weist ferner darauf hin, dass afrikanische Philosophie nicht einteilt in „Emotio" und „Ratio". Ubuntu impliziert vielmehr eine Untrennbarkeit, ein stetiges Gleichgewicht menschlichen Zusammenlebens, ein Bedürfnis nach Harmonie, Gleichartigkeit und Gleichberechtigung. Es verkörpert eine Grundhaltung, die sich durch Werte äußert, die von Generation zu Generation weitergetragen werden. So spielt seither auch das In-Ehren-Halten von Ahnen eine übergeordnete Rolle. Es ist wie ein unsichtbares Energieband, das afrikanische Völker der Vergangenheit, Gegenwart und Zukunft umspannt, verbindet und eint. Zwar mag es sich zuvorderst um eine Philosophie und nicht etwa eine politische Richtung handeln. Sie ist auch nicht physisch präsent, nicht direkt messbar, weil sie nicht ausschließlich irdische Züge trägt. Und dennoch habe ich in Togo selbst ein Stück weit die konkreten, ganz alltäglichen Ausprägungen von Ubuntu vernehmen können. Ein Alltag ohne Staatsangehörigkeiten, der Identitäten keine Grenzen auferlegt, der die Community zum Kern menschlichen Lebens macht.

Mighty (links) und sein Freund auf unserer Tour durch die Hügellandschaft Westtogos.

Am Abend vor unserer Abreise suchen Mighty und ich das Haus des Chiefs auf, um uns für die Gastfreundschaft zu bedanken und zu verabschieden. Nach einem kleinen Plausch drückt mir der Chief ein Buch in die Hand. Es ist das Gästebuch des Dorfes, in das ich mich eintragen soll.

Er verbindet das mit der Bitte, ich möge in Deutschland Spenden für das Dorf sammeln, damit das Krankenhaus fertiggestellt werden kann – bislang nur eine Bauruine im hohen Gras. Ich nehme das Buch entgegen. Es ist rot-blau und zeigt auf der Vorderseite in überdimensionaler Größe das Vereinslogo des FC Barcelona. Ich schlage es auf und blättere durch die ersten paar Seiten, lese die Einträge der Besucher, die vor mir hier waren. Linda from California, Steve from New York, Juan from Spain. Und jetzt Jörg from Berlin. Ich bin an dieser Stelle nicht viel kreativer als meine Vorgänger und schreibe. „Thank you for a wonderful stay and for allowing me these highly interesting insights." Als ob ich einen unvergesslichen Urlaub im Ferienlager verbracht hätte, füge ich noch hinzu: „I hope to see you all again one day." Wenn ich heute über das Gästebuch des FC Barcelona nachdenke, muss ich schmunzeln. Hätte ich damals doch nur reingeschrieben, „dass uns mehr verbindet als uns trennt." Das hätte den Nagel wenigstens auf den Kopf getroffen.

Im Morgengrauen machen Mighty und ich uns auf in Richtung Osten ins Landesinnere, selbstverständlich mit Bananen und Trinktütchen im Gepäck. In einem Nachbardorf, zu dem wir eine Stunde wandern, mieten wir uns ein Motorrad – das heißt, ein Motorrad und den Fahrer. Mighty sitzt in der Mitte. Ich halte mich an ihm fest. Zu dritt geht es über Trampelpfade, die langsam zu Schotterpisten werden. Mein Blick auf den Tacho verrät 50 Kilometer pro Stunde. Helme tragen wir nicht. An einem Kreisverkehr merke ich tatsächlich zum ersten Mal, dass wir in Togo sind, denn auf einem Schild steht: Lomé → 148 kilomètres. Wir schlagen den Weg nach Lomé ein. Der Wind bläst uns um die Ohren. Immer wieder steigen wir ab, denn der Tourist verlangt nach Panoramafotos, nach Trophäen, die er in seinem Dorf in seiner weit entfernten Heimat zeigen kann. Außerdem schläft mir alle zehn Minuten der Hintern ein. Serpentinenartig nähern wir uns von oben einem nicht wirklich ansehnlichen Ort, der sich mit Lagerhallen und Kamintürmen schmückt, den wir jedoch rasch hinter uns lassen. Es geht weiter in ein von Bäumen und Grasland gefülltes, scheinbar unendliches Tal. Ich lasse nichts aus den Augen und schaue stets die Abhänge hinab, selbst wenn wir die Fahrtrichtung wechseln. Unser Motorrad müsste von weitem unüberhörbar sein. Doch die weiten Landschaften, die wenig befahrenen Straßen, die vielen Hügel lassen uns klein und leise erscheinen. Am Horizont zieht sich kurz der Himmel zu, um dann einen Augenblick später wieder von Sonnenstrahlen durchbrochen zu werden. Wir fahren und fahren. Bei aller Bewegung, bei jedem Manöver, allen Kurven und Schlaglöchern, bei jeder Ent- und Beschleunigung empfinde ich ein Gefühl der Endlosigkeit. Ich fange an zu summen.

Ein perfekter Moment, in dem die Zeit stillzustehen scheint. Wo es hingeht, weiß ich nicht. Vielleicht an einen Wasserfall, den die beiden mir zeigen wollen? Einen Ort, in dem sie Freunde kennen, bei denen wir etwas essen? Wo wir an jenem Morgen begannen, weiß ich noch. Aber es gibt in diesem Moment kein Ziel, keine Grenzen.

DER EWIGE AFRIKANER

Über die Kausalität von Kolonialismus und
Sklavenhandel für den alltäglichen Rassismus

(Südafrika im März 2010)

„Einen Menschen, der isoliert und alleine ist, kann man als aus-
rangierte Person betrachten. Dieser Mensch ist dann ein Verstoßener der
Gesellschaft. Zu früheren Tagen wäre er wohl getötet worden. Lassen Sie
es mich wie folgt sagen – und ich sage es sehr ernsthaft: Es gibt nichts
Schlimmeres, als isoliert zu sein."

(Dinizulu, König der Zulus, 1910)

Meine ersten Gehversuche auf dem afrikanischen Kontinent machte ich 2010 in Südafrika. Viele suchen sich Südafrika wegen der Infrastruktur und des hohen Lebensstandards als erstes Reiseziel auf dem Kontinent aus. Der Gedanke „da kann man nichts falsch machen" ist nicht von der Hand zu weisen, und nicht umsonst schwärmen Besucher von einem der schönsten Länder, in dem sie jemals gewesen seien. Nach meiner Landung in Johannesburg fahre ich zum Bahnhof und ergattere ein Ticket der Shosholoza Meyl Railways South Africa für den Nachtzug nach Kapstadt. Johannesburg soll ich erst drei Wochen später wiedersehen. Die ersten zwei Stunden verbringe ich auf dem Gang des violett-gelb-blau angemalten Zuges und schaue aus dem Fenster, bis ich es mir in meinem Abteil bequem mache. Dann komme ich mit einem Mann, der mir rechts gegenübersitzt, ins Gespräch. Er trägt ein grün-gelbes Käppi mit der Flagge Südafrikas darauf. Die Landschaft zieht weiter an uns vorbei und ich sage ihm nach einiger Zeit, wie schön sein Land sei. Meine Abteilbekanntschaft nickt anerkennend. Südafrika sei in der Tat ein sehr schönes Land. Aber es wäre noch schöner ohne die Kaffirs. *Wen?*

Ursprünglich ist Kaffir ein arabischer Ausdruck für „Ungläubige" oder diejenigen, die „die Wahrheit verdecken". Jedoch wird er in Südafrika als Beleidigung für Schwarze verwendet. Mit dem Zug tuckern wir also durch die Provinz Free State mit seiner Hauptstadt Bloemfontein dem Sonnenuntergang entgegen – was will man mehr? Und doch bin ich etwas verwirrt. Ich hatte mir das Regenbogenland als Hort des respektvollen Miteinanders vorgestellt. Dass ich gleich zu Beginn rassistische Bemerkungen vernehmen muss, trübt mein Bild etwas. Klar, der Typ ist nett. Er singt mir sogar *Forever Young* von Alphaville vor – der einzigen deutschen Band, die er kennt. Er schenkt mir auch sein Käppi und meint, ich solle zur Weltmeisterschaft wiederkommen. Doch nur um mir dann im selben Atemzug zu sagen, dass ich auch ja meine Sachen gut verstauen solle – die Kaffirs würden durch die Abteile laufen und klauen. Nein, von Regenbogenfeeling ist in meinem Abteil wahrlich keine Spur.

Seit dem Ende der Apartheid 1994 hat kein anderes Land in Afrika einen solch gesellschaftlichen Wandel erfahren wie Südafrika. Heute sind rund zwei Drittel aller südafrikanischen Weißen sogenannte „Afrikaaner". So bezeichnen sich etwa seit Ende des 18. Jahrhunderts die Afrikaans sprechenden Einwohner Südafrikas und Namibias. Doch wie kam das Afrikaans nach Südafrika? Alles begann mit portugiesischen Seefahrern, die um 1444 zum ersten Mal die Senegal-Mündung an der Westküste passierten. Der Neugier europäischer Seefahrerpioniere konnte man zu dieser Zeit noch romantische Züge nachsagen. Mit der Zeit wurde sie abgelöst von wirtschaftlichem und strategischem Vorgehen. So gründeten die Holländer im Jahre 1652 Kapstadt im Auftrag der holländischen Ostindien-Kompanie, die bis dahin für koloniale Aktivitäten in Asien zuständig gewesen war. Es drangen immer mehr Eroberer in das Hinterland des Kaps der Guten Hoffnung vor; calvinistische Auswanderer aus Holland, Deutschland und Frankreich etwa, die dort ihr Glück herausforderten. Das kann man ihnen gar nicht übel nehmen. Die Landschaft des Western Cape ist prächtig. Den Kaufleuten und Seefahrern folgten Siedler und Soldaten, Administratoren und Missionare, Glücksritter und Religionsflüchtlinge, Goldschürfer und Diamantensucher. Einerseits waren es diejenigen, die man heutzutage wahrscheinlich als christliche Fundamentalisten bezeichnen würde und die selbst der Tea-Party-Bewegung in den USA unheimlich wären. Andererseits handelte es sich größtenteils um einfache Bauern. So kommt es nicht von ungefähr, dass die zu jener Zeit aus dem Königreich Niederlande eingewanderten Farmer auch „Buren" genannt wurden. („Boer" bedeutet im Niederländischen „Bauer".) Da sie selbst kein lupenreines Niederländisch sprachen, entwickelte sich an ihren Siedlungsorten in Südafrika und Namibia das sogenannte „Afrikaans", auch Kapholländisch genannt, das eine niederländische Freundin von mir einmal als „Baby-Dutch" bezeichnete. Für den Rohstoffhandel bildeten sich immer wichtigere Außenposten, von denen aus die Geschicke in den einzelnen Regionen geleitet wurden. Oft waren es Handelsgesellschaften wie die Dutch oder British East India Company denen von der eigenen Regierung das Recht zugestanden worden war, sämtlichen Handel in Subsahara-Afrika abzuwickeln.

Unser Gespräch neigt sich dem Ende zu. Der Schaffner kontrolliert unsere Tickets, und eine Frau verkauft uns fleischgefüllte Teigtaschen. Nachdem wir uns bettfertig gemacht haben, denke ich über die Bemerkungen meines Abteilgenossen und unweigerlich über die Geschichte des Kontinents nach. Es ist eine Geschichte, zu der auch mir an erster Stelle nur die Begriffe „Kolonialismus" und „Sklavenhandel" einfallen. (Da bin ich wohl gar nicht so weit von den Ergebnissen meiner eigenen Umfrage entfernt.) Die Darstellungen, die ich bislang in Bibliotheken oder im Internet zu diesen Themen gefunden habe, waren zumeist nüchterne Tatsachenbeschreibungen. Doch nirgendwo konnte ich Anhaltspunkte dazu finden, welche Auswirkungen Kolonialismus und Sklavenhandel auf das heutige Bewusstsein der Menschen haben. Wie so oft hilft auch hier ein Blick in die Literatur weiter. Das für mich eindrucksvollste Werk stammt vom nigerianischen Autor Chinua Achebe. Sein Buch *Things Fall Apart* beschreibt die Entdeckung des Kontinents durch die Europäer und die Auswirkungen des Kolonialismus auf die Community der Hauptfigur, Okonkwo. Okonkwo wird gezwungen, mit seinen Traditionen zu brechen und nimmt sich am Ende das Leben. Der 1958 erschienene Roman, der als eines der ersten afrikanischen Werke weltweit Aufmerksamkeit erregte, spielt im späten 19. Jahrhundert und bezieht sich auf ein Dorf östlich des Niger-Flusses im heutigen Nigeria. Jedoch sind Zeit und Ort variabel. Die Geschichte des Dorfes, in dem Okonkwo wohnt, ist repräsentativ für die Geschichte vieler anderer afrikanischer Völker. Okonkwo ist der Inbegriff des tragischen Helden, der sich beugen muss. Er kommt mit dem durch die Eroberer aufgezwungenen Wertesystem nicht zurecht. Achebe schreibt:

„Okonkwo war von Gram gebeugt. Er haderte nicht nur mit seinem eigenen Schicksal. Er trauerte auch um seinen Stamm, den er nach und nach auseinanderfallen sah, und um die Krieger in Umuofia, die auf so unerklärliche Weise ihren männlichen Stolz verloren hatten."

Ein afrikanisches Trauma?

Okonkwos Schicksal steht exemplarisch für die Folgen des Kolonialismus, denn der Kolonialismus ebnete den Weg für die Versklavung afrikanischer Völker. Die Entdeckung des afrikanischen Kontinents durch die Europäer hatte sich zunächst scheinbar wie in Zeitlupe abgespielt. Es gelang afrikanischen Völkern jedoch nicht, stabile Bündnisse zu schmieden. Wahrscheinlich hätten nur so die Invasoren mit vereinter Militärkraft abgewehrt werden können. Der strategischen und waffentechnischen Überlegenheit der Europäer konnten sie nichts entgegensetzen. Manch einer mag bei dieser Vorstellung gar an ein Kapitel aus Jared Diamonds *Guns, Germs and Steel* denken, in welchem der amerikanische Evolutionsbiologe beschreibt, wie der Inka-Kaiser Atahualpa mit seiner 80.000 Mann starken Armee von Pizarros 200 spanischen Reitersoldaten überrannt wurde. Tatsächlich fand auch die Kolonialisierung unseres riesigen Nachbarkontinents nahezu mühelos statt.

Der Journalist Bartholomäus Grill schreibt, der danach einsetzende Sklavenhandel habe den Afrikanern die Menschenwürde geraubt. Er habe dazu geführt, dass die Wertschätzung alles Afrikanischen auf ein relatives Minimum reduziert wurde. Doch was meint er damit? Kolonialismus und Sklavenhandel kann nur erklären, wer den Rassismus berücksichtigt. Denn während der Kolonialismus den Weg für den Sklavenhandel ebnete, stellte der Rassismus die ideale Rechtfertigung dafür bereit. In Deutschland war es der Göttinger Universitätsprofessor Christoph Meiners, der heute nur noch Wenigen ein Begriff ist, den Rassismus aber als abendländische Denktradition salonfähig machte. 1785 teilte er in seinem *Grundriß der Geschichte der Menschheit* die Weltbevölkerung in geistbegabte schöne und geistlose hässliche Völker ein. Anhand körperlicher und charakterlicher Merkmale entwickelte er ein hierarchisches System der Kulturstufen, das vom Affen über den „Neger" bis zum Europäer reichte. Seine Auffassungen waren im Wesentlichen wie folgt zu verstehen: Hätte die Natur es vorgesehen, dass Menschen die gleiche Rechte besäßen, hätte sie diese von vornherein schon mit den gleichen äußerlichen Merkmalen sowie geistigen und körperlichen Fähigkeiten versehen. Meiners wurde zu einem großen Verfechter der Sklaverei. Seine Fantastereien wurden unter anderem aufgegriffen von Houston Stewart Chamberlain, der mit seinem Buch *Die Grundlagen des 19. Jahrhunderts* einen rassistischen Bestseller landen sollte. Chamberlain wurde zu einem der einflussreichsten Missionare germanischen Rassenbewusstseins, das sich bald auch im Alltag ausdrückte: 1885 trat in Freiburg im Rahmen einer Völkerschau auf dem Karlsplatz eine „Congo-Neger-Truppe" auf. Zwei Jahre später ließ König Leopold II. anlässlich der Weltausstellung in Brüssel ein Urwalddorf nachbauen, das er mit „Wilden aus dem Kongo" ausstattete, um seinen Freistaat vorzustellen. Er ließ sich als Philantrop feiern, der die Sklaverei abgeschafft und das Licht der Zivilisation auf den schwarzen Kontinent getragen habe. 1906 stellte der New Yorker Zoo im Stadtteil Bronx den kongolesischen Pygmäen Ota Benga neben einem Orang-Utan im Affenhaus zur Schau. Solche Ereignisse erfreuten sich um die Jahrhundertwende äußerster Beliebtheit. Die Afrikaner sollten trommeln, krakeelen und springen. Die Inszenierungen versprachen den Besuchern einen vermeintlich authentischen Einblick in das Leben afrikanischer Völker in einem leicht konsumierbaren Gemisch aus Unterhaltung und Belehrung. Die Darstellung vermeintlich typischer Sitten und unverfälschter Natürlichkeit führte dazu, dass sich das weiße Publikum gemäß den rassistischen und kolonialen Blickverhältnissen als überlegen betrachten konnte. Menschenzoos im Dienste der Kolonialpropaganda.

Nachhilfe im Weißsein

Mittlerweile ist es dunkel geworden. Ich schätze, dass wir in diesem Moment in Richtung des südlichen Kalaharibeckens in der Provinz Nordkap fahren. Der Zug – Bautyp „Intercity von 1980" – zischt, schunkelt und fährt unentwegt durch die sternenklare Nacht. Schön ist, dass man bei diesen Zugmodellen noch die Fenster herunterziehen kann, um den Kopf herauszustrecken. Ich höre Musik und schaue durch das Fenster nach draußen. Vereinzelt zieht ein entferntes Straßenlicht an uns vorbei. Ich kann mir kaum vorstellen, wie Kolonialismus, Sklavenhandel und Rassismus nicht die Selbstwahrnehmung der Menschen in afrikanischen Ländern geprägt haben sollen. Doch ist es auch ein Trauma, das die Menschen immer noch verfolgt? Haben fast 400 Jahre Sklaverei den Afrikaner zum ewigen Sklaven gemacht? Haftet ihm wirklich noch das Bild des ergebenen Arbeitstieres an? Und wie ist es hierzulande? Ist die Bezeichnung des „Bimbo" im deutschen Sprachgebrauch wirklich noch in aller Munde? Ist es nicht vielmehr so, dass die gefühlte Minderwertigkeit sich heutzutage stärker am materiellen Wohlstand oder am Intellekt des Gegenübers orientiert als an seiner Hautfarbe? Dass es allerhöchstens noch besoffene Zweitligafußballfans in der Nordkurve sind, die „Uga-Uga" machen?

In ihrem Buch *Deutschland Schwarz Weiß* beschreibt die bayerische Moderatorin und Journalistin Noah Sow den alltäglichen Rassismus in Deutschland. Sie verdeutlicht, dass rassistische Handlungen hierzulande ständig stattfinden. Doch würden weiße Deutsche solche Vorwürfe ebenso entschieden von sich weisen. Eine Kernaussage ihres Buches wird anhand folgender Passage deutlich:

„Die weiße deutsche Gesellschaft rückt jeweils nur dann ein winziges Stückchen von ihrer Dominanz ab, wenn es gar nicht anders geht. Weil Sie schon als kleine Kinder gelernt haben, dass es Ihnen zusteht, alle Menschen zu benennen und einzuteilen. Und sobald Ihnen dieses vermeintliche Recht streitig gemacht wird – und sei es im Sinne von Frieden und Gleichberechtigung –, geraten Sie in Panik. Dadurch, dass Sie auf einmal nicht mehr bestimmen können sollen, wer wer und was was ist, wird plötzlich Ihr eigener Status infrage gestellt."

Sow spricht darüber hinaus den Punkt an, dass die im Volksmund gebräuchlichen Begriffe „Schwarzafrika" beziehungsweise „Schwarzafrikaner" oder „der schwarze Kontinent" aus eben jenem Grunde verfehlt sind. Grundsätzlich sind zwar damit das Gebiet südlich der Sahara und die Personen, die dort leben, gemeint. Die vermeintlich neutralen und sachlichen Begriffe gehörten jedoch aus diversen Gründen abgeschafft.

Erstens seien sie inhaltlich noch nicht einmal korrekt. Afrika sei kein Konglomerat von schwarzen Völkern. Man finde nahezu überall europäische, asiatische und arabische Verbindungen, Erstere vor allem im südlichen Afrika, Letztere beispielsweise im Sudan oder in Somalia. Der zweite Grund bestehe darin, dass das Wortpaar „Schwarz" und „Afrika" beziehungsweise „Kontinent" eine Worthülse sei, die ausschließlich von Assoziationen lebt. In Wirklichkeit sage es nichts über die Länder und ihre Menschen, die Kulturen, die Sprachen, die Persönlichkeiten aus. Es werde suggeriert, alle Menschen südlich der Sahara seien gleich, weil sie alle aus unserer Sicht gleich aussehen, und dass man sie deshalb nicht als Individuen betrachten müsse, sondern alle in einen Topf schmeißen könne. Sow schlussfolgert gar, dass hinter dem Begriff „Schwarzafrikaner" eine bestimmte Wahrheit steckt. Aus unserer Sicht meine er nichts anderes als „richtig schwarze Afrikaner". Dies genüge schon, um uns ein Bild von ihnen zu machen. Der Ausdruck habe lediglich den mittlerweile politisch unkorrekten „Neger" abgelöst, schaffe aber auf verschlagene Weise nichts anderes, als das dahinterstehende Konzept der Einteilungen in Rassen und deren Zuschreibungen zu verteidigen.

Eine eindeutige Stellungnahme gaben aus diesem Grund auch Wissenschaftler während der UNESCO-Konferenz „Gegen Rassismus, Gewalt und Diskriminierung" im Jahr 1995 ab: „Das Konzept der ‚Rasse', das aus der Vergangenheit ... übernommen wurde, ist völlig obsolet geworden. ... Rassismus ist der Glaube, menschliche Populationen unterschieden sich in genetisch bedingten Merkmalen von sozialem Wert, so daß bestimmte Gruppen gegenüber anderen höherwertig oder minderwertig sind. Es gibt keinen überzeugenden wissenschaftlichen Beleg, mit dem dieser Glaube gestützt werden könnte." Doch ein Blick auf die Geschichte der vergangenen 300 Jahre macht skeptisch: Solange Menschengruppen nach physischen Merkmalen unterschieden wurden, entwickelte sich daraus fast zwangsläufig eine Hierarchie. Es stimmt, dass primär Westafrikaner dem Sklavenhandel zum Opfer fielen. Doch unabhängig davon, dass wir keinen transkontinentalen Sklavenhandel mehr betreiben, dass wir keine Menschen in Zoos vorführen oder Völkerschauen veranstalten, dass wir seit dem Zweiten Weltkrieg diverse Menschenrechtsakte erlassen haben, die Rassismus ächten: Der Rassismus hat die Jahrhunderte überlebt, obwohl er als Rechtfertigungsgrund gar nicht mehr benötigt wird. Er existiert weiter als eigenständiges Konstrukt. Rassismus gegenüber Afrikanern, wie auch gegenüber Schwarzen weltweit, ist die vermutlich verheerendste, weil bis zum heutigen Tage spürbarste Folge des Kolonialismus in all seinen Ausprägungen.

Der Afrikaner so an sich jetzt mal

Eine solche Ausprägung spiegelt sich in unserer heutigen Betrachtungsweise wider. „Der Schwarze schnaxlt halt gern", wusste uns schon Gloria von Thurn und Taxis zu belehren. Gut, dass Deutschland die Monarchie abgeschafft hat. (Wahrscheinlich war sie nur neidisch.) Aber auch das englische Königshaus hat sich nicht gerade mit Ruhm bekleckert, als sich Prinz William und Kate Middleton 2012 in Tuvalu auf einer Sänfte durchs Dorf tragen ließen. Afrikaner sind auch immer die ewigen Schwarzen. Ihre Hautfarbe wird von uns mit Minderwertigkeit in Verbindung gebracht. Immer wieder hört man hierzulande relativierend gemeinte oder gar beschwichtigende Erklärungsversuche dafür, warum beispielsweise in Afrika der Fortschritt noch nicht eingekehrt sei: „Die sind halt nicht so fleißig, wie die Koreaner. Das haben ja auch schon Studien gezeigt." Oder: „Das ist eben die afrikanische Mentalität. Ist doch nicht schlimm! Lass sie doch singen und tanzen!" Derartige Äußerungen sind nichts anderes als eurozentrische Stereotypisierungen vermeintlich kollektiver Verhaltensweisen. Es handelt sich in Wahrheit um rassistische Verfehlungen, vor denen selbst akademische Grade nicht zu schützen vermögen.

Auch andere Assoziationen zu den Bewohnern unseres Nachbarkontinents sind aus einem ähnlich schlichten und oberflächlichen Muster gestrickt. Da hätten wir zum einen die ewige afrikanische Frau: Die großbusige Mama mit der überwältigenden Lache, wie der kenianische Journalist Binyavanga Wainaina sie beschreibt. Toll singen kann sie. Und tolle Haare hat sie auch. Zum anderen den ewigen afrikanischen Mann. Der emotional impulsive, schwitzende, muskulöse Dauergeile, am besten noch personifiziert durch Long Dong Silver. Letzterer heißt übrigens mit bürgerlichem Namen Daniel Arthur Mead, kommt aus England und wurde in den 1970er und 1980er Jahren durch Nacktaufnahmen mit Darstellung seines außergewöhnlich großen Penis bekannt, obwohl die Fotos das Resultat analoger Bildbearbeitung waren. Ich nenne dieses Beispiel nicht ohne Grund. Besonders in der weißen Männerwelt existiert seit Jahr und Tag eine absurde Mischung aus Faszination und Ehrfurcht hinsichtlich des „Geschlechts des schwarzen Mannes" – immer wieder zu beobachten in den Umkleidekabinen deutscher Fitnessstudios.

Ein besonderes Exemplar habe ich in meiner Aufzählung noch gar nicht erwähnt: Den ewigen afrikanischen Flüchtling. Wir alle kennen den afrikanischen Flüchtling aus der *Tagesschau* und wissen, dass er sich jahrelang nach Lampedusa oder in die spanische Exklave Melilla vorgekämpft hat. Dort verweilt er nun verzweifelt hinter meterhohem, messerscharfem Nato-Draht. Er ist ein Mensch ohne Identität. Seine Geschichte ist austauschbar, denn er gehört qua Definition einem Kollektiv hoffnungsloser Menschen an. Keine andere Bezeichnung hat sich in den vergangenen Jahren in den Medien als so unumstößlich erwiesen. Dabei ist keine Bezeichnung so irreführend und so schadhaft zugleich. Es scheint, als mache man sich nicht einmal mehr die Mühe zu erwähnen, woher Flüchtlinge wirklich stammen. (Schließlich reicht es ja, dass sie alle gleich aussehen, nicht wahr?) Tatsächlich spielt sich der weit überwiegende Teil von Flüchtlingsbewegungen innerhalb Subsahara-Afrikas selbst ab. Von den derzeit betroffenen Menschen stammt die Mehrheit aus Krisenregionen, wie dem Sudan und Südsudan, Somalia und der DR Kongo, gefolgt von Eritrea und der Zentralafrikanischen Republik.[23] Ein im südlichen Teil des Kontinents bedeutsames Beispiel sind die Simbabwer in Südafrika. Nur ein vergleichsweise kleiner Teil all dieser Menschen bricht tatsächlich jemals in Richtung Europa auf. In dem Moment, in denen eine Kamera sie einfängt, werden diese Menschen jedoch zu „Flüchtlingen aus Afrika". Dass sich genau in dem Augenblick europäische Flüchtlinge auf nach Afrika machen, ahnt keiner. In der Hoffnung auf ein besseres Leben haben sie Europa verlassen. Sie sind auf der Suche nach einem Arbeitsplatz und einem festen Gehalt, mit dem sie ihre Familien in der Heimat unterstützen können. Angola musste bereits 20 Europäer abschieben, die mit falschen Visa eingereist waren. Die angolanischen Behörden sind alarmiert. 42 Europäer wurden von ihnen festgenommen, weil sie keine Arbeitserlaubnis hatten. Ich glaube, es waren Dänen. Oder waren es Portugiesen? Egal.[24]

Klischees und Fehlvorstellungen werden besonders in den Nachrichten aufrechterhalten. Irgendwann werden sie so selbstverständlich, dass sie gar nicht mehr hinterfragt werden. Doch wie sieht es in der Literatur aus? Chinua Achebe hat seinen polnischen Kollegen Joseph Conrad ja als blutigen Rassisten beschimpft; Conrads *Herz der Finsternis* entmenschliche Afrikaner und stelle den Kontinent als metaphysisches Schlachtfeld dar, frei von jeglicher Humanität. Bei der dänischen Autorin Tania Blixen lesen wir:

> „Ich habe schon in den ersten Wochen in Afrika eine große Liebe für die Eingeborenen gefasst. Die Entdeckung der schwarzen Rasse war für mich eine wunderbare Bereicherung der Welt. ... Es war nicht leicht, den Schwarzen näherzukommen. Sie waren hellhörig, und wenn man sie erschreckte, flüchteten sie augenblicklich in ihre eigene Welt zurück wie die wilden Tiere. Ehe man den Schwarzen genau kennt, gelingt es einem kaum, von ihm eine gerade Antwort zu bekommen. Den Schwarzen."

Man könnte schlussfolgern, Blixens Erzählungen von Kaffeeanbau im Hochland, Heuschreckenplagen und Krankheiten auf der Farm seien ohnehin aus heutiger Sicht bloß hausfrauengerecht aufbereitete Belletristik, die einen ganzen Kontinent und seine Menschen vor der Hintergrund-kulisse einer wundersamen idyllischen Welt verklären. Blixen war in gewisser Weise eine Pionierin, und die zitierten Sätze entstanden 1938. 1938 ist nicht 2014 – das ist richtig. Doch haben Sie die Parallelen zur Mockumen-tary *Das Fest des Huhnes* erkannt? Auch Peter Scholl-Latour verdient es, hier noch einmal erwähnt zu werden. In seinem Buch lesen wir in einem Bericht aus dem Sudan vom November 2000 über die

„pechschwarzen Dinka. [Sie] sind eine der interessantesten Rassen Afrikas. Zunächst einmal fallen sie durch ihren riesigen Wuchs auf. ... In dieser Runde von Hünen kommt man sich als weißer Pygmäe vor. Die dürren Beine der Dinka zeichnen sich durch besondere Länge aus, der Brustkorb hingegen ist kurzgeraten. Die Körper sind extrem seh-nig und mager, ja die Knochen der Schulterpartie treten wie Kanten hervor. Sie gleichen aus der Ferne stelzigen Sumpfvögeln und haben sich wie diese der amphibischen Umgebung, den fauligen Wassermas-sen des Weißen Nil voll angepasst. ... Die zahllosen Kinder erschei-nen auf den ersten Blick rachitisch und unterernährt, aber auch diese Auszehrung entspricht dem ethnischen Typus."

Ach, Peter.

Selbst wenn Darstellungen wie die Scholl-Latours der Vergangenheit angehören, verbleiben Äußerungen, die „gut gemeint sind", aber am besten einfach gar nicht gesagt werden – der sogenannte „positive Rassismus". Er prägt die heutige Zeit und ist spätestens alle vier Jahre bei den Olympi-schen Spielen zu beobachten. An Stammtischen wird gefachsimpelt über „supersportliche Äthiopier" und „supersportliche Kenianer, die ja allein wegen ihrer körperlichen Beschaffenheit immer den Marathon gewin-nen". „Die können so weit laufen, weil sie früher immer beim Wasserholen geholfen haben." Liebe Leser, Sie können sich ja gar nicht vorstellen, wie viele übergewichtige Menschen es in Afrika gibt! Aber selbst die Fetten sind dann eben „supermusikalisch". Und selbst, wenn sie dünn und unmusika-lisch sind, dann „kennen sie auch Shakespeare". Meine Freundin Anna ist gebürtige Stuttgarterin. Die interessiert gemeinte Frage, wo sie herkommt, wird ihr wohl ihr Leben lang nicht mehr erspart bleiben. Denn Annas Vater ist Ghanaer. Sagt Anna, sie komme aus Stuttgart, werden die Fragenden belehrend und insistieren, wo sie denn wirklich herkomme. Stuttgart-Botnang zieht da nicht. Als ich vergangenen Sommer mit ihr in Berlin aus war, wollten alle ihre Haare anfassen. Nicht zu vergessen ist, dass

Annas Mutter Deutsche ist. Anna ist deshalb „eigentlich gar keine richtige Schwarze." Sie ist „mehr so Schoko-Cappuccino".

In Film und Fernsehen meint man es auch gut mit Schwarzen. Doch selbst wenn sie im Jahre 2014 kaum noch Asylanten, Drogendealer und Prostituierte spielen – Schwarze sind eher selten die Protagonisten oder Helden, dafür aber die witzigen Kumpels von nebenan. Oder eben die bösen, einsilbigen, grimmig dreinschauenden, Maschinengewehrkugeln von Lastern oder Booten abfeuernden Bösewichte, wie es ein Video auf YouTube mit dem Titel „African Men. Hollywood Stereotypes" auf die Schippe nimmt. Der von der Organisation Mama Hope und jungen Studenten produzierte Film kämpft gegen solche Vorurteile an: „Wir sind doch nette Jungs! Und sogar auf Facebook!", kontern sie grinsend in die Kamera. Der Slogan von Mama Hope lautet entsprechend: „Stop the pity! Unleash the potential!" Doch bei unseren deutschen, öffentlich-rechtlichen Produktionen mit Frau Neubauer ticken die Uhren halt noch anders: Hier sind es bemitleidenswerte bis niedliche Ureinwohner, die zwar keinen Fetzen westlicher Kleidung überm Baströckchen tragen, dafür aber fast akzentfrei Deutsch können.

Nachhilfe im Weißsein: Teil 2

Tatsächlich kenne auch ich die Übersetzung von „weißer Mann" für all die afrikanischen Sprachen, denen ich begegnete. So ging es mir auch auf den Wecker, ständig von weitem mit „Sssssssst! Oyibo!" (Nigeria), „Sssssssst! Obruni!" (Ghana) „Sssssssst Mzungu!" (Swahili in Tansania etwa) angesprochen zu werden, als wäre ich irgendeine Attraktion, als wäre auch ich nichts anderes außer weiß. Dazu muss man jedoch sagen, dass die Übersetzungen nicht ausschließlich „den Weißen" meinen, sondern generell „den Fremden". Zudem waren meine Mitmenschen in nahezu allen Fällen einfach nur neugierig. Sie wollten mir nur kurz zuwinken oder quatschen, um zu fragen wie es mir geht und mich in ihrem Land willkommen heißen. (Das führte manchmal dazu, dass ich in Zick-Zack-Linien über Straßen ging, weil ich an jeder Ecke angehalten wurde und ein Schwätzchen hielt.) Noah Sow meint, dass weiße Befindlichkeiten, wie meine in jenen Momenten ohnehin nicht vergleichbar seien mit dem, was Schwarze in Deutschland erführen. Dem häufigen Einwand, Deutsche würden ihrerseits „Kartoffelnasen" genannt, entgegnet sie gekonnt:

„Sie dürfen tatsächlich im Batikfummel barfuß tanzen und dabei verklebte Haare haben, ohne rassistische Klischees hervorzurufen. Sie dürfen Ihre Küche versiffen lassen, ohne rassistische Klischees hervorzurufen. Sie dürfen bekifft zu spät kommen, ohne rassistische Klischees hervorzurufen. Sie können sogar dealen und dabei Trommel spielen, ohne rassistische Klischees hervorzurufen. All dies finden Sie selbstverständlich. Ist es aber nicht. Es ist ein Privileg."

Die amerikanische Rechtsaktivistin Peggy McIntosh spricht gar davon, dass Weißsein bedeutet, mit einem unsichtbaren Rucksack gesellschaftlicher Privilegien ausgestattet zu sein. Diese Privilegien sind nicht verdient worden, sondern durch eine gewaltsame Dominanzstruktur gesichert. Mit diesem unsichtbaren Rucksack ist auch das Privileg verknüpft, sich mit Rassismus nicht auseinandersetzen zu müssen – und dies (meist) auch nicht zu wollen.[25]

Die beste Bürgermeisterin der Welt

Der Zug ruckelt mich dann doch irgendwann in den Schlaf und so wache ich morgens gegen neun mit den Weinbergen Western Capes vor meinen Augen auf. Beim Anblick der Landschaft fällt mir die Geschichte von Malmsey Rangaka ein, die als erste Schwarze in Südafrika ein Weingut kaufte – und mit ihrem Sauvignon Blanc so erfolgreich war, dass Barack Obama ihn ins Weiße Haus bestellte. Anfangs wurde sie komisch beäugt, denn die Weißen dominierten die Zunft. Das tun sie auch weiterhin. Nun hat sie jedoch nicht nur Weintrauben, sondern auch wohlverdienten Respekt geerntet.[27] Gegen Mittag erreiche ich Kapstadt. Der Bahnhof ist ein uncharmanter 60er-Jahre-Betonbau, der noch nichts über die Idylle unter dem Tafelberg verrät, von der alle so schwärmen. Der riesige braun-gelbe Felskoloss, dessen Plateau wie eine Tischplatte über Kapstadt ragt, ist das Wahrzeichen der Stadt. Was sich bereits die ersten 100 Meter, die ich mit meinem Rucksack losziehe, offenbart: Südafrika ist im Fußballfieber. Keine Straßenlaterne und kein Straßenschild, an denen nicht irgendein aufgehängter Zeitungsaufmacher über „Bafana Bafana" („Die Jungs") berichtet. So titelt der Cape Argus in großen Lettern „No need to panic – Bafana Coach" und versucht damit die Befürchtungen über schlechte Leistungen der Nationalmannschaft zu beschwichtigen. In drei Monaten wird Südafrika erfolgreich ein Weltereignis ausrichten. Doch geht es nicht nur um Fußball. Auf dem Weg ins Hostel komme ich an einem anderen Plakat vorbei, auf dem steht: „DA Convention with Helen Zille." Darauf das Bild einer Frau, die, wie ich später nachlese, die Ministerpräsidentin der Provinz Westkap ist. Zuvor hatte Zille von der liberalen Partei Democratic Alliance für ihren Job in Kapstadt gar die Auszeichnung „beste Bürgermeisterin der Welt" erhalten. Das war 2008. Ob sie nach noch Höherem strebt? Das möchte ich herausfinden und mache mich zwei Tage später auf in den westlichen Teil der Stadt, wo eine Parteiversammlung der DA in einem Gemeindehaus stattfinden soll.

Die Politik Südafrikas wird seit dem Ende der Apartheid nicht mehr von der Nationalen Partei (NP), sondern vom African National Congress (ANC) dominiert. Die Partei Nelson Mandelas, deren Aktivitäten von 1960 bis 1990 unter der NP als illegal galten, stellt seit 1994 den Regierungschef. Auf „Madiba" – Mandelas Spitzname stammte vom Namen seines Volkes, den Xhosa[27] – folgten Thabo Mbeki, Kgalema Motlanthe und Jacob Zuma. Der ANC hält seither über 60 % der Sitze im Parlament. Die DA stellt mit rund 22 % die größte Oppositionsfraktion. 2009 waren es noch 16 %. Die Wahl 2014 war die erste, an der Jugendliche nach dem Ende der Apartheid teilgenommen haben.

Ich komme 20 Minuten zu spät, doch ich darf mich in die letzte Reihe stellen. Ich sehe, wie die Demokratischen Alliierten oder solche, die sich vorstellen können, sie zu wählen, gebannt Helen Zille lauschen. Helen Zille ist eine kleine zierliche Frau Ende 50 mit blonden Haaren. Sie trägt eine Bluse. Ihre Ärmel hat sie hochgekrempelt. „Der ANC wird in den nächsten 15 Jahren auseinanderfallen!", ruft Helen Zille. Sie ist übrigens die Großnichte des Berliner Künstlers Heinrich Zille. Ihr Vater wanderte 1934 aus, ihre Mutter floh 1939 zunächst von Deutschland nach England. 1948 lernten die Eltern sich in Südafrika kennen. Die charismatische Frau erntet für ihren Satz Applaus und stellt dem Publikum daraufhin ihren Plan vor: Die DA soll sich stetig vorarbeiten. Ein Siegeszug von West nach Ost. Die Rechnung für seine destruktive Politik, wie Zille es nennt, erhielt der ANC 2009, als die DA neben Kapstadt nun auch die Region Westkap gewann, dort die absolute Mehrheit errang und den eigenen Stimmenanteil von 27 auf 53 % verdoppelte. Als nächstes soll Johannesburg folgen. Der ANC ist wütend darüber, nicht mehr die gesamte Macht für sich zu haben. Die DA als die ungeahnte Wahlalternative zu Jacob Zuma und zum mächtigen ANC? Helen gegen Goliath. Ich lasse meinen Blick schweifen und stelle fest, dass die Anwesenden mehrheitlich weiß sind. Mit dem Vorwurf, eine Weißenpartei zu sein, hat die DA immer noch zu kämpfen – in einem Land, in dem rund 80 % der Einwohner schwarz, 9 % weiß, 9 % gemischter und 3 % indischer Herkunft sind. Doch als Weißenpartei denunziert zu werden, gefällt Helen Zille gar nicht, die in den kommenden zehn Minuten immer wieder betont, mit ihren Mitstreitern gegen die Apartheid gekämpft zu haben. Mittlerweile seien fünf von sieben Parteivorstandsmitgliedern schwarz. Für Südafrika ist Zilles Triumph eine tiefe, wenn auch im Ausland kaum wahrgenommene Zäsur. Ihre freundliche, betonte Vortragsweise ist geprägt von einer gewitzten Angriffslust. Besonders Zuma weiß sie zu ärgern: „Er ist sehr charmant. Er ist netter zu mir als zu jedem anderen in seiner eigenen Partei. Aber es mangelt ihm an Führungskraft." Für eine Machtübernahme ist es wohl noch zu früh, aber man kämpft. Spätestens 2019, so sagt Zille, sei man in der Lage, den ANC zu stürzen. Dieser sei tief gespalten. „Die wissen nicht, was sie wollen. Bei denen gibt es Marxisten und Kapitalisten, Gewerkschafter, Opportunisten und was weiß ich. Alle beanspruchen sie einen Teil des Kuchens. Doch was wir brauchen, ist eine Trennung von Partei und Staat!" Zille kritisiert, der ANC sei Südafrika, und nennt das ganze „state capture": Die Partei reiße sich das Land unter den Nagel. Die Elite besetze alle Institutionen, und was Eliten wollten, seien Klienten, die sie kontrollieren könnten. Dabei läge die Stärke Südafrikas im Vergleich zu anderen afrikanischen Ländern gerade in der Stärke seiner Institutionen – der Verwaltung, der Justiz –, und doch gebe es ein ausgefeiltes ANC-Netzwerk, ausgefeilte Deals, die diese Stärke unterjochten. Sie fordert ein Ende der Vetternwirtschaft und zitiert Erzbischof und Friedensnobelpreisträger Desmond Tutu, der mittlerweile ebenfalls das Ende des ANC herbeisehnt, wie einst das Ende der Apartheid. An Zilles Kritik scheint wohl einiges dran zu sein.

Politik in Südafrika ist nichts für schwache Nerven. Und doch hat sich Helen Zille hervorragend etabliert, indem sie konkrete Pläne für konkrete Probleme schmiedete. Ihr Erfolg ist kein Zufall. Nach dem Ende der Apartheid erregte sie Aufmerksamkeit, weil sie den Gouverneur von Westkap wegen des mangelhaften Bildungssystems verklagte. Die DA fragte sie daraufhin, ob sie nicht ein Bildungsprogramm für die Partei schreiben wolle. Darin entwickelte sie die „Five T's": Teachers, textbooks, technology, time management und testing. Zille setzte auf Bildung, weil nur so das Projekt Südafrika erfolgreich werden würde. In einem Land, in dem das öffentliche Schulsystem nicht seinen Namen wert ist, betont sie, kann es kein Zusammenwachsen geben. Dass ein Zusammenwachsen weiterhin notwendig ist, werde ich erst später realisieren. Denn die folgenden Wochen verbringe ich in einer heilen Welt. Kapstadt ist touristisch und sehr international. Kapstadt ist reich, und man sieht es. Ein bisschen trendy, hip und schick. Kapstadt ist Party – und die bunte Kneipenmeile Long Street ihr Nukleus. Die Idylle und der Lebensstandard sind es, welche das Bild von einem ganzen Land abrunden, das sich – so höre ich immer wieder Leute urteilen – angeblich abhebt vom Rest Afrikas. Ich erkunde das Kap der Guten Hoffnung, bade in menschenverlassenen Buchten, fahre nach Simon's Town, um dort Fotos von Pinguinen zu machen. Straßenschilder weisen mich darauf hin, vor der Weiterfahrt unters Auto zu schauen, weil sie sich dort ganz gerne hinlegen. Gemeinsam mit einem Schweizer

Geschwisterpaar aus dem Hostel in Kapstadt nehme ich an einer Weinprobe in den Weinbergen um Stellenbosch teil. Danach bereisen wir die Garden Route entlang der Küste nach Port Elizabeth. Es ist eine glückliche Zeit. Erst bei meiner Rückkehr nach Johannesburg nehme ich die Townships, Wellblechhütten, Arbeitslosen und Bettler zum ersten Mal richtig wahr. Das Wohngebiet Soweto (South Western Township) steht für das Elend einer Großstadt, die bis heute vollkommen unterschätzt wird. Von Besuchern wird Johannesburg wegen seiner Kriminalitätsraten gemieden. Dabei ist Johannesburg, und nicht Kapstadt, in meinen Augen mit einer lebhaften Musik-, Kunst- und Theaterszene das kulturelle Zentrum des Landes. Man muss nicht lange drumherum reden: Johannesburg ist keine Perle. Es ist eine Stadt, bei der man hinter die Fassaden uncharmanter Betonbauten und Bankhochhäuser blicken muss. Was dennoch den Reiz an Johannesburg ausmacht? „It's the beauty in ugly", wie mir Vanessa sagen wird, die ich Ihnen später vorstellen werde. In Anbetracht eines Ortes wie Soweto müsste man jedoch in Südafrika von einer „Heckenschere" zwischen arm und reich sprechen. Natürlich erhasche ich nur Eindrücke von außen. Doch besonders deutlich wird der Kontrast, als ich in Johannesburg eines Abends um halb zehn nach Einbruch der Dunkelheit im nördlichen Stadtteil Rosebank aus dem Kino komme und eine Hauptstraße entlang laufe. *Was mache ich hier nur? Ich bin doch total verrückt, um diese Uhrzeit alleine durch Johannesburg zu spazieren!* In dem Moment wird mir bewusst, dass ich ausschließlich von Kameras überwachte Villen mit meterhohen Gitterzäunen passiere, während an mir deutsche Limousinen und SUVs vorbeirauschen. Es ist eine bizarre Situation.

Die Apartheid in den Köpfen: Auszüge aus der südafrikanischen Literatur

Ich möchte Ihnen von einem historischen Ereignis berichten, das in meinen Augen sinnbildlich für den sozialen Kontrast zwischen Reichen (größtenteils Weißen) und Armen (größtenteils Schwarzen) in Südafrika steht, jedoch von der Öffentlichkeit kaum wahrgenommen wurde. Dieses Ereignis trug sich am 8. September 1948 zu. Damals lief ein Schiff im Hafen von Kapstadt ein. An Bord waren 83 deutsche Waisenkinder. Die zwei- bis 14jährigen Jungen und Mädchen waren Teil einer Sammeladoption. Auswahlkriterium für sie war die sogenannte Rasse. Der Dokumentarfilm *Weißes Blut* von Regine Dura erzählt von der Geburtsstunde der Apartheid, der obszönsten Form des Kolonialismus, als die Ziele der Anhänger der Rassenlehre von der NP in die Tat umgesetzt wurden. Die

Sammeladoption verdeutlicht, wie Südafrika nach dem verlorengegangenen Weltkrieg zu einer Art neu auserkorenen Refugiums für rassisches Gedankengut wurde. Die NP beraubte die Mehrheit der Schwarzen und Inder ihrer Rechte. Das Regime unter Premierminister Daniel François Malan ließ 3,5 Millionen Menschen aus so deklarierten „weißen Territorien" in sogenannte Homelands oder Bantustans deportieren. Es war zugleich die Geburtsstunde des Widerstandes unter dem damals 30jährigen Nelson Mandela, der in seiner Autobiografie *Long Walk to Freedom* („Der lange Weg zur Freiheit") über die Willkür der südafrikanischen Politik und Justiz bis hin zu seiner Inhaftierung auf Robben Island, zwölf Kilometer vor Kapstadt, schreibt. Davon, wie er in einem halben Jahr nur einen einzigen Besucher empfangen und einen einzigen Brief schreiben durfte. Selbst gegen seinen unmenschlichsten Wächter, Oberst Badenhorst, hegte er nach all den Jahren keinen Groll mehr: „Badenhorst war nicht böse. Seine Unmenschlichkeit war ihm von einem unmenschlichen System aufgezwungen worden. Er verhielt sich brutal, weil er für brutales Verhalten belohnt wurde."

Nur langsam bröckelte das weiße Mauerwerk, ehe es endlich in sich zusammenstürzte. Einen kleinen Beitrag hierzu leistete auch Rian Malan, der Sohn des ehemaligen Premierministers Daniel François Malan. In seinem Buch *My Traitor's Heart* („Mein Verräterherz") schildert er seine Geschichte von der eigenen Rebellion gegen das weiße Herrschaftssystem. Der Titel spielt auf die Tradition an, in der die Familie Malan jahrhundertelang stand. In der Ahnenreihe weißer Buren sieht sich Rian Malan als Verräter, denn er brach mit der rassistischen Tradition seiner Sippe. Geprägt von seinen Kindheits- und Jugenderfahrungen hängte er sich im Alter von 17 Jahren ein Che-Guevara-Poster an die Schlafzimmerwand, erklärte sich zum Sozialisten, besorgte sich von schwarzen Händlern Dagga (Marihuana) und schlief mit schwarzen Frauen – eine „schallende Ohrfeige für die Tyrannei der Afrikaanerärsche". In seinem Job als Polizeireporter beim Johannesburger *Star* lernte er später nicht nur die Townships, sondern auch Menschen kennen, die „[ihm] in die Augen sahen und [ihm] sagten, wann [er] den Mund halten sollte". Malan schreibt vom alltäglichen Morden und entdeckt bei seinen monatelangen Recherchen über Bluttaten mehr und mehr, dass auch er „in Wirklichkeit immer einer von ihnen war", einer der Buren, die er so verachtete. 1977 ging er als Wehrdienstverweigerer ins amerikanische Exil, bis er 1985 in das inzwischen weitgehend im erklärten Ausnahmezustand befindliche Südafrika zurückkehrte. Daraufhin veröffentlichte er sein weltweit beachtetes Buch. Mit der ersten freien Wahl 1994, einer neuen Verfassung, einer schwarz-gelb-grün-weiß-rot-blauen Nationalflagge, welche die Gründung der Regenbogennation symbolisieren

sollte, wurden Zukunftshoffnungen bei den Unterdrückten wach. Das weiße Mauerwerk war eingestürzt.

Dennoch existiert bis heute eine Form der Apartheid in den Köpfen.
Dessen werde auch ich mir bewusst, als ich im Johannesburger Hostel das
Buch *Disgrace* („Schande") von John Marie Coetzee lese. Erschienen im
Jahr 1999 geht es auf subtile Art mit der Vergangenheitsbewältigung des
Landes um. *Disgrace* handelt von dem Universitätsprofessor David Lurie
aus Kapstadt, der nach einer Affäre mit einer Studentin suspendiert wird
und zu seiner Tochter Lucy aufs Land in die Provinz Ostkap zieht. David
hegt Zweifel an ihrer Sicherheit, bis beide tatsächlich eines Tages Opfer
eines Überfalls durch eine benachbarte Bande werden. David wird mit
Benzin übergossen und angezündet. Lucy wird sexuell missbraucht. Ihr
Vater sinnt nach Vergeltung, meint er doch zumindest einen der Täter identifizieren zu können. Aber Lucy wehrt sich, überschreibt ihre Farm sogar
dem Nachbarn Petrus und plant in dessen Familie einzutreten. Dabei bestehen Anhaltspunkte dafür, dass Petrus die Täter zu decken versucht, weil sie
seine Verwandten sind. Die Beziehung zwischen Vater und Tochter droht
an dem Vorfall zu zerbrechen. Wie ein Schleier liegen die Fragen von Macht
und Unterwerfung, Vergeltung und Vergebung über Coetzees Geschichte.
Die herbe Handlung, die er seinen Hauptfiguren aufbürdet, weist auf die
Herausforderungen eines Neuanfangs in der südafrikanischen Gesellschaft
hin. Die immer größer werdenden Zweifel seines Protagonisten David,
dem intellektuellen Akademiker, der Lord Byron verehrt, stehen dabei für
die Zerbrechlichkeit dieses Neuanfangs. Es gibt einen weiteren Grund,
warum ich Ihnen von *Disgrace* erzähle. Tatsächlich fiel mir erst auf den
letzten Seiten auf, dass Coetzee in seinem Buch bis auf wenige Ausnahmen
gar nicht mit den Begriffen „schwarz" und „weiß" arbeitet. Man erfährt
zunächst nichts darüber, welche Figur welche Hautfarbe hat. So ertappte
ich mich selbst dabei, dass ich von Anfang an wie selbstverständlich davon ausgegangen war, David und Lucy seien Weiße, Petrus und seine
Verwandten seien Schwarze. Das entsprach zwar der Wahrheit, änderte
jedoch nichts daran, dass Coetzee auch mir mit einem einfachen Trick
einen Spiegel vorgehalten hatte.

Am nächsten Tag lerne ich dann Vanessa in einer Bar in der hip-
pen Fox Street am östlichen Ende von Downtown Johannesburg kennen. Ich habe ihr aus Versehen einen Schluck meines Bieres über die
Schuhe gekippt, was sie glücklicherweise nicht groß stört. Vanessa ist
Mathelehrerin an einer High School in Johannesburg und hat – aus
mir unerklärlichen Gründen – drei Pässe: Einen simbabwischen, einen britischen und einen südafrikanischen. In Simbabwe als Tochter

weißer Farmer geboren, nach Großbritannien ausgewandert und nach Südafrika zurückgekehrt. Wir unterhalten uns angeregt über Land und Leute. Vanessa ist 42. Sie sieht aus wie 30. Mit ihrer quietschigen Stimme, ihrem merkwürdigen Akzent (jedes Wort hört sich an wie „oi" oder „ey") und ihrer fidelen Art wirkt sie auf mich wie 22. Ich erzähle ihr, dass ich Coetzees Buch gelesen habe und frage sie nach dem Miteinander in Südafrika. Man soll bei solchen Bekanntschaften ja nicht gleich politisch werden, aber zum Glück ist Vanessa recht mitteilungsfreudig. „Das Buch ist ja jetzt schon etwas älter, aber es hat wahrscheinlich nichts von seiner Aktualität eingebüßt. Eine Kollegin von mir, die an unserer Schule Englisch unterrichtet, liest es gerade mit ihren Schülern. Es ist wichtig, dass die Kinder solche Werke lesen. Ich wohne jetzt seit 15 Jahren in Jo'burg und mir ist es vollkommen egal, ob jemand schwarz, weiß, grün oder blau ist. Aber manchem Weißen wird nachgesagt, er fürchte um seine Privilegien. Ich sag dir was: Mein Bruder, der ist hier Polizist in Jo'burg und er wird nicht mehr berücksichtigt bei Beförderungen. Die Jobs kriegen jetzt nur noch die Schwarzen. Das sagt er zumindest. Und es regt ihn so sehr auf, dass er mir damit mittlerweile auf die Nerven geht."

Eine Tankstelle in Johannesburg, Südafrika.

Wie bei Coetzee geht es auch heute noch um die Frage von Macht und Machtverlust, um historische Bürde und Vergebung. Würde man alle Südafrikaner einfach grün anmalen, wie es einst Marion Gräfin Dönhoff ironisch forderte, gäbe es vielleicht manche Denkmuster nicht. Viele Weiße werfen der schwarzen Elite vor, sich nun frei zu bedienen. Doch auch von der schwarzen Mittelschicht hagelt es Kritik: Man habe sich von der Lehre Mandelas, die den Respekt vor der Freiheit jedes Anderen proklamiert, aus Eigennutz zu weit entfernt. Die Nachwehen der Apartheid. Sie äußern sich durch permanentes Hineininterpretieren, durch Trugschlüsse, durch Voreingenommenheit – beiderseits. „Und hast du das Gefühl, dass man hier auf einem guten Weg ist? Wächst das Land zusammen oder muss sich noch viel tun?", frage ich Vanessa. Ich bin neugierig, weil um uns herum junge Menschen miteinander feiern, als wäre nie etwas gewesen. „Ich habe weiße und schwarze Freunde. Aber gerade viele meiner weißen Freunde haben nur weiße Freunde. Das gilt jetzt nicht für alle, aber ich stelle es trotzdem fest. Klar, immer wieder denke ich mir: ‚Warum hat die mich jetzt nicht freundlich bedient im Restaurant' und mein Gehirn spielt dann verrückt (‚my mind is playing tricks'). Aber ich ignoriere das dann einfach. Das ist mir zu blöd."

Südafrika ist überall

Denke ich heute an meine Zeit in Südafrika zurück, so kann ich mir zumindest vorstellen, was für ein gesellschaftlicher Kraftakt der Neuanfang für dieses Land sein muss. „Living in a new South Africa is a dream come true" sang nach dem Ende der Apartheid die südafrikanische Band Matshikos. In ihrem Lied ging es um die bevorstehende Verbrüderung und das Ende der Diskriminierung. Meine Reise war indes durch mein Erlebnis im Zug von Johannesburg nach Kapstadt von Anfang an beeinflusst. Der Vorfall war mir so sehr im Gedächtnis geblieben, dass er zu einer intensiven Beschäftigung mit dem Thema Rassismus geführt hat. Was bleibt, ist die Sensibilisierung dafür, dass man ihn in all seinen Erscheinungsformen als solchen erkennt. Das gilt überall, ob in Berlin oder in Johannesburg. Doch ist es leichter gesagt als getan. Wo anfangen? Vielleicht einigt man sich einfach darauf, dass Rassen zwar existieren, aber eben nur Menschen, Klingonen und Vulkanier. So wie im Star-Trek-Universum. Vielleicht vergegenwärtigt man sich auch, dass die europäische Sichtweise auf den afrikanischen Kontinent weiterhin davon geprägt ist, die Geschichte Afrikas in weiten Teilen immer auch als Objekt europäischer Gewalt an den Afrikanern zu betrachten. Wie keine zweite Praktik hat der Kolonialismus die Geschichte der Neuzeit geprägt. So kam das Bild vom ewigen Afrikaner unweigerlich zustande. Dass wir alle vom „Projekt Südafrika" lernen können, zeigt die Einrichtung der dortigen Wahrheitskommissionen zur

Aufarbeitung der Apartheid, auch wenn es eine offizielle Entschuldigung vor dem Parlament durch Präsident de Klerk nie gegeben hat. Ein notwendiger erster Schritt, denn die Apartheid in den Köpfen ist wie eine imaginäre Mauer, die nur langsam fällt. Das Land ist nach dem Tode Nelson Mandelas zusammengerückt. Viele europäische Journalisten hatten sich bereits 2012 die Frage gestellt, was nach diesem Tag passieren werde. Dabei haben sie verkannt, dass in den Großstädten des Landes das Zusammenwachsen schon viel früher begonnen hat. Bartholomäus Grill schrieb bereits 2003, dass gerade die Jugend in den wirtschaftlichen und kulturellen Metropolen dem Rest des Landes mindestens zehn Jahre voraus sei. Das wäre also heute. Die Jugend jammere nicht, sie lamentiere nicht, denn der ewige Kampf interessiere sie nicht. Sie schaue nach vorne. Die Zahl der gemischten Paare nehme zu und in vielen Betrieben und Behörden herrsche ein kooperatives Klima. Sportteams würden bunter und auf dem Feld der Kultur seien die Rassenschranken längst gefallen. Südafrika ist eben überall. Und trotzdem wird man sich in Geduld üben müssen. Grill, der selbst seit Jahrzehnten in Südafrika lebt, fasste es mit den Worten zusammen: „Vielleicht erwarten wir auch einfach viel zu viel von Südafrika. Es soll das letzte und schwerste Erbe der kolonialen Herrschaft abarbeiten. Es soll ein Modell der Versöhnung sein. Ein Labor für das Zusammenleben in den Vielvölkergesellschaften der Zukunft mit beschränkten Mitteln."

Zum Schluss: Der ewige Europäer

Übrigens, kennen Sie schon den ewigen Europäer? Den gibt es in den Augen mancher Afrikaner scheinbar auch. In Tansania teilte mir ein Bekannter einst sein Bild von uns mit: „Der Europäer kommt hierher. Er arbeitet nicht, sondern guckt sich Tiere an. Dann geht er Kaffee trinken und in den Bergen wandern. Und wenn er kein Geld mehr hat, geht er zum Bankautomaten und holt sich neues."

SAMORA BRAUCHT EIN ZUHAUSE

Warum Entwicklungshilfe grundlegend falsch ist

(Irgendwo im Westen im 21. Jahrhundert)

„Iss Dein Brot auf! In Afrika verhungern die Kinder."

(Mama)

Das Wirtschaftsmagazin *brand eins* schrieb kürzlich: „In dem kleinen Dorf Mwandama in Malawi bedeutet Entwicklungshilfe: Kunstdünger, Moskitonetze, Unterstützung bei der Selbstorganisation. Das kostet wenig. Und verändert das Leben der gesamten Gemeinschaft." Die *Aachener Zeitung* berichtete davon, wie im Norden Tansanias Wunderheiler Jagd auf Menschen mit Albinismus machen. Albinoknochen seien auf dem Schwarzmarkt fast 200 US-Dollar wert. In einer Schule, die wesentlich von den Caritasverbänden Aachen und Trier unterstützt wird, fänden sie Aufnahme. Im Fernsehen sah ich einmal eine Dokumentation, in der Kinder gezeigt wurden, die mit abgenutzten Fußbällen auf Schotterplätzen spielten. Irgendein deutscher Kreisligaverein hatte seine alten Bälle ausrangiert und nach Senegal geschickt. Der kanadische Diplomat Stephen Lewis, ein Verfechter der Entwicklungshilfe, sagt: „Ohne Entwicklungshilfe wären Millionen von Menschen an Aids gestorben. Millionen von Kindern wären ohne Entwicklungshilfe nicht geimpft worden. Entwicklungshilfe habe zwölf Millionen Waisen zum Zugang zu Nahrung verholfen. Über 30 Millionen Kinder seien dank Entwicklungshilfe seit 2000 eingeschult worden. Dank Entwicklungshilfe seien Moskitonetze zur Verfügung gestellt und somit die Malaria-Todesraten in Ruanda und Äthiopien innerhalb von zwei Jahren halbiert worden. Entwicklungshilfe dringe bis zur Graswurzel vor und wecke Hoffnung in Communities." Auch ich kaufe hiermit ein E und möchte lösen: ENTWICKLUNGSHILFE. Verzeihung, Entwicklungs„zusammenarbeit" müsste es natürlich heißen. Also nochmal von vorne: Ich kaufe ein E und möchte lösen: ENTWICKLUNGSZUSAMMENARBEIT. Und siehe da, ich habe gewonnen! Heureka!

„Das teuerste Brennholz Afrikas" und andere lustige Geschichten: Über staatliche Entwicklungshilfe

Sorry, hier muss ich die Party leider auch schon abbrechen. Zu früh gefreut. Denn um es gleich klarzustellen, liebe Leser: Entwicklungshilfe bringt nichts. Bevor Sie nun traurig die Köpfe hängen lassen, möchte ich Sie mit folgender Kuriosität aufheitern: Mit Entwicklungshilfe ist es im Grunde genommen so, wie mit F-D-H. Sie ist einfach nicht totzukriegen. Es gibt sie, *obwohl* wir wissen, dass sie nichts bringt. Durch Entwicklungshilfe schaffte kein Land jemals den Aufstieg. Dort, wo der Wohlstand einkehrte, ob Hongkong oder Chile, spielte Entwicklungshilfe keine oder bestenfalls eine Nebenrolle. Der Fairness halber sollte ich aber vielleicht doch kurz erwähnen, was staatliche Entwicklungshilfe in Afrika bislang gebracht hat. Sie werden Bauklötze staunen!

1977 ließ sich Jean-Bédel Bokassa zum Kaiser von Zentralafrika krönen. Die Zeremonie kostete ein Drittel des Staatsbudgets und die gesamte Entwicklungshilfe Frankreichs. Präsident Félix Houphouët-Boigny der Republik Côte d'Ivoire ließ die weltgrößte Kirche, die Basilika Notre-Dame de la Paix, nach dem Vorbild des Petersdoms in Yamoussoukro errichten. Mit rund 30.000 Quadratmetern Grundfläche ist die Basilika abgesehen von der Kuppelhöhe doppelt so hoch, doppelt so lang und doppelt so breit wie ihr Vorbild in Rom. Gesamtbaukosten? 200 Millionen Euro. Houphouët-Boigny ließ sein Konterfei in einem Glasfenster verewigen und neben Jesus aufhängen. Mobutu Sese Seko, Präsident von Zaire (heute: DR Kongo) ließ in seinem Heimatort Gbadolite einen Flughafen für die Concorde bauen, die er regelmäßig mietete, um damit zum Shoppen nach Paris zu fliegen – oh, Champs-Élysées! Es ist nicht bekannt, dass Mobutu steinreiche Eltern, eine geniale Geschäftsidee oder einen Harvard-Abschluss gehabt hätte. Nach Schätzungen von Transparency International hat Mobutu trotzdem bis zum Ende seiner Amtszeit 1997 ein Privatvermögen von rund 5 Milliarden US-Dollar angehäuft. Als die Briten im Jahr 2000 die Entwicklungshilfe für Malawi um 37 Millionen Dollar erhöhten, um den Menschen zu helfen, von denen zwei Drittel mit weniger als einem Dollar täglich auskommen müssen, kaufte die Regierung unter Bakili Muluzi zunächst einmal 39 S-Klasse-Mercedes. Der Staatshaushalt Ruandas speist sich zu 70 % aus Entwicklungshilfe. Man könnte glatt argumentieren, dies mache es der Regierung unter Paul Kagame erst möglich, die restlichen 30 % fürs Militär auszugeben und im Kongo zu zündeln. Weiterhin wurden mit Entwicklungshilfe Silos errichtet, in denen das Getreide verschimmelt – wer konnte auch ahnen, dass es in den Tropen so feucht ist? – und Bahnhöfe in menschenleere Dschungel gebaut. Ein ehemaliger Mitarbeiter der GIZ erzählte mir von Wasserturbinen für ein Kraftwerk in Sambia, die vier Jahre und Millionen von Euro deutscher Steuergelder später das Zeitliche segneten. Eine Freundin von mir, die ebenfalls für die GIZ arbeitete, berichtete mir von dem zweifelhaften Versuch der deutschen Regierung, in Tansania über viele Jahre zur Dezentralisierung der Verwaltung

Katasterämter zur Grundsteuerverwaltung aufzubauen – ein zutiefst deutsches und mit lokalen Verhältnissen kaum kompatibles System. Bartholomäus Grill berichtet von einem von der GTZ – dem noch erfolgloseren Vorgänger der GIZ – in Tansania geförderten Dorf, das für zehn, 15 Jahre blühte. Heute sind davon nur noch verrottete Häuser, versiegte Brunnen, unpassierbare Straßen, im hüfthohen Gras stehende Maschinen und unbestellte Ländereien übrig. Der Diplomat Volker Seitz spricht in seinem Buch *Afrika wird armregiert oder Wie man Afrika wirklich helfen kann* seitenweise von potemkinschen Dörfern und prangert den Missstand an, dass Entwicklungshilfe nur oberflächlich wirke. Auch Thomas Scheen, Korrespondent der *Frankfurter Allgemeinen Zeitung*, wusste 2010 von einer unterhaltsamen Anekdote aus der DR Kongo über das wohl teuerste Brennholz Afrikas zu berichten. Ein Holzhändler hatte Forderungen von 243.000 US-Dollar erhoben, obwohl ein Großteil der von der GTZ bei ihm bestellten Ware nie bei ihr ankam, weil das Brennholz angeblich gestohlen worden sei und obwohl die Transportsicherung seine Sache war. Er verlangte zunächst den vollen Kaufpreis von 47.000 Dollar. Man verglich sich. Kurz darauf erhob der Händler vor Gericht Forderungen in Höhe von 15.000 Dollar, woraufhin ihm der offensichtlich gewinnbeteiligte Richter 150.000 Dollar zusprach. Die GTZ legte Einspruch ein. Der Händler ging abermals zu seinem Richter und forderte einen Kaufpreis für das Holz von 33.800 Dollar, dazu 80.000 Dollar entgangenen Gewinn sowie 190.000 Dollar Schadensersatz samt Zinsen, womit der Streitwert innerhalb von zwei Jahren von 15.000 auf 280.000 Dollar gewachsen war. Wieder bekam er Recht. Die GTZ wurde im Mai 2006 zu einer Zahlung von insgesamt 303.804 Dollar verurteilt. Immerhin erklärte sich die kongolesische Regierung bereit, den Streitwert zu begleichen, um einen Eklat mit der Bundesregierung abzuwenden. Sie überwies dem Geschäftsmann im Oktober 2007 die Hälfte der Summe. Im Mai 2010 ließ dieser die GTZ wissen, dass er nun erst recht auf die andere Hälfte poche – zuzüglich 91.150 Dollar Zinsen. Logo! Er drohte mit der Zwangsvollstreckung des GTZ-Eigentums. Derweil hatte sich die deutsche Botschaft eingeschaltet. Doch der kongolesische Kooperationsminister ließ sie abblitzen. Der Holzhändler teilte der GTZ einen Monat später mit, dass er nunmehr eine pauschale Schadensersatzforderung von 1,5 Millionen Dollar plane. Die Pfändung ihrer Bankkonten konnte die GTZ nur durch die Einrichtung eines Sperrkontos über 248.000 Dollar abwenden, mit dem die Forderungen des Holzhändlers abgesichert sind. In einem zweiten Fall versuchte eine kongolesische Nichtregierungsorganisation ebenfalls ihr Glück. Ihr wurden nach dem Vulkanausbruch in Goma im Februar 2002 rund eine Million Euro zugestanden. Als sich die

Organisation als inkompetent entpuppte, stellte die GTZ ihre Zahlungen ein – und wurde prompt verklagt. Wieder schraubte sich der Streitwert mit Hilfe korrupter Richter in schwindelerregende Höhen, was im Juli 2010 zur Pfändung aller 44 Konten der GTZ im Kongo führte. Angesichts der Zahlungsnöte empfahl ihr Büroleiter in seiner Verzweiflung der Zentrale in Eschborn, Bargeld aus Burundi einzuschmuggeln. Die DR Kongo ist mit 70 Millionen Euro jährlich für die deutsche Entwicklungshilfe ein sogenanntes „Schwerpunktland".[28] (Auch eine interessante Terminologie.)

Es soll ja Leute geben, die behaupten, der Streit um Sinn und Unsinn staatlicher Entwicklungshilfe sei bereits so alt wie Entwicklungshilfe selbst. Dabei versuchte in Deutschland die SPD-Politikerin und Aussteigerin aus dem Entwicklungshilfeministerium, Brigitte Erler, als eine der Ersten auf die Kontraproduktivität von Entwicklungshilfe aufmerksam zu machen: „Überall, wo wir helfen, richten wir Unheil an", sagte sie 1985 gegenüber dem *Spiegel*. Die erste bekannte Streitschrift gegen Entwicklungshilfe stammt von der Kamerunerin Axelle Kabou, die 1991 ihr Buch *Et si l'Afrique refusait le développement?* (frei übersetzt: „Und wenn sich Afrika weigern würde, Hilfe anzunehmen?") veröffentlichte. Darin beklagte sie die Unwilligkeit und Unfähigkeit der Afrikaner, den Kontinent ohne Hilfe des Westens aus eigener Kraft weiterzuentwickeln. In den vergangenen Jahren hat die Widerstandszelle besonders durch die Sambierin Dambisa Moyo Verstärkung erhalten. Moyo, selbst jahrelang Ökonomin bei GoldmanSachs und der Weltbank, veröffentlichte 2009 ihr weltweit beachtetes Buch *Dead Aid: Warum Entwicklungshilfe nicht funktioniert und was Afrika besser machen kann*. Bereits in ihrer Einleitung argumentiert sie: „We live in a culture of aid." Wir leben in einer Kultur, in der diejenigen, denen es besser geht, der Vorstellung verhaftet sind, Alimente an die Armen seien der richtige Weg. Moyo hält fest: Der Anteil der Ärmsten an der Bevölkerung ist zwischen 1970 und 1998 in Afrika von 11 auf 66 % gestiegen. Laut Weltbank ist Subsahara-Afrika zusammengenommen weiterhin die einzige Region der Welt, in der die Armut zwischen 1980 und 2010 stetig zugenommen hat. Ein Drittel der Ärmsten der Welt (die mit 1,25 US-Dollar am Tag auskommen müssen) lebt in Subsahara-Afrika. Die Region erreichte erst 2007 wieder das Einkommensniveau von 1976 (gemessen am Bruttoinlandsprodukt pro Kopf in US-Dollar), so Moyo. Liebe Leser, ich weiß nicht, wie es Ihnen geht, aber ich stelle mir gerade folgende simple Frage: Erwartet man von 50 Jahren und konservativ geschätzten eine Billion US-Dollar westlicher Entwicklungshilfe nicht auch, dass sie etwas bringt? Ich meine ja nur.

Vielleicht fragen Sie sich nun, warum ich Ihnen all dies überhaupt erzähle, wo sich doch angeblich langsam die Erkenntnis durchsetzt, dass Entwicklungshilfe kritisch betrachtet werden muss. Zunächst einmal wollte ich Ihnen die Absurditäten staatlicher Entwicklungshilfepannen nicht vorenthalten. (Ich möchte Sie ja auch unterhalten.) Viel wichtiger ist mir jedoch, dass die ablehnende Haltung zu Entwicklungshilfe in der Tat kein Novum darstellt. Verstehen Sie mich bitte nicht falsch. Es ist gut, dass Profis die Fakten offenlegen. *Dead Aid* und *Afrika wird armregiert* haben einen wichtigen Beitrag zur öffentlichen Debatte über Entwicklungshilfe geleistet und ich teile die Ansichten von Moyo und Seitz. Entwicklungshilfegegner haben aber bislang lediglich den Beweis dafür angetreten, dass Entwicklungshilfe nur wenig bis gar nichts fruchtet, dass sie vor Ort keine Verbesserungen bewirkt, sondern zu Missständen führte.[29] Dabei ist gar nicht entscheidend, ob Entwicklungshilfe wirklich hilft und welche Meinung man in dieser Frage vertritt. Von mir aus können sich Gegner und Befürworter daher auch weiterhin darüber streiten, ob man Entwicklungshilfe „modifiziert" oder beibehält. Es wird nämlich verkannt, dass die Frage dahinstehen kann, da jede Form der Entwicklungshilfe grundlegend falsch ist. Ich möchte Ihnen das zunächst am Beispiel privater Entwicklungshilfe erläutern.

Brot für die Welt – die Wurst bleibt hier: Die Abgründe privater Entwicklungshilfe

In einer 2007 von den Verhaltenspsychologen Deborah Smal, George Loewenstein und Paul Slovic durchgeführten Studie wurden Versuchspersonen für ihre Teilnahme an einem Experiment bezahlt, in dem ihnen dann die Gelegenheit geboten wurde, einen Teil des Geldes der Wohltätigkeitsorganisation Save the Children zukommen zu lassen. Bevor sie einen Beitrag leisteten, wurden der Hälfte der Teilnehmer Statistiken über Millionen von Menschen gezeigt, die in Sambia vor dem Hungertod standen, während die andere Hälfte eine Geschichte über die Notlage eines einzigen sieben Jahre alten Mädchens aus Afrika sah. Diejenigen, denen die Geschichte des Mädchens gezeigt wurde, leisteten einen mehr als doppelt so hohen Beitrag als jene, denen die Statistiken dargeboten wurden.[30]

Das Ergebnis der Studie ist repräsentativ für die kreative Selbstvermarktung der unzähligen privaten oder kirchlichen Organisationen und Initiativen, die Afrika jeden Tag aufs Neue retten wollen. 100 Tote sind eine Statistik. Die tote Kioskfrau Erna Müller aber ist eine Tragödie. Was Boulevardblätter seit Jahrzehnten pflegen, haben auch Wohltätigkeitsorganisationen erkannt. Ihr Credo? Afrika schreit. Afrika weint. Afrika stirbt. Private Entwicklungshilfe kennen wir daher vor allem durch traurige Bushaltestellenplakate oder klaviermusikunterlegte Fernsehspots. Da hätten wir zum einen das kirchliche Hilfswerk Missio, das für seine karitativen Zwecke gerne mit der Ausbildung von Helfern wirbt. Auf zwei Plakaten sind jeweils ein kleiner Junge und die ihn beschützende Nonne zu sehen. Dazu die folgenden Sprüche: „Seine Mutter starb an Aids. Doch er fand neuen Lebensmut." Oder: „Von allen guten Geistern verlassen. Dann kam ein Schutzengel." Bei Misereor lautet es ganz schlicht und ergreifend: „Wir haben den Hunger satt!" Brot für die Welt titelt ganz plakativ: „Den Armen Gerechtigkeit." Mittlerweile ist man dort weg von weißer Charity und backt lieber ofenfrisches Graubrot. Die neuen Logos zeigen nämlich – nein, wie passend – Brote mit Afrikaaufdruck. Die Organisation Oxfam titelte jüngst: „Let's make Africa famous for its epic landscapes, not hunger" („Lasst uns dafür sorgen, dass Afrika wegen seiner atemberaubenden Landschaften berühmt ist, nicht wegen des Hungers.") Dazu gab es eine Landschaftsaufnahme aus dem Südsudan. „Ah ja, Armut und Landschaften. Zu mehr taugen Afrikaner einfach nicht", lästerte hierzu der nigerianische Blogger Ikenna Azuike. Seit ich vermehrt mit Bekannten aus Uganda, Tansania, Ghana oder Nigeria auf Facebook befreundet bin, bekomme ich am rechten Bildschirmrand permanent Anzeigen des SOS-Hilfswerks. „Targeting" nennt man diese Form der personalisierten Werbung. Darin heißt es: „Samora braucht Sie. Er will kein Baumhaus. Er braucht ein Zuhause. Werden Sie jetzt SOS-Pate!" Den Vogel abgeschossen hat jedoch die Organisation Save the Children: Ein Moll-Akkord auf dem Klavier. Wir sehen kleine schwarze Kinder, abgemagert, mit dünnen Ärmchen, auf Decken liegend, mit Pflastern am Kopf, ungewaschen und mit leerem Gesichtsausdruck. Bilder der Aussichtslosigkeit. Dazu eine langsame, besorgte Männerstimme:

„Ein kleines Mädchen. 19 Monate alt. Hunger bedroht Firadaoussis Leben. Erschreckende Bilder. Doch für viele Kinder sind Armut und Hunger trauriger Alltag. Kinder wie Firadaoussi brauchen unsere Hilfe. Sorgen Sie dafür, dass hungernde Kinder zu essen bekommen. Tag für Tag. Rufen Sie uns an und spenden Sie 5 Euro im Monat. Kein Kind sollte hungern müssen. Doch die Realität sieht anders aus. Hungernde Kinder brauchen Ihre Hilfe, um zu überleben. Save the Children weiß, was zu tun ist. Seit 90 Jahren kümmern wir uns um Kinder in Not. Doch wir brauchen Ihre Unterstützung, um handeln zu können. Nehmen Sie heute das Schicksal dieser Kinder in Ihre Hand. Sorgen Sie dafür, dass hungernde Kinder mit Nahrung und lebenswichtigen Medikamenten versorgt werden. Ihre 5 Euro im Monat können Leben retten. Schenken Sie Hoffnung mit Ihrer Spende. Rufen Sie an." (In dem Moment fangen Mutter und Kind dann auch wieder an zu lachen.) Das ist Hardcore-Wohltätigkeitsterror. Und am besten gleich noch ein zweites Mal nach der Lenorwerbung.[31]

Eine neue Dimension privater Entwicklungshilfe: Kony 2012

Eine neue Dimension erreichte private Entwicklungshilfe jüngst mit der Aktion „Kony 2012 – Invisible Children". Weil der Rebellenführer Joseph Kony im Norden Ugandas mit seiner Lord's Resistance Army (LRA) Kindersoldaten rekrutierte und die Zivilbevölkerung terrorisierte, wollte ein Mann namens Jason Russell aus Kalifornien dem Spuk ein Ende bereiten.[32] Denn Kindersoldaten werden in Uniformen gesteckt, lernen schießen und kämpfen, bevor sie ordentlich lesen und schreiben können. Sie werden von Bewegungen eingesackt, die ihren Eltern versprechen, für eine angemessene Ausbildung zu sorgen. Tatsächlich trifft dies nie ein. Sie müssen an die Front, dienen als Boten, Sexsklavinnen oder säubern Minenfelder. Von der Kinderarmee Joseph Konys, der seit 2005 mit internationalem Haftbefehl gesucht wird, heißt es, Deserteuren drohe gar der Tod durch die eigenen Kindersoldatenkollegen. Zudem sollen sie gezwungen worden sein, ihre eigenen Eltern zu erschießen. 90 % der LRA waren Jugendliche zwischen 13 und 16 Jahren. Joseph Kony ist für Den Haag „the world's most wanted". Also startete Russell über das Internet einen weltweiten Aufruf zu seiner Festnahme. Was laut Russells Organisation Invisible Children als Experiment begann, wurde innerhalb weniger Wochen aufgrund eines genialen Videos auf YouTube zu einer viralen Kampagne. Über drei Millionen Facebook-Mitgliedern gefällt Kony 2012. Das zentrale Kampagnenvideo wurde auf YouTube in den wenigen Tagen nach seiner Veröffentlichung mehr als 50 Millionen Mal angesehen. Bis heute gab es 99 Millionen Klicks. Der Film handelt von Jason, seinem putzigen Sohnemann Gavin und davon, wie sie sich beide auf pathetische Weise mit Jacob aus Uganda solidarisieren. Jacob ist ein ehemaliger Kindersoldat. In dem Video weint Jacob um seinen toten Bruder und um sich selbst. „Ich möchte sterben", sagt er. Man erfährt von dem Leid, dass er und die anderen Kinder erfahren mussten. Zum Schluss ist Jason Russells entschlossene Stimme zu vernehmen. Er gibt Jacob sein Versprechen: „Wir werden sie stoppen." So weit, so gut. Was daraufhin folgt, sind zuckersüße Vater-Sohn-Aufnahmen – wir erfahren hier, dass Gavin gerne auf dem Trampolin springt und sich als Ninja verkleidet! – und die Geschichte, wie Jason Russell Jacob vor zehn Jahren in Uganda kennenlernte. Richtig, vor zehn Jahren. (Das wird noch wichtig.) Jacob berichtet, wie er mitgenommen wurde, wie sie seinem Bruder den Hals durchschnitten. Ein bitterlich weinender Junge, der gerne Anwalt werden möchte, aber noch nicht einmal zur Schule gehen kann. Es ist tragisch, keine Frage. Aber es ist auch manipulativ. Unser Mitgefühl, unsere Barmherzigkeit und Hilfsbereitschaft werden geweckt. Daraufhin sieht man in einer neuen Einblendung junge Menschen. Es wird plakatiert, Operationspläne werden ausgerollt, es wird „geliked", es wird „getweetet", es wird gespendet und es werden Arme in die Luft gestreckt. Und all das zur Musik von The Naked and Famous. Perfektes Marketing – besser geht's nicht. Der Film dokumentiert einen unglaublichen Organisationseifer. „We've seen these kids. We've heard their cries. This war must end. We will not stop. We will not fear. We will fight war!", ruft der Chor. Dass Barack Obama Truppen zur Unterstützung in die Region schickt, wird als größter Erfolg gefeiert. Eine Aufnahme zeigt diese Truppen und das sternenbesetzte Banner im Vordergrund – ugandische Truppen am Seitenrand und im Hintergrund. Eine weitere Aufnahme zeigt einen amerikanischen Soldaten, wie er seinen ugandischen Kollegen etwas erklärt. Die Botschaft: „Nur mit unserer Hilfe schnappt ihr Kony." … Und dann wird Adolf Hitler eingeblendet. (Der hat ja gerade noch gefehlt.)

Eines hat die Kampagne mit Sicherheit geschafft: Die Welt weiß nun um Joseph Kony, was man nur begrüßen kann. Was all das mit Entwicklungshilfe zu tun hat? Kony 2012 ist Intervention durch Gutmenschentum. Komm und hilf! Bitte sei so gut! Das Versprechen, das Russell seinem Freund Jacob gegeben hat, betrifft nämlich nicht nur die beiden, sondern alle Zuschauer aus aller Herren Länder vor ihren Smartphones, Laptops und Tablets. Ein geschickter Schachzug. Komm und hilf! Bitte sei so gut! Doch schnell, schnell! Die Kampagne läuft Ende 2012 aus! Tatsache. Ein Verkaufstrick wie im Teleshop. Es ist eine Tragödie, dass über Konys Kindersoldaten niemand so richtig Bescheid wusste. Tausende Kindersoldaten und Zivilisten fielen ihm zum Opfer. Die Macher von Kony 2012 wussten die Mechanismen der Aufmerksamkeitsökonomie perfekt zu nutzen. Aber die Tauglichkeit der Strategie gerät dadurch in den Hintergrund. Es scheint gar, als sei der Kampagne nichts heilig außer ihrer eigenen grobschlächtigen Interessen. Der sprichwörtliche Elefant im Porzellanladen. Berücksichtigung lokaler und sozialer Gegebenheiten, regional-politischer Umstände oder historische Differenzierungen? Fehlanzeige. Das Video suggeriert, man könne dem Problem der andauernden Gewalt durch Kony und seine Schergen, dem Problem der Perspektivlosigkeit der (Ex-)Kindersoldaten nur begegnen und die ihnen zu wünschende Wiedervereinigung mit ihren Familien nur erreichen, wenn man Joseph Kony fasst. Falsch!

Russells Aufnahmen sind über zehn Jahre alt. Der Bürgerkrieg in Uganda ist längst vorbei. Es gibt dort keine Flüchtlingslager mehr. Die Menschen im Norden gehen ihren ganz alltäglichen Tätigkeiten nach. Das wahre Problem besteht in einem finanziell und strukturell unzureichend ausgestatteten Bildungs- und Gesundheitssystem, wie der ugandische Journalist Angelo Opi-Aiya Izama auf seiner Homepage schrieb. Immerhin hat Invisible Children auch einige Schulen gebaut. Leider heiligt der Zweck in diesem Fall nicht die Mittel – auch nicht das Kony 2012 Action Kit, ein Paket, das Sie auf shop.invisiblechildren.com käuflich erwerben können – mit Kony-2012-Aufklebern, Kony-2012-Ansteckern, Kony-2012-Kugelschreibern und wahrscheinlich auch Kony-2012-Kondomen.

Moment, um wen geht es hier eigentlich?

„Es gibt nichts Gutes, außer man tut es." Dieses Zitat des Schriftstellers Erich Kästner ist wahrscheinlich das einschlägigste in der Hilfscommunity – staatliche Entwicklungshilfe ausdrücklich einbezogen. Tatsächlich suggerieren Wohltätigkeitsorganisationen, ihre Hilfe sei wichtig und ihre Helfer wüssten es besser. So gehen Jahr für Jahr Tausende „nach Afrika", um dort ihr Entwicklungshelfersyndrom abzuarbeiten. „Da kann man etwas Gutes tun." Denkste! Das Fernsehmagazin *Panorama* berichtete von Lisa aus Leipzig, einer Abiturientin, die einen sinnlosen Sozialquickie in Ghana veranstaltete und desillusioniert feststellen musste, dass sie gar nicht gebraucht wurde. Die ghanaische Lehrerin gab auch dem Fernsehteam zu verstehen, dass man nicht auf Lisa gewartet habe. Ähnlich ging es der US-Amerikanerin Eve Brown-Waite, der das eigene Helfersyndrom gar zu Kopf gestiegen ist. Sie schrieb 2009 in ihrem Buch *First comes Love, then comes Malaria* von ihren Expat-Erfahrungen in Uganda. Sie war für die Organisation CARE unterwegs, fand jedoch zunächst keinen Job. Das heißt, sie war auf Spendengeldern bereits nach Uganda gereist, lebte dort und hatte nichts zu tun. Selbst bei der UNO, wo sie sich bewarb, bekam sie nichts, denn – nein, wie blöd aber auch – das waren ja zwei unterschiedliche Systeme. So wurde nichts aus dem Vorsatz, „sich mit den ganz großen Playern der Entwicklungshilfe zu vernetzen." Stattdessen versuchte sie sich auf eigene Faust in der Aufklärung von HIV/Aids und erkrankte dabei an Malaria. Neben Äußerungen wie „meine Haushälterin stank" und dass sie ihr kleines Matschdorf ja am Ende doch irgendwie lieb gewonnen habe, vergleicht sie sich ständig mit den anderen Entwicklungshelfern, zu denen sie aufschaut, die sie beneidet, weil sie Fufu essen, Henna-Tattoos an ihren Füßen tragen und Jetsetter sind. Auch bei Kony 2012 sollte aus unsichtbar

sichtbar werden. Der Name der Kampagne war zugleich auch ihr Programm: Invisible Children. Doch bezieht sich das wirklich auf ugandische Kinder? Sichtbar wird stattdessen, wie sich die Facebook-Jugend gegenseitig auf die Schulter klopft. Stellenweise vergisst man, um wen es wirklich geht. Die Bewegung natürlich – sie kam, sah und half. 2005 waren es Bob Geldof und Madonna, die beim Live-8-Konzert eine junge Frau zu den Klängen von *Like a Prayer* auf die Bühne holten und verkündeten: „Entwicklungshilfe funktioniert! Dank Eurer Hilfe konnten wir dieser jungen Frau eine Zukunft geben!" Das Publikum war kaum zu bändigen. Der Messias Afrikas hatte zu ihnen gesprochen. Auch sein Kumpel Bono von der Rockband U2 stellte sich auf die Bühne und wurde tiefschürfend, als er vom Elend in der Dritten Welt kündete: „Dies ist unser Moment. Dies ist unsere Chance, dafür einzustehen, was richtig ist. Wir wollen keine Charity – wir wollen Gerechtigkeit! Wir können nicht jedes Problem lösen. Aber die, die wir lösen können, müssen wir lösen. 3000 Afrikaner, vorwiegend Kinder, sterben jeden Tag an Moskitostichen. Wir können das ändern. 9000 Menschen sterben jeden Tag an einer behandelbaren Krankheit wie Aids. Wir haben die Medikamente. Wir können ihnen helfen. Schmutziges Wasser? Wir können Brunnen bauen. Helft und schließt Euch an!" Wir. Helfen. Afrika. Amen.

Komm und hilf! Bitte sei so gut! Wer ist schon bereit, das aufzugeben? Aber keine Sorge! Save the Children weiß, was zu tun ist. Schwarz muss das Opfer sein. Kinder wecken ebenso gut Reminiszenzen an jene historischen Schreckensbilder, die jedem im Kopf sitzen. Ähnlich verhält es sich alle Jahre wieder im Dezember auf einer der zahlreichen Spendengalas – der Synthese von kaltem Buffet und menschlicher Wärme. Früher trafen sich die höheren Stände bei Hofe, beim Opernball oder bei der Jagd zu Pferde. In der Vorweihnachtszeit verstopfen Charity-Events die Festsäle der Großstädte. Zwischen Bussi Bussi und Happi Happi schaut man betroffen drein, spricht ein paar warme Worte über den Hunger in der Dritten Welt und spendet sich bis zur Besinnungslosigkeit. 2013 waren es 4,7 Milliarden Euro[33], von denen geschätzte 25 % regelmäßig nach Afrika gehen – Gelder zur Bekämpfung von HIV/Aids noch nicht mit einberechnet. Da frohlocken die armen Afrikaner in der Dritten Welt. Entwicklungshilfe hat eine Sichtweise zementiert, die dem Betrachter ganz Afrika als hilfsbedürftigen Ort suggeriert. Dabei existiert alles Bedrohliche nur auf Plakaten, im Fernsehen, auf Spendenseiten im Internet. Es gibt keine Verwandtschaft zwischen dem Betrachter und Afrika. Der Betrachter selbst bleibt unantastbar. Lieber spendet er zehn Euro. Denn Helfenkönnen und Anteilnahme sind zutiefst menschliche Reaktionen. Doch durch Entwicklungshilfe ist

Helfenkönnen zu einem Moment der eindeutigen Überlegenheit pervertiert worden, einem Gefühl der Gottgleichheit, das man sich für seine uneigennützige Hilfe beschert. Bei Bono und Kollegen meint man gar, sie wollten sich auf den Bühnen dieser Welt einen kleinen Orgasmus schenken. Immerhin treten andere Helfer, wie der BAP-Sänger und Gründer der Organisation „Gemeinsam für Afrika", Wolfgang Niedecken, etwas bescheidener auf: „Das ist das Mindeste, was man tun kann. Ich bin ja kein Afrika-Experte, aber ich habe Kinder und ich sehe in den Augen meiner Kinder die Kleinen dort, denen es schlecht geht. Wenn ich in meiner Rolle als Botschafter helfen kann, diese Aktion zu unterstützen, mach ich das einfach." Selbst solche Bescheidenheit vermag jedoch nichts an dem Grundproblem zu ändern: Seine Organisation setzt sich nach eigenem Selbstverständnis „für bessere Lebensbedingungen in Afrika ein" und ist mittlerweile zu einem überwältigenden Bündnis aus 24 Hilfsorganisationen und gefühlten zehn Mal so vielen Promis mutiert, von Anne Will bis Stefanie Hertel. Afrika kann sich vor so vielen Schutzengeln gar nicht mehr retten. Da frohlocken die armen Afrikaner in der Dritten Welt.

Ach ja, die gute alte Dritte Welt. Sie ist im deutschen Sprachgebrauch zum moralischen Zuckerguss geworden. Sie ist der mit Abstand mythenreichste Ort auf dem Gesinnungsglobus – glauben Sie mir, Bethlehem und Mekka sind nichts dagegen. Die Dritte Welt kam einst zu ihrem Namen, weil sie nicht zur ersten und nicht zur zweiten gehören durfte. Aber hätte die Dritte Welt nicht eigentlich seit 1990 eine Stelle aufrücken müssen, weil damals die zweite zu Grabe getragen wurde? Und hat Botsuana nicht ein höheres Pro-Kopf-Durchschnittseinkommen als Serbien? War es nicht Spanien, das eine Jugendarbeitslosenquote von 55 % hat? Haben wir eine erste Welt in Afrika oder eine dritte Welt in Europa? Egal. Die Rangordnung wird schön beibehalten, damit es uns auch weiterhin besser geht, damit wir auch weiterhin einen Grund haben zu helfen und auch weiterhin am Leiden Afrikas gesunden können. Entwicklungshilfe ist grundlegend falsch, weil sie eine klare Hierarchie zwischen uns und Afrika manifestiert. Wir die Lehrenden, sie die Lernenden. Wir die Helfenden, sie die Hilfsbedürftigen. Wir hier oben, sie dort unten.

Nicht anders verhält es sich mit staatlicher Entwicklungshilfe. Im Entwicklungshilfeministerium (BMZ) wurden die ehemaligen „Quasi-Subunternehmen", darunter die GTZ, zu einer großen Gesellschaft für Internationale Zusammenarbeit (GIZ) zusammengelegt. Die GIZ kennen Sie vielleicht von großen, rechteckigen, weiß unterlegten, vor unerkenntliche Baustellen in den Boden gerammten Schildern aus dem Ausland, die Heimatgefühle in uns wecken. Mit der Reform werde Entwicklungshilfe

„modifiziert". Es gibt nun „konsequente Effizienzprüfungen" sowie eine sorgfältige, transparente und nachvollziehbare Auswahl der Empfänger-länder. (Man muss sich schon fragen, was die da in den letzten 50 Jahren gemacht haben.) Diese „Modifizierungen" haben bislang vor allem eins gebracht: Tolle Wortschöpfungen, wie „Nachhaltigkeitsüberprüfung" etwa oder „Entwicklungshilfe aus einem Guss" oder – die coolste Trendvokabel in der Entwicklungshilfe – „Hilfe zur Selbsthilfe". Zwar wird der ehemals zuständige Entwicklungshilfeminister Dirk Niebel parteiübergreifend für seine Reformen im BMZ gelobt. Dass die FDP das Ministerium 2009 noch abschaffen wollte, wird man jedoch so schnell nicht mehr vergessen. Irgendwie war es ja auch der Treppenwitz des Jahres. BMZ und GIZ ver-markten sich zwar nicht ansatzweise so offensiv, wie Save the Children & Co.. Doch Begriffe wie „Entwicklungszusammenarbeit" oder „Hilfe zur Selbsthilfe" sind in Wahrheit Euphemismen. Hinter ihnen versteckt sich ebenfalls die durch westliche Geberpolitik manifestierte Hierarchie zwi-schen „uns hier oben und denen dort unten". Dirk Niebels Nachfolger Gerd Müller von der CSU glänzte in seiner Antrittsrede im Januar 2014 entsprechend mit Äußerungen wie „Afrika kann sich selber ernähren", als handele es sich dabei um ein grenzdebiles Kind, das man behutsam umsor-gen müsse. Vielmehr noch: Nur, wenn es einen Wissenstransfer gibt – denn „wir haben das Wissen, das Können" – dann sei „Afrika selber imstande, sich zu ernähren." Man muss schon staunen über so viel Arroganz. „Ein Ende der Armut und des Hungers, von Krankheit und Seuchen ist mög-lich." Deshalb arbeite man auch gerade „an einem neuen entwicklungs-politischen Afrika-Konzept".[34] Minister Müller dringt in Galaxien vor, die er nie zuvor gesehen hat. Seine Sätze sind im Wesentlichen wie folgt zu ver-stehen: „Wir zeigen denen, wie es richtig geht. Denn ohne uns kriegen die es eh nicht hin." Das ist Neokolonialismus in seiner reinsten Form – ohne dass es jemand merkt.

Ein sonderbares Erlebnis

Auf einer Busfahrt in Ruanda zwischen Rubavo und Gisenyi im Mai 2013 habe ich eine im wahrsten Sinne des Wortes merkwürdige Begegnung. Ne-ben mir sitzt ein junger Mann, Mitte 20, der nach eigenen Angaben beim ruandischen Geheimdienst arbeitet. Er heißt Emmanuel, trägt ein gestreif-tes Hemd und Jeans. Ich stutze, als er mir mitteilt, dass beide seiner Eltern während des Völkermordes umkamen und er deshalb für sich beschlos-sen hat, hart zu arbeiten. Das sagt er mir ganz nebenbei. Ich höre seiner Geschichte zu, bis er mich plötzlich aus heiterem Himmel fragt: „George, is there poverty in Germany?" Ob es in Deutschland Armut gibt. Ich schaue ihn an wie ein Auto, weil ich einfach nicht weiß, wie ich auf diese Frage antworten soll.

Wie viel Armut ich in Afrika gesehen hätte, wurde ich in den vergangenen Jahren immer wieder gefragt. Denn das Klischee von bettelarmen Leuten ist das wohl hartnäckigste Vorurteil, das den gesamten Kontinent umrankt. Das Interesse daran, zu wissen, wie viel die Menschen tatsächlich haben oder eben nicht haben, war ungebrochen. Armut ist ein heikles Thema und man begibt sich damit schnell in Teufels Küche. Warum? Weil es anmaßend ist, die Lebensumstände der weniger Privilegierten zu beurteilen. Es ist eines der wenigen noch existierenden Tabus in unserer Gesellschaft. (Neben Sex mit Tieren vielleicht.) So orientieren wir uns an Einkommenszahlen pro Kopf, am Human Development Index, am Bruttoinlandsprodukt, an Arbeitslosenzahlen und so weiter und so fort. Kurzum: An statistischen Daten, Erhebungen und deren tabellarischer oder grafischer Aufbereitung. Wir reduzieren Norwegen auf „das reichste Land der Welt". Die Antithese zu Norwegen ist Äthiopien. So mancher Fernsehbericht beginnt mit: „Das ist Samuel aus Äthiopien. Äthiopien ist eines der ärmsten Länder der Welt." Mittlerweile ist das „Schema F" bei allen Fernsehbeiträgen im Tagesschauformat. Wenn es nicht Äthiopien ist, ist es halt Benin, dann mal wieder Burkina Faso, dann Sierra Leone, dann Tansania. Es hat schon fast etwas Putzig-Unbeholfenes, dass Journalisten nichts Besseres einfällt. Einkommen als definierende Charaktereigenschaft. Die damit verknüpfte Assoziation? Du schlimme, böse Welt! Und damit hat sich die Sache? Wirklich, das war es schon? Wir ziehen damit einen Schlussstrich und ärgern uns über die Ungerechtigkeit in dieser Welt? Hier beginne ich regelmäßig stutzig zu werden. Wir helfen denjenigen, die in unseren Augen hilfsbedürftig sind. Und wer ist besonders hilfsbedürftig? Diejenigen, die viel weniger haben als wir. So zunächst die logische Herleitung. Doch auch die muss man auf einen Nenner herunterbrechen, denn gemeinsam haben Sie und ich wohl immer noch viel weniger als, sagen wir, Bill Gates. Und der Gute käme trotzdem nicht auf die Idee, uns einen Scheck auszustellen. Aus diesem Grund orientieren wir uns an den Armen – ihre Not ist der Nenner. Was in dieser Herleitung problematisch ist? Armut ist die Wunderwaffe im Kampf um politischen Einfluss. Wer die Begriffsbestimmung von Armut vorgibt, erobert ein weites moralisches Terrain. Schutzherren der Armut sind die Sozialverbände und Sozialbehörden, deren Existenzgrundlage sie ist. Armut ist jedoch Definitionssache. Die Weltbank definiert Menschen als absolut arm, wenn sie 1,25 US-Dollar am Tag oder weniger (in lokaler Kaufkraft) für die Befriedigung von Lebensbedürfnissen zur Verfügung haben. Diese

Definition würde auf einen Schlag alle Europäer für reich erklären – ein Desaster für hiesige Sozialpolitiker. Nach Definition der Weltgesundheitsorganisation (WHO) ist arm, wer monatlich weniger als die Hälfte des durchschnittlichen Haushaltsnettoeinkommens seines Landes zur Verfügung hat. In den WHO-Mitgliedsländern wird als arm bezeichnet, wer über weniger als 60 % dieses Durchschnittseinkommens verfügt. Man nennt dies relative Armut. Doch ist es mit der Armut nicht so wie mit der einzigen Linse, die man von Afrika hat? In Wahrheit erlaubt uns diese Linse, dass wir uns überlegen fühlen, denn wir „haben mehr". Lässt man die Tiere in den Nationalparks weg, offenbart sich Afrika als das blanke Grauen. Das Tückische ist, dass wir unbewusst eine geistige Überlegenheit entwickeln. Sie wird besonders dort deutlich, wo wir sie am wenigsten vermuten, nämlich an unserem permanenten Drang, Afrika unbedingt helfen zu müssen. Mir fallen die Worte von meiner ugandischen Freundin Sheilah zu Beginn wieder ein: „Ist das so eine Art der Sympathiebekundung?" Es ist tatsächlich mehr als das: Diese permanente Reduzierung ist Teil des Ungleichgewichts, des Über-Unterordnungsverhältnisses zwischen Europa und Afrika. Es ist Teil von erster Welt und Dritter Welt. Es ist die Psychologie, der sich Save the Children und Misereor bedienen. Es ist der Stoff, aus dem Kony 2012 und Live 8 gemacht sind. Es ist in Wahrheit unsere eigene kostenlose Therapiestunde. Die Ablenkung von eigenen Themen. Das Gesunden am Leid des anderen.

Der 1,25-Dollar-Mensch

Bevor Sie jetzt wütend auf mich sind, sich fragen „was erlauben Kleis... ?" oder „der weiß doch gar nicht, wovon ..." und das Buch wegschmeißen: Ich weiß, dass man mit 1,25 Dollar am Tag nicht viel anfangen kann. Und nein, ich musste auch noch nie von 1,25 Dollar am Tag leben, um es den ganz Empörten unter Ihnen gleich zu sagen. Und ja, ich bin sehr wohlbehütet aufgewachsen, lebe gut situiert und bin sehr dankbar dafür. Aber ich habe auch nicht gesagt, dass 1,25 Dollar am Tag kein Problem darstellen oder dass sie in afrikanischen Ländern sowieso viel mehr wert sind. (Das stimmt ohnehin nicht. Im kongolesischen Lubumbashi etwa kostet eine Pizza 20 US-Dollar. Die angolanische Hauptstadt Luanda zählt zu den teuersten Städten der Welt.) Das Ziel afrikanischer Regierungen muss weiterhin sein, denjenigen, die weniger haben, ein höheres Einkommen zu ermöglichen. Doch was hat es mit unserer Reduzierung des Einzelnen auf den 1,25-Dollar-Menschen, der Reduzierung des Kollektivs auf das 1,25-Dollar-Volk auf sich? Tatsächlich ist die 1,25-Dollar Linse eindimensional und kurzsichtig. Sie wird dem Leben der Menschen nicht gerecht, die dieses Einkommen haben, weil sie die Realität verkennt: Acht von zehn Menschen in Subsahara-Afrika sind Subsistenzfarmer.[35] Das heißt, sie leben von dem, was sie für sich und ihre Familien ernten. Einige halten Tiere. Der Überschuss wird auf dem Markt verkauft. Vereinfacht ausgedrückt: Die große Mehrheit lebt autark, was dazu führt, dass die Menschen einem informellen Wirtschaftskreislauf angehören, in dem es keine feste Anstellung, keine Bankkonten, keine Bausparverträge, keine Steuererklärungen, keine Einkommensnachweise, keine Versicherungsnummern und dergleichen gibt. Manche bezeichnen dies auch als Parallelwirtschaft oder Schattenwirtschaft. Man zahlt mit Geld, tauscht, handelt, verkauft seine Waren und kann sich davon Dinge leisten – sei es das Handyguthaben aufzuladen oder den Bustransport ins nächste Dorf. Alle Mitglieder von Familien, von der Schwester bis hin zum Onkel fünften Grades, unterstützen sich gegenseitig. Mal erhält man Geld, mal etwas zu essen, mal Waren zum Verkauf. Manchmal wird Material umgewidmet und wiederverwendet. Ideenreichtum und Kreativität führen zu vielfältigen Betätigungsfeldern. Mal ist man auf dem Markt, mal ist man auf dem Feld, dann hilft man jemandem, danach tut man wieder etwas ganz anderes. So gibt es in den Dörfern eine Grundsicherung. Aufnahmen von abgemagerten Menschen oder Kindern mit Wasserbäuchen stammen höchstens aus Flüchtlingslagern[36] und haben mit diesem Alltag nichts zu tun. Das heißt nicht, dass alle Menschen permanent Essen zur Verfügung hätten. Subsistenzbauern können meist nur einen halben Hektar Land bearbeiten. Ist die Ernte schlecht, dann bekommen sie das als erste zu spüren. Doch grundsätzlich ist das Problem der Nahrungsversorgung kein quantitatives, sondern ein qualitatives. Es ist also nicht die fehlende Menge, sondern die fehlende Vielfalt. Allein mit kohlehydrathaltigen Kochbananen, Cassava, Reis, Bohnen oder Nüssen erreicht man nicht die notwendige Ausgewogenheit. Ärzte ohne Grenzen machten daher 2010 ihrem Unmut darüber Luft, dass sich von den ohnehin bereits unerträglichen Massen an Nahrungshilfelieferungen nur 1,7 % auf die Vielfalt, also beispielsweise protein- und vitaminhaltige Ernährung, konzentrierten.

Während sich all dies in einem informellen Kreislauf ohne jegliche staatliche Ordnung, Verfolgbarkeit oder statistische Erhebung abspielt, entstammt der Maßstab von 1,25 Dollar unserem Denken, das geprägt ist von einem formellen Wirtschaftskreislauf, einem System bestehend aus Währungseinheiten, Inflationsraten, Mindestlöhnen, Guthaben, Abgaben und Steuern, die statistisch erhoben werden, um unseren Fortschritt zu messen und Anpassungen vorzunehmen. Ich verteufele den

Maßstab von 1,25 Dollar nicht an sich, da er zeigt, dass der Aufholbedarf immer noch riesengroß ist. Im Übrigen ermöglicht er bestimmte Messungen, seien es die Adäquanz von Reformbemühungen oder gesellschaftliche Teilhabe im Allgemeinen. Man muss kein Telepath sein, um zu wissen, dass sich diejenigen mit bloß 1,25 Dollar am Tag mehr Geld wünschen. Doch ist es eine westliche Eigenart, Glück in vornehmlich geldwerten Dimensionen zu betrachten. Durch die 1,25-Dollar-Linse wird „der arme Afrikaner" zu einem Menschen zweiter Klasse, weil man sich einfach beim besten Willen nicht vorstellen kann, wie man mit 1,25 Dollar auch nur ansatzweise ein glückliches Leben führen kann. Ich kann Ihnen auch nicht sagen, was in den Köpfen der Menschen vor sich ging, wenn ich sie auf meinen Reisen habe witzeln, lachen, in die Röhre gucken, streiten oder gähnen sehen. Freut sie sich? Ist er traurig? Ist sie depressiv? Ist er krank? Ist sie hungrig, satt, glücklich? Dennoch wird menschliches Wohlbefinden auf eine Währungseinheit und eine davorstehende Zahl reduziert. 1,25 Dollar werden zur messerscharfen Grenze zwischen Glück und Leid. Zwischen Wohlstand und Wohlbefinden wird nicht unterschieden. Vermag denn „1,25 Dollar" eine Auskunft über die individuellen Ziele jedes Einzelnen, das Streben nach Glück, den Wunsch nach Geborgenheit zu erteilen?

Eine Runde Mitleid

Der World Happiness Report, der im Rahmen der Vereinten Nationen stattfand und 2012 vorgestellt wurde, geht vom einzelnen Menschen aus, um auf „Glück" oder „Leid" zu schließen. Er unterscheidet dabei zwischen externen (Einkommen, Arbeit, Gemeinschaftsgefühl, Regierungsführung, Werte, Religion) sowie internen Faktoren (Gesundheit, Familiensituation, Bildungsgrad, Geschlecht, Alter). Demnach leben die „unglücklichsten" Menschen tatsächlich in folgenden afrikanischen Ländern: in Togo, Benin, in der Zentralafrikanischen Republik, Sierra Leone, Burundi, den Komoren, Tansania und der Republik Kongo. Doch offenbarte der Bericht auch, dass ein Job mehr als das Einkommen zur Zufriedenheit der Menschen beiträgt. Auch persönlicher Altruismus und gesellschaftliche Egalität machen glücklich. Es sind nicht primär Reichtum, sondern politische Freiheit, starke soziale Netzwerke und die Abwesenheit von Korruption. Auch hier gilt: Afrika ist nicht gleich Afrika. Die Menschen in Mauritius sind in Afrika die glücklichsten (Platz 64), gefolgt von Südafrika (Platz 90) und Namibia (97), Nigeria (100), Ghana (108), Sambia (109), Mosambik (110), Malawi (114) und Botsuana (117). Natürlich habe ich Ihnen die Positivbeispiele aufgezählt und natürlich lässt der afrikanische Durchschnitt zu wünschen übrig. Aber wie gut, dass Afrika kein Land ist, nicht wahr? Im Übrigen landete das EU-Mitglied Bulgarien auf Platz 147, zwischen dem Tschad und der Republik Kongo.[37] Also eine Runde Mitleid für Bulgarien, bitte!

Man muss sich stets vor Augen führen, dass es sich um Durchschnittswerte ganzer Länder mit eigenen historischen, politischen, wirtschaftlichen und soziokulturellen Gegebenheiten handelt. Die Maßstäbe zur Messung von Glück werden sich ebenfalls verändern. Forschungen zeigen, dass etwa 50 % unseres gesamten Glücksgefühls genetisch determiniert sind und sich daher nicht ändern lassen. Die bessere Nachricht ist, dass weitere 10 % von allgemeinen Umständen abhängen (Bildungsniveau, Einkommen oder Partnerschaftsstatus). Die beste Nachricht ist, dass die verbleibenden 40 % sich von unserem Alltagsverhalten herleiten und der Art und Weise, wie wir über uns selbst und andere denken.[38]

Mein schlechtes Gewissen

Das Gespräch mit Emmanuel führte dazu, dass auch ich mir den Kopf zermarterte über ein heikles Thema – weit hinaus über das von mir in Augenschein Genommene der vergangenen Jahre. Wie die Geschichte ausgeht? Der Bus ruckelt einen Berg hoch und ich schaue an Emmanuel vorbei aus dem Fenster. Seine Frage, ob es in Deutschland Armut gibt, hat fast schon etwas Philosophisches. Ich gehe in Gedanken meine Antwortmöglichkeiten durch: *A) Ja, aber nicht so viel wie in Ruanda. B) Nein, verglichen mit Ruanda sind wir alle ein Volk der Superreichen, die Penner am Kotti mit eingeschlossen. C) Naja, du musst wissen: Überall auf der Welt gibt es Armut. D) Das kommt drauf an.*

„Das kommt drauf an" bringen sie einem im Jurastudium bei. Wer die Antwort nicht kennt, sagt einfach „das kommt drauf an". Bullshit auf ganz hohem Niveau. Immerhin kann man sich in der Zeit eine halbwegs intelligente Antwort ausdenken. Ich entscheide mich für Antwort C). So wie Horst Schlämmer bei Günther Jauch. Gott weiß, warum. Meistens ist es halt C). Schon während ich mich sagen höre, überall auf der Welt gäbe es Armut, melden sich der Engel zu meiner Linken und der Teufel zu meiner Rechten. Der Engel ist empört und schimpft: *Was redest du da, Kleis? Überall auf der Welt herrscht Armut?? Schau dich doch mal hier um! Jeder Hartz IV-Empfänger würde in Ruanda zur oberen Mittelschicht gehören!* Der Teufel antwortet: *Ja, was soll er ihm denn sonst sagen? Soll er den mitleidigen Touristen geben? Emmanuel macht doch was aus seinem Leben!* Daraufhin nimmt sich der Engel eine Knarre und erschießt den Teufel.

Vielleicht bin ich auch einfach ein Feigling, der die Dinge nicht beim Namen nennt, der nicht Farbe bekennt. Was weiß ich? Ich versuche, meinen Kopf aus der Schlinge zu ziehen, und entgegne Emmanuel, dass sich nach meinem Gefühl in Ruanda Vieles tut. Im Vergleich zu Tansania, Nigeria, Ghana, wo ich auch bereits gewesen sei, könne man den Fortschritt richtig spüren. Wichtig sei doch vor allem Bildung und dass die Kinder in die Schule gehen. Ich sage ihm das auf Französisch und komme mir richtig super vor – auch weil ich ihm unter die Nase reiben kann, dass ich noch andere afrikanische Länder kenne, außer seiner kleinen afrikanischen Schweiz. Ich merke dabei gar nicht, dass ich selbst den Kardinalfehler begehe, Afrika wie ein Land zu behandeln. So wird es wieder ein Griff ins Klo. Emmanuel wiegelt vehement ab und schüttelt den Kopf. „Non, non, non." Er wird lauter. Das zähle für ihn nicht. Es interessiert ihn nicht, wie es in Tansania, Nigeria oder Ghana ist. Das gibt er mir ganz klar zu verstehen. „Nein, hier in Ruanda sind die Leute arm. Die Menschen haben keine richtige Arbeit. Aber sie brauchen richtige Arbeit. Sie verdienen nichts. Ich will dazu beitragen, dass sich das ändert." Für Emmanuel zählt nur das hier und jetzt. Er weiß, wo die Probleme liegen, und er will nicht, dass ich gönnerhaft Dinge bewerte, von denen ich keine Ahnung habe. Es ist für mich eine Lehrstunde der besonderen Art. Im nächsten Ort steigt Emmanuel aus. Er scheint nicht aufgeregt oder enttäuscht zu sein von unserem Gespräch. Wir tauschen E-Mail-Adressen aus und ich rufe ihm noch zu, er solle mir schreiben. Bislang hat er sich nicht gemeldet. Aber das muss nichts heißen.

Bildung, Bildung, Bildung

Ich brauchte einige Zeit, um dieses Erlebnis einordnen zu können. Ob es überhaupt eine richtige Antwort für mich gegeben hätte? Ich würde heute so weit gehen, dass es in dem Gespräch um nicht mehr und nicht weniger als um die Frage ging, wie wir mit unserem Nachbarkontinent umgehen, wie wir unsere Mitmenschen dort sehen und wie wir ihnen begegnen möchten. Was zunächst wie klerikaler Singsang anmutet, soll darauf anspielen, dass die afrikanische Jugend die gleichen Hoffnungen und Wünsche hegt wie die europäische: Die Sicherstellung von Chancengleichheit, Geborgenheit, einen festen Job, Zukunftsperspektiven – all diese Vorstellungen mögen teilweise auch deshalb existieren, weil Jugendliche in afrikanischen Ländern merken, dass noch eine zu große Lücke klafft, wenn sie sich umschauen. Im Zweifel merken sie es spätestens dann, wenn sie den Fernseher anschalten. (Wer keinen Fernseher hat, der geht halt ins

Restaurant oder zum Nachbarn.) Besonders junge Menschen mögen sich an Europa orientieren, an unserem Lebensstandard, an unserem Wohlstand. Das sei ihnen freigestellt. Und dennoch wird keiner von ihnen sagen, dass er bemitleidet werden will, dass man auf ihn herabblicken solle. Doch nichts anderes tut Entwicklungspolitik, ob sie nun „Entwicklungshilfe" oder „Entwicklungszusammenarbeit" heißt. Sie hat dazu beigetragen, dass die Empfänger als einzige noch meinen, jemand anderes müsse sich um ihre Entwicklung kümmern. Hilfe führt zu dauerhafter Abhängigkeit zwischen Geber und Nehmer. Dieser Fatalismus ist die wohl schwerwiegendste Folge. Dass man ihnen weiterhin helfen muss, weil sie ja schließlich „arm" und wir „steinreich" sind – so können nur Menschen denken, die es nicht besser wissen, weil sie keine Bildung genossen haben. Ob in Arusha (Tansania), in Rusizi (Ruanda), in Ilorin (Nigeria), in Bulawayo (Simbabwe): Immer wieder sah ich Männer, Frauen und Kinder, die an Häuserwänden lehnten und einfach nur den Boden mit ihrem Gewicht belasteten. Wenn sie dann auf mich zukamen, ihre Hände ausstreckten und „give me money!" sagten, war ich der Ignorant, der, ohne auch nur einen blassen Schimmer von den nationalen Bildungssystemen oder ihrer familiären Situation zu haben, kein Geld geben wollte – auch wenn es mir nicht wehgetan hätte. Ich fühlte mich stets schlecht. Gerade bei so manchem Kind hatte ich den Eindruck gewonnen, es mangele ihm am Antrieb und gar an einem Zukunftskonzept, auf eigenen Beinen zu stehen.

Die einzige Möglichkeit, eine Entwicklung von innen herbeizuführen, ist Bildung. Sie ermöglicht lebendige Gesellschaften, die ihr politisches Umfeld herausfordern und prägen, Selbstbestimmung frei von Entwicklungshilfe und schließlich gleichwertige Partnerschaften mit dem Rest der Welt ermöglichen. Doch solche Bildungsinitiativen seitens der Regierungen lassen in weiten Teilen noch zu wünschen übrig – vielerorts gibt es noch zu lange Schulwege, zu wenige gute Lernmaterialien und zu wenige gut ausgebildete, gut bezahlte Lehrer. 2009 erklärte Saleem Badat von der südafrikanischen Rhodes University, Bildung und Wissen seien bei allem Rohstoffreichtum die einzigen Dinge, die diese Rohstoffe schließlich auch in Wohlstand verwandeln könnten. Dazu sei es notwendig, endlich einen bildungsintensiven Prozess in ganz Afrika zu starten – durch konsequente Schulbildung, strategische Partnerschaften von Universitäten und Institutionen. Für ihn gibt es eine nicht zu leugnende Korrelation zwischen Bildung, Entwicklung und globaler Gestaltungskraft, und er beschreibt Bildung daher als den Schlüssel zu stabilen politischen Verhältnissen. Auch der senegalesische Ökonom Sanou Mbaye von der afrikanischen Entwicklungsbank ist davon überzeugt, dass Bildung die einzige Möglichkeit für einen selbstbestimmten Kontinent ist. Bei einem Vortrag am Otto-Suhr-Institut der Freien Universität Berlin im November 2012 sagte er, bis 2045 werde es geschätzt 1,1 Milliarden Jugendliche in Afrika geben. Ihnen eine Perspektive zu bieten werde die Herausforderung der kommenden Jahrzehnte sein: „The challenge is how to educate them!" Die Schaffung von Anreizen, damit gut ausgebildete junge Menschen nicht ihr Land oder gar den Kontinent verlassen, sei der nächste Schritt. Mbaye schätzt die Größe der „afrikanischen Mittelklasse", die bei einem Einkommen von rund 2 bis 20 US-Dollar pro Tag beginnt, auf knapp 300 Millionen. Dennoch bleibt der „brain drain" einer der Faktoren, der afrikanischen Ländern in besonderem Maße zusetzt. Der Talentschwund war stets ein Grund dafür, dass es nie so recht rund laufen wollte. Mit dem dargestellten Wirtschaftspotenzial beginnt sich dies langsam in vielen Ländern zu ändern: Junge Menschen bleiben, werden in ihrem jeweiligen Land ausgebildet und rücken dort in Führungspositionen auf. Auf sie muss man setzen, denn die gut Ausgebildeten, die mittlerweile in Europa oder Nordamerika verwurzelt sind, werden wohl nicht zurückkommen. (Die afrikanische Diaspora bleibt lieber dort, wo sie ist und schickt jährlich geschätzt 40 Milliarden Dollar über Western Union nach Afrika.)

Weiß ich auch nicht, was da steht. Ein Werbeschild zur HIV-Prävention in Botsuana

„So seht ihr uns?"

Sheilah war im Rahmen eines juristischen Austauschseminares des Tanzanian-German Center for Postgraduate Studies in Law im Sommer 2012 in Berlin. (Von dem Programm werde ich Ihnen noch erzählen.) Auf meine

Nachfrage, wie sie die Stadt finde, hatte sie nur Gutes zu berichten. Besonders mochte sie die U-Bahn. „Das fehlt uns in Kampala." Doch habe sie gestern bei ihrer Ankunft am U-Bahnhof ein Werbeplakat mit einem kleinen schwarzen traurigen Kind gesehen. Sie wusste gleich, um was es sich handelte. An der nächsten Station dasselbe Plakat. Und an der darauffolgenden wieder dasselbe. Save the Children weiß eben, was zu tun ist. Sie musste lachen und fragte mich: „Jörg, also das ist es, was ihr von uns haltet? Wirklich, *so* seht ihr uns?" Auf meinem Hinflug nach Kigali im Mai 2013 kam eine Durchsage von Brussels Airlines an die Passagiere, man habe nun die Gelegenheit, Spenden für Hilfsprojekte in Ruanda in kleine vorgefertigte Umschläge zu legen. Diese würden dann im Anschluss von den Flugbegleitern eingesammelt. Brussels Airlines, so die Durchsage, wolle sich so am Aufbau des Landes beteiligen. Die Frau neben mir seufzte nur laut und sagte zu sich: „Dear Lord! Not again!" Im Juni 2011 hielt ich an der Universität Oslo einen Vortrag zum afrikanischen Menschenrechtssystem. In der Zuhörerschaft saß auch Ruth aus Kenia. In der Pause kamen wir ins Gespräch und sie war überhaupt nicht begeistert davon, dass ein Europäer ihr die Defizite ihres eigenen Kontinents vor Augen führte. Ruth war freundlich, kritisierte jedoch, ich wolle ihr als Europäer einzig eine Lektion darüber erteilen, wie Menschenrechtsschutz nicht ausgestaltet sein sollte: „You come here and talk to us like you know it better and I think to myself: Why is the mzungu telling us about our problems in Africa?" Wie Sie wissen, bedeutet „mzungu" „der Fremde". Wortwörtlich beschreibt das Wort auf Swahili denjenigen, der ziellos umherirrt. Wollen Sie wissen, was die Ugander von Kony 2012 hielten? Man könnte meinen, sie seien froh, dass durch Invisible Children auch die AU endlich dazu bewegt wurde, sich des Themas anzunehmen und Truppen gegen Kony zu entsenden. Der Nachrichtensender Al Jazeera rief die Zuschauer in einem Tweet vom 13. März 2012 dazu auf, ihre Meinung auf der Plattform Uganda Speaks kundzutun. Die meisten Antworten kamen aus der Hauptstadt Kampala: „Zu wenig, zu spät", „Hysterie", „Skeptisch über Kony 2012" oder „Afrikanische Truppen sollten Kony stellen" waren nur einige der Antworten. Eine Frau schrieb in einer E-Mail an den Sender, es bestehe überhaupt keine Verbindung zwischen Invisible Children und den Menschen, denen die Bewegung angeblich dienen solle. Kony schnappen und was dann? Was sollte nach dem 31.12. passieren? Ein weiterer Diskutant zeigte sich gar beeindruckt davon, dass die Ugander die Kampagne bisher gekonnt zu ignorieren gewusst hatten, damit diese nicht auf sie abfärbe. Der nigerianische Künstler und Blogger Ikenna Azuike drehte zu Kony 2012 einen Sketch mit dem Titel „Sh*t White People Say After Watching #Kony2012 video". Darin zu sehen ist eine junge Dame mit holländischem Akzent, die ulkige Sprüche vom Stapel lässt: „Oh my God, Jason Russell's kid is so cute! ... Oh my God, African kids are so cute! ... Have you seen the new Jason Russell movie? It is so heartbreaking! ... The Lord's Resistance Army... is that a band? ... I just don't get it! Why isn't the President of Africa doing something?" Auch die Fabelanalogie des Ökonomen George Ayittey sollte man sich noch einmal ins Gedächtnis rufen. Der Ghanaer schrieb den Zuhörern bei seinem Vortrag ins Stammbuch:

> „Helfen ist ehrenwert. Aber fragen wir uns doch einmal, wem wir da überhaupt helfen. ... Eine große Zahl Afrikaner ist sehr wütend, wütend über den Zustand, in dem sich Afrika befindet. Wir sprechen über einen Kontinent, der nicht arm ist. Er ist reich an Bodenschätzen, die jedoch nicht dazu verwendet werden, den Leuten aus der Armut zu verhelfen. Das ist es, was viele Afrikaner sehr wütend macht. ... Seit 1960 hatten wir genau 204 afrikanische Staatschefs. Und ich bitte Sie, mir 20 gute darunter zu benennen. Nur 20 gute – vielleicht möchten Sie diese Aufgabe einmal selbst lösen. ... Selbst wenn Sie mir 20 nennen können, was lernen wir daraus? Die überwältigende Mehrheit der afrikanischen Führer hat ihr Volk im Stich gelassen."

Ebenso gibt es eine Anekdote von Ayittey über eine Konferenz im Juni 2007 in Tansania, wo er – auf wen wohl? Auf Bono natürlich! – traf. In seinem Vortrag hatte Ayittey sich besondere Mühe damit gegeben, das Entwicklungshilfe-Establishment auseinanderzunehmen. Später sei Bono auf ihn zugekommen und habe gesagt, der Vortrag hätte ihm zwar gefallen, doch sei er nicht Ayitteys Meinung, dass Entwicklungshilfe gar keinen Beitrag zum effektiven Kampf gegen Armut leiste. Also nahm Ayittey ihn zur Seite und schenkte ihm eine Ausgabe seines Buches *Africa Unchained*. Der kenianische Ökonom James Shikwati meint überdies, es gehe bei Entwicklungshilfe ums Geschäftemachen und um eigene geopolitische Interessen der Geberländer: „Zu denken, man lebe auf einem armen Kontinent, obwohl man natürliche Ressourcen hat, um die die reichen Länder kämpfen, ist ein Resultat dieser geistigen Korruption. Es ist die ganze Idee der Entwicklungshilfe, dass man sich hilfsbedürftig fühlt, obwohl man eigentlich alles hat, um selbst mehr Einkommen zu generieren. ... In Wahrheit [hat eine Koalition aus den Eliten der afrikanischen Länder und den Gebern ...] den Interessen der reichen Länder [gedient]." Der Gründer der Denkfabrik „Inter-Region Economic Network" meint, Entwicklungshilfe habe Afrikaner zu Bettlern erzogen. Er fordert neben Handelsfreiheit auch Reise- und Migrationsfreiheit sowie liberalisierte Arbeits- und Kapitalmärkte für afrikanische Staaten. Das Ergebnis von Entwicklungshilfe seien riesige Bürokratien, die den Unternehmergeist der Menschen untergrüben und ein wirtschaftsunfreundliches Klima produzierten. Er schließt private Entwicklungshilfe ausdrücklich mit ein. Jenen Ländern, welche die meiste Entwicklungshilfe kassiert haben, gehe es am schlechtesten: „Wenn die Industrienationen den Afrikanern wirklich helfen wollen, sollten sie endlich diese furchtbare Hilfe streichen." Auch für Dambisa Moyo ist die Vorstellung, dass Entwicklungshilfe Probleme löst, ein Mythos. Unser Geld sei der Nährboden für die omnipräsente Korruption. Moyo, selbst im Vorstand einer Organisation, die sich um die Versorgung der Bevölkerung mit HIV-Medikamenten kümmert, gab bei einem Vortrag in Toronto 2009 eine klare Antwort:

„Erstens, Afrika wird sich nicht ewig auf Hilfe verlassen können. Was geschieht, wenn in zehn, 20 Jahren all diese Projekte auslaufen? … Zweitens, warum fragt eigentlich niemand, was afrikanische Regierungen mit den steigenden Einnahmen machen, die sie selbst erhalten? Hinterfragt das irgendjemand? Ach nein, lasst uns ihnen einfach mehr Geld geben! Und Letztens, was ist genau der Plan afrikanischer Regierungen, sich um die Belange ihrer Bürger zu kümmern? Nein, auch das will wieder einmal keiner wissen. Die gute Nachricht ist doch, dass wir wissen, wie man Wachstum generieren kann und was Armut befördert! In unserer Lebenszeit hat China 300 Millionen Menschen aus der Armut geholfen. Haben die das mit Entwicklungshilfe geschafft? Nein! Sie schafften es mit Handel, direkten Auslandsinvestitionen und mit Beteiligungen an den Kapitalmärkten. Wir wollen keine Sympathie. Wir wollen kein Mitleid. Wir wollen Möglichkeiten! Und der einzige Weg hierzu ist, dass man uns endlich als gleichwertig betrachtet und nicht wie Kinder."

Moyo gibt offen zu, dass es nicht einfach werden wird. Aber etwas anderes habe auch nie jemand behauptet. Geld wird fehlen. Doch kann das einzige Motto der Zukunft nur lauten: „Afrikanische Lösungen für afrikanische Probleme." Das ist eine Floskel, die immer wieder gerne genannt wird. Aber sie beinhaltet den einzig zukunftsorientierten Ansatz. Menschen wie Dambisa Moyo, James Shikwati, George Ayittey, Sheilah, Emmanuel, Charles, Martin, Menschen wie die drei Verkäufer aus Kumasi sind die einzigen, die wissen, was sich in ihrem jeweiligen Land wie ändern muss.

„Menschen, warum kümmert ihr euch nicht um euren Scheiß?"

Sicher, es ist ehrenwert, wenn sich Menschen engagieren. Doch warum tun sie das nicht einfach woanders? Während Sie diese Zeilen lesen, regnet es hierzulande in Schulen und Turnhallen. Die Autorin Sibylle Berg spricht mir aus der Seele, wenn sie schreibt: „Es geht ... nicht um Madonna, die schon wieder in Afrika mit Kindern beim Tanzen fotografiert wurde. Sondern ganz einfach um die Untersuchung meiner dauernden Frage: Menschen, warum kümmert ihr euch nicht um euren Scheiß?" Ich möchte aber auch am Ende dieses Kapitels klarstellen, dass wohl niemand ernsthafte Einwände erheben wird, wenn Staaten und Wohltätigkeitsorganisationen bei akuten humanitären Katastrophen Hilfe leisten. Es versteht sich von selbst, dass wir unsere Hilfe denjenigen anbieten, die unvorhergesehenes Leid ereilt – und sei es, wenn Passau unter Wasser steht.

Liebe Leser, sie werden sich bestimmt fragen, was passiert, wenn wir nicht mehr helfen. Keine Moskitonetze, kein Kunstdünger, keine alten Fußbälle, keine Medikamente. Scheiden tut eben auch weh. Aber wissen Sie was? In Zukunft wird man sagen: „Mensch, das waren noch Zeiten! Die gute alte Bundesrepublik. Es gab Geld zum Verteilen. Die Leute haben bei der Landung im Flugzeug noch geklatscht. An Entwicklungshilfe wurde nicht gezweifelt. Und jetzt, siehe da: Afrika hat's geschafft! Doch Afrika will nur noch mit China ins Bett. Und Europa ist die dicke alte Nachbarin von nebenan, die immer am Gartenzaun steht und meckert." Aber das ist eine andere Geschichte.

EINE EINS MIT 14 NULLEN

Politik und Demokratie im
„afrikanischen Kontext" verstehen

(Simbabwe im September 2010)

> *„Nur Potentaten und Könige, die wissen, dass man ihnen nichts anhaben
> kann, sind zu so etwas imstande."*

(Der mauritische Jurist Ariranga Pillay über die Regierungschefs im
südlichen Afrika)

Im September 2010 begegne ich nach meiner Reise von Namibia über Botsuana nach Simbabwe in Bulawayo, der zweitgrößten Stadt Simbabwes, einem kanadischen Geschichtsprofessor. Bill ist Ende 50, notorischer Kettenraucher und hat sich Kapstadt für seinen Vorruhestand ausguckt. Nun schickt er sich wie ich an, den Süden des Kontinents unsicher zu machen. Wir lernen uns in einer Hotelbar kennen, nachdem ich ihn um eine Zigarette angeschnorrt habe. Es stellt sich heraus, dass wir beide auf dem Weg zu den weltbekannten Victoriafällen im Nordwesten des Landes sind, und so beschließen wir, gemeinsam Sightseeing an der Grenze zu Sambia zu machen. Die Victoriafälle sind ein wahrhaft beeindruckendes Naturschauspiel. Die Wassermassen, die vom Sambesi in Botsuana in Richtung simbabwisch-sambische Grenze fließen, fallen in einem lärmenden Getöse über 100 Meter tief hinab – man kann sich dabei nur anschreien. Die Einheimischen nennen den Wasserfall daher auch Mosi-oa-Tunya („donnernder Rauch"). Immer wieder wird man unvorbereitet von den über den Abgrund schäumenden Wassermassen eingenässt – ein Riesenspaß! Bereits bei unserer Ankunft in Victoria Falls stellen wir fest, dass die Region vom Tourismus lebt – sowohl die simbabwische Seite, als auch die sambische Grenzstadt mit dem Namen Livingstone, benannt nach dem gleichnamigen schottischen Entdecker David Livingstone, der dort 1855 aufschlug.

Bill und ich machen nach unserem Ausflug auch einen Abstecher auf den Markt von Victoria Falls. Immer wieder kommen um Hilfe bettelnde – vornehmlich jüngere – Simbabwer auf uns zu. Wir erfahren später, dass es junge Menschen in den Nordwesten zieht, weil sie von Victoria Falls als beständigem Wirtschaftsstandort außerhalb der Hauptstadt Harare gehört haben. Es macht fast den Eindruck, als sei die Stadt ihre letzte Hoffnung, um an irgendeine Form von bezahlter Tätigkeit zu kommen. Am Eingang zu den Wasserfällen wird dies besonders deutlich, da das Areal mit zwei Meter hohen Gitterstäben abgegrenzt ist. Dort stehen und warten sie, versuchen Safaritouren an den Mann oder die Frau zu bringen, halten selbstgemachten Schmuck, kleine geschnitzte Holzelefanten oder einfach nur die offene Hand durch die Lücken hindurch, um vielleicht an den ein oder anderen US-Dollar zu kommen. Der war ein Jahr zuvor als Währung in Simbabwe eingeführt worden. Es ist ein Anblick, der einem die Verzweiflung ins Gesicht treiben kann. Verschämt schaue ich einmal hin. Meine Augen treffen die eines Jungen hinter dem Zaun. Er wirkt wie ein Gefangener im eigenen Land. Und auf gewisse Weise ist er es auch. Das einzige, was fehlt, ist ein Schild mit der Aufschrift: „Bitte nicht die Touristen belästigen!"

Das war vor drei Jahren. Doch ist Simbabwe in den 1980er Jahren nicht noch als vorbildlich regiertes Land gelobt worden? Mit guter Infrastruktur, einem gut aufgestellten Bildungssystem, produktiver Landwirtschaft – die oft zitierte Kornkammer Afrikas wurde zum Synonym – und einer tatkräftigen, korruptionsresistenten Regierung? Bereits damals war der Präsident kein geringerer als der jetzige: Der allseits bekannte Robert Mugabe, den der ehemalige Bundespräsident Richard von Weizsäcker einst als „klugen, besonnenen und um Ausgleich bemühten Politiker" beschrieb. Comrade Bob hat sich seitdem nicht mehr von seinem Amt trennen können, genauer ausgedrückt trennen lassen. Mugabe war, wie viele afrikanische Staatspräsidenten vor ihm, Hauptakteur im Unabhängigkeits- beziehungsweise Bürgerkrieg seines Landes gewesen. Nachdem die Regierung von Rhodesien unter Ian Smith 1965 die Unabhängigkeit vom Vereinigten Königreich erklärte, brach ein Bürgerkrieg aus, in dem Mugabe erstmals als militärischer Führer auftrat. Man war nicht damit einverstanden, dass Einheimische den Kolonialsiedlern gleichgestellt wurden. Erst mit dem Lancaster-House-Abkommen 1979 wurde das Land unabhängig von der britischen Krone. 30.000 Menschen hatten bis dahin ihr Leben gelassen. 1980 wurde Robert Mugabe zunächst Ministerpräsident, 1987 dann Präsident der neugegründeten Republik Simbabwe. Seine Worte damals lauteten: „Lasst die Vergangenheit ruhen. In diesem Land soll jeder seinen Platz haben." Neben den wirtschaftlichen und auch bildungspolitischen Erfolgen war Simbabwe die ersten 15 bis 20 Jahre seiner Unabhängigkeit ein Ort, an dem das Zusammenleben zwischen vornehmlich britischen Siedlern einerseits und Shona, Ndebele, Chewa, Tonga, Tsonga und Venda andererseits funktionierte. Ebenfalls wird Mugabe mit den Worten zitiert: „Bleiben Sie bei uns. Bleiben Sie in diesem Land und seien Sie Teil eines Landes nationaler Einheit."

Wie gesagt, das war 1980. 30 Jahre später sollte Simbabwe nur noch ein Schatten seiner ehemaligen selbst sein. In den 1990er Jahren hatte das Land die ersten wirtschaftlichen Krisen zu verkraften. Ab dem Jahr 2000 legte die Talfahrt rasant an Tempo zu. So kam es, dass das Naturweltwunder Victoria

Falls eine der noch wenigen übriggebliebenen Wirtschaftsoasen außerhalb Harares wurde. Während Reiseveranstalter bis zur Jahrtausendwende noch fleißig Touren quer durchs Land angeboten hatten, zogen auch sie sich nach und nach zurück.

Der Letzte macht das Licht aus

Was war passiert? Über die Jahre fühlte sich die Regierung zunehmend bedroht, insbesondere nachdem im Februar 2000 ein Bürgerentscheid dazu geführt hatte, dass ein Verfassungsentwurf abgelehnt wurde, der ihre Macht hätte ausweiten sollen. Die Reaktion Mugabes, der vorher die Chance verpasst hatte, in Würde abzutreten, äußerte sich in den wohl schwersten Gewaltvorfällen seitens des Regimes in der Geschichte des Landes. Es folgte eine Verfassungsänderung, die es der Regierung erlaubte, ihre geplante Landreform umzusetzen. Bislang waren mehrheitlich britischstämmige Farmer im Besitz simbabwischer Ländereien gewesen. Diese Simbabwer waren in Mugabes Augen plötzlich jedoch unrechtmäßig zu ihrem Besitz gekommen, weil sich die Briten das Gebiet der Einheimischen im 19. Jahrhundert gewaltsam unter den Nagel gerissen hatten. Einen Anspruch auf Landbesitz und -bewirtschaftung, auch nach der Unabhängigkeit und jahrzehntelangem friedlichen Zusammenleben, sollte es nicht mehr geben. Mugabe setzte durch, dass simbabwisches Land den „echten Simbabwern" zurückgegeben wurde. Der in die Verfassung eingefügte Passus, Artikel 16B, sah vor, dass die enteigneten Personen zudem kein rechtliches Gehör bekommen sollten, um die Enteignungen anzufechten. Entschädigungen sollten nur in Ausnahmefällen gezahlt werden. Der Film *Mugabe and the white African* erzählt von der Geschichte des Farmers William Michael Campbell, der sein Leben lang in Mount Carmell (Zentralsimbabwe) gelebt hatte und dort Landwirtschaft betrieb. Im Zuge der Landreform wurde er von der Regierung enteignet. Die Landbesetzungen wurden häufig in Nacht-und-Nebel-Aktionen, begleitet von Gewalt, durchgeführt. Die weißen Farmer flüchteten, brachten zuvor ihr Vieh um und verwüsteten Traktoren und Bewässerungsanlagen. Tatsächlich wurde daraufhin oft denjenigen, die gute Beziehungen zum Mugabe-Regime hatten, Land zugesprochen. Wie Campbell ging es 1000 anderen Farmern, deren Vorfahren einst als Siedler nach Rhodesien gekommen waren. Das Lancaster-House-Abkommen hatte ihren rechtmäßigen Landbesitz gesichert. Doch die Papiere waren plötzlich wertlos. Der simbabwische Ökonom Dale Doré drückte es in einem Beitrag für die Bürgerrechtsorganisation Sokwanele wie folgt aus:

„Stellen Sie sich vor, es kommt jemand zu Ihnen, drückt Ihnen ein Stück Papier in die Hand, auf dem im Wesentlichen steht: ‚Was Dein ist, ist jetzt Mein.‘ Nicht bloß Ihr Haus, Ihr Land, sondern alle Ihre Habseligkeiten, Ihre Ausrüstung. Ihr ganzes Leben. Stellen Sie sich vor, Sie gehen vor Gericht, um all das rückgängig zu machen und das Gericht sagt, dass es sich nicht in eine politische Frage einmischen wird. Schließlich kommt eine gewaltbereite Gruppe zu Ihnen nach Hause, die Sie wütend rausschmeißt, sich an Ihnen vergeht, und die Polizei sieht dabei zu. Sie tut nichts, um Ihnen zu helfen oder um Ihre Familie zu schützen. Stellen Sie sich vor, Sie sind ein alter Mann oder eine alte Frau und dass Sie alles verloren haben, wofür Sie jemals gearbeitet haben."[39]

Campbell klagte sich bis vor das simbabwische Verfassungsgericht, das sein Ersuchen auf Rückgabe seiner Ländereien und Schadensersatz jedoch ebenfalls abwies. Die Richter urteilten, dass simbabwische Gerichte sich grundsätzlich nicht mit den Enteignungsfällen beschäftigen dürften, ganz wie Artikel 16B es vorschrieb. Mittlerweile hatte die Wirtschaftskrise in Simbabwe enorme Ausmaße angenommen. Mugabe hatte zwar sein Versprechen umgesetzt, den Simbabwern ihr Land zurückzugeben. Viele der Profiteure waren aber seine eigenen Anhänger: Parteimitglieder, Sympathisanten, Helfer und Helfershelfer, die von Landwirtschaft überhaupt keine Ahnung hatten oder sie zumindest nicht in einem Umfang betrieben, der die Versorgung der Bevölkerung sichergestellt hätte. Die Ländereien waren also wieder im Besitz derjenigen, die es aus historischen Gründen für sich beanspruchten. Doch hatte die Nahrungsmittelproduktion einen dramatischen Einbruch zu verzeichnen. Es folgte eine beispiellose Rezession und mit dieser eine Repression ungeahnten Ausmaßes. Das Ergebnis war der Niedergang eines afrikanischen Landes, das Jahrzehnte zuvor noch besseren Zeiten entgegengeblickt hatte.

Seit drei Jahren abonniere ich den Newsletter von Sokwanele (was sich sehr einprägsam mit „Genug ist Genug" übersetzen lässt). Die simbabwische NGO berichtet regelmäßig über Menschenrechtsverletzungen im Land, und die Liste ist lang. So lang, dass sie Bände füllen könnte. Ich gebe hier nur eine kleine Kostprobe zum Besten: Oppah Muchinguri, eine führende Politikerin in Robert Mugabes ZANU-PF, gab öffentlich zu, dass die Partei regelmäßig Milizen engagiert, um Gewalt in der Bevölkerung zu säen oder diese zu terrorisieren. Ganz allgemein haben die Verflechtungen zwischen ZANU-PF und dem Militär Ausmaße angenommen, bei denen man nur mit den Ohren schlackern kann. Ein Großteil der Strategie der Partei besteht darin, das Wahlvolk zu beeinflussen, Aktivisten zu terrorisieren und die Opposition, wenn möglich, zu eliminieren. ZANU-PF-geführte Ministerien heuern dazu tausende von Polizisten und Soldaten an, junge arbeitslose Rekruten, die foltern, vergewaltigen, brandschatzen und morden. Sie durchlaufen natürlich vorher eine „Ausbildung". Sie sollen die „Stabilität im Land gewährleisten". Das Ganze wird dann auch noch als „Arbeitsmarktprogramm" verkauft. Aktivisten des MDC (Movement for Democratic Change) werden willkürlich Straftaten zur Last gelegt, um sie dann im Rahmen eines „geregelten Verfahrens" abzuurteilen. (Der MDC war ursprünglich Oppositionspartei, ging dann jedoch mit seinem Spitzenkandidaten Morgan Tsvangirai als Premierminister in eine Einheitsregierung mit der ZANU-PF.) Mit irgendwas muss man ja die Justizstatistiken aufbessern. Der Anwalt Charles Kwaramba wurde öffentlich von Richtern davor gewarnt, bestimmte Verteidigungsstrategien zu verfolgen, weil ihm sonst ein Verfahren wegen Missachtung des Gerichts oder der Entzug seiner Lizenz drohen würde. Seine Anwaltskollegin Beatrice Mtetwa gab Amnesty International 2012 ein Interview, in dem sie davon berichtete, wie sie MDC-Mitglieder aus dem Gefängnis holte. Sie erhält immer wieder Morddrohungen.[40] Die ZANU-PF ist nach Angaben von Sokwanele verantwortlich für 98,7 % aller im Land begangenen Hassreden und willkürlichen Inhaftierungen. Rekordarbeitslosigkeit, Nahrungsmittelknappheit, Medienberichte über Choleraausbrüche, eine unkritische, beeinflusste Justiz, enteignete und vertriebene Farmer, ein aufgeblähter Staatssicherheitsapparat, eine ungeheuerliche Terrorisierung der Bevölkerung, die Opposition wird unterdrückt und verfolgt. Mugabe hat sein Vermächtnis eigenhändig wieder zerstört, den Karren sehenden Auges zum eigenen Machterhalt an die Wand gefahren.

Endstation Victoria Falls. Männer und Frauen bei ihrem Ausstieg aus einem Zug in Simbabwe.

Der Niedergang des Landes äußert sich während meines Besuchs in Simbabwe besonders durch eine ganz und gar skurril anmutende Tätigkeit, der manche jungen Männer nachgehen: Sie verscherbeln alte simbabwische Dollarscheine an Touristen. Simbabwische Dollar, vor ein paar Jahren noch offizielles Zahlungsmittel, sind 2010 aber nicht einmal mehr das Papier wert, auf dem sie gedruckt sind. Das hält einen besonders engagierten Währungshändler nicht davon ab, für einen 1-Million-Dollarschein von uns selbstbewusst 25 US-Dollar zu verlangen. Mit bunten, dicken Geldbündeln war er auf Bill und mich zugekommen. Ich fange an zu grinsen und schaue ihn an, woraufhin sein eigenes Lachen ihn selbst entlarvt. Er bleibt hartnäckig, obwohl ich ihm gar nicht zu sagen brauche, dass das viel zu viel sei. Doch bin ich von der Tätigkeit angetan, die Nullen hinter den Einsen zu zählen. Im Angebot hat er angeblich zunächst „nur" den besagten 1.000.000-Dollar-Schein. Er gewährt uns einen Einblick in seine daumendicke Sammlung. Immer wieder lugt beim Durchsehen ein Schein mit noch mehr Nullen hervor. Wie weit würden wir kommen? Würden wir einen 1-Milliarde-Dollar-Schein ergattern? Eine Eins mit neun Nullen? Ich fange an zu pokern und tue so, als sei ich überhaupt nicht beeindruckt. Tatsächlich betrachte ich die Geldscheine als witziges Souvenir. Ich beschließe zu kaufen, was ich kriegen kann. Mein Vertragspartner hat selbst keine 1 Milliarde mehr. Doch es kommt, wie es kommen muss: Er ruft einen Bekannten von weitem herbei, gleichfalls Währungshändler von Beruf, der daraufhin auf uns zuläuft. Sie unterhalten sich kurz und der Kollege packt seinerseits das von ihm verwaltete daumendicke Geldscheinbündel aus. Ich traue meinen Augen nicht. Auf einem blau eingefärbten Stück Papier mit Victoriafällen und Büffel auf der Rück- und drei aufeinandergestapelten Felsen im Wald auf der Vorderseite bedruckt, steht: „100000000000000 Reserve Bank of Zimbabwe. One Hundred Trillion Dollars." Wahrhaftig! Eine Eins mit 14 Nullen. Einhundert Billionen Dollar. Triumphierend hält er ihn mir entgegen. Er muss gewusst haben, dass wir ins Geschäft kommen würden. *Den Schein muss ich haben!* Ich weiß nicht mehr genau, wie viel ich bezahlt habe. Am Ende gebe ich ihm 4 US-Dollar und meine orangefarbenen Turnschuhe. Die biete ich ihm an, weil er unbedingt mehr haben will. Im Nachhinein kann ich über die Absurdität der Situation nur staunen. Es handelt sich um einen Vorgang, der für den Abgesang eines ganzen Landes steht. Dafür, dass sie aus ihrer misslichen Lage noch auf gewiefte Weise das Beste zu machen versuchen, gebührt den jungen Männern mein Respekt.

Bei jedem afrikanischen Land muss differenziert werden:
Simbabwe und Ruanda als Beispiele

„Eigentlich warten wir nur noch darauf, dass er endlich stirbt." Die Rede ist von Comrade Bob. Der Satz stammt von Howard, einem Simbabwer Mitte 30, den Bill und ich an der Bar unseres Hotels in Victoria Falls kennenlernen. Das sind ungewöhnlich deutliche Worte. Zwar hatte ich in den von mir bereisten Ländern immer wieder Kritik an Politikern vernehmen können, aber ging es meistens um „die Politiker" oder „das korrupte System", nie jedoch um einen einzelnen Staatsvertreter als solchen. Howard kommt gebürtig aus Harare und vermittelt in der Region Abenteuerausflüge auf dem Sambesi. Als ich ihm stolz meine „One Trillion Zimbabwean Dollars" zeige, wiegelt er ab: „Das ist gar nichts! Davon brauchtest du vor ein paar Jahren noch drei Stück, um dir ein Brot zu kaufen." Ich schaue ihn verblüfft an. Simbabwe? Der Letzte macht das Licht aus – könnte man meinen. Und dennoch muss beim Beispiel Simbabwes, wie bei jedem afrikanischen Land, differenziert werden:

Die dortige Krise schaffte es erst 2008 in die deutschen Medien. Die *Tagesschau* berichtete mehrere Wochen von den Choleraopfern, von Geschäften mit leeren Regalen, von Perspektiv- und Hoffnungslosigkeit der Bevölkerung. Die menschenunwürdigen politischen Gegebenheiten in so manchem afrikanischen Land rufen bei uns Erschrecken hervor. Sie zaubern uns im Nu drei große Fragezeichen auf die Stirn und rücken einen ganzen Kontinent in weite Ferne. Das Beispiel Simbabwe zeigt jedoch entgegen des allgemein herrschenden Eindrucks, dass der gesamte afrikanische Boden nicht einfach so ganz plötzlich Cholerakranke und leere Supermarktregale ausspuckt. Die Entwicklungen im südlichen Afrika hatten sich tatsächlich in Zeitlupe vollzogen, nur die plötzliche Berichterstattung ließ einmal mehr den ganzen Kontinent in Lichtgeschwindigkeit in seinen Grundfesten erschüttern. Dabei kam Mugabes Cäsarenwahn ebenso wenig von heute auf morgen wie die wirtschaftliche Rezession. Es stimmt, dass es überhaupt keine Notwendigkeit zu derart radikalen Enteignungen gab. Das friedliche Zusammenleben zwischen Einheimischen und Siedlern war immerhin ein Garant für die politische Stabilität im Land. Wahrscheinlich suchte Mugabe nach einem populistischen Vorwand, weil er seine Felle davonschwimmen sah. In jedem Fall bediente er sich eines über die Jahre in den Köpfen der Einheimischen verankerten Unrechtsbewusstseins. Denn dass den weißen Siedlern diese Länder nicht gehörten, war ein unter ihnen weit verbreiteter Konsens. Schließlich konnte der Kolonialismus in ihren Augen keine dauerhaften Ansprüche begründen. Auch weil es keine historische Aufarbeitung des Bürgerkrieges gegeben hatte, lebten diese Ressentiments weiter. So gibt es Regimekritiker, die die Landreform begrüßen. Sie geben zu bedenken, dass 700.000 schwarze Farmer die eine und 6000 weiße Farmer die andere Hälfte an verfügbaren Ländereien erhalten hatten. Da von diesen 6000 nur rund 5 % (rund 300 Farmen) profitabel waren, könne man also nicht von einem effizienten Landwirtschaftssystem nach dem Lancaster-House-Abkommen sprechen. Es bedürfe darüber hinaus fast einer ganzen Generation, bis eine Landreform tatsächlich greife, doch viele der Nachfolger hätten ihre Produktivität mittlerweile deutlich gesteigert.[41]

Ein weiteres Beispiel ist das autoritär regierte Ruanda. In Bezug auf das kleine Land heißt es immer wieder: „Ruanda macht sich", „Ruanda entwickelt sich vorbildlich", und „Ruanda wird in zehn Jahren die Wende geschafft haben." Das bezieht sich aber immer nur auf die wirtschaftliche Situation. Geht es um die Demokratie im Land, heißt es: „Die Regierung unterdrückt die Opposition" oder „Ruanda hat sich zu einer Diktatur entwickelt." Beides stimmt. Doch wie im Fall Simbabwes treffen diese Urteile zwar den Nagel auf den Kopf, blenden jedoch wesentliche Aspekte der Geschichte eines spezifischen afrikanischen Landes aus. Seit der militärischen Niederschlagung des Genozids sind in Ruanda eine Reihe von Parteiverboten verhängt worden.[42] Der Fall Ruanda ist allein schon wegen der Ereignisse von 1994 ein besonderer. Dort geht es den regierenden Tutsi um die Verhinderung eines spezifischen Übels, und zwar um die mögliche Wiederaufnahme des Völkermords durch die Hutu. Die Parteiverbote wurden nicht etwa wegen einer abstrakten Gefährdung der Demokratie ausgesprochen, sondern um die mögliche Wiederkehr eines konkreten Unheils zu verhindern – die Parteiverbote sind wie eine „Rückfallsperre". Dies muss man berücksichtigen. Dass Kagame die Opposition unterdrückt, trifft insofern zu, als dass er in Friedenszeiten zumindest einen gewaltlos agierenden Akteur von der gleichen Chance zur Machtgewinnung ausschloss.[43] Kritiker bemängeln zudem, das Verbotsverfahren sei ohne anschließende Beteiligung des obersten Gerichtshofes durchgeführt worden. Bei 95-prozentiger Zustimmung und einer Wahlbeteiligung von 96 % war die Wahl Kagames 2003 demokratisch in der Tat bedeutungslos. Das macht Ruanda zwar zu einer Diktatur, dennoch führt dieses Label zu einer ungerechtfertigt verkürzten Darstellung gesellschaftspolitischer Realitäten im Land. Kagame hat eine redliche, auf Bildung beruhende Vision für sein Land entwickelt, von der man nicht behaupten kann, dass er sie nur halbherzig verfolgen würde. Die Hälfte der Parlamentarier sind Frauen – ein afrikanischer Rekord.

Der politische Rasterblick schadet

Wie das Beispiel Simbabwe zeigt auch der Fall Ruanda, dass Reduzierungen auf undifferenzierte Kategorien nicht gerechtfertigt sind, dass es ohne die Berücksichtigung historischer, sozio-kultureller und landesspezifischer politischer Gegebenheiten nicht geht. Die fundamentalen Unterschiede beider Länder führen zunächst zu der Erkenntnis, dass der Rasterblick schadet. Auch Ursula von der Leyen kann da noch etwas lernen. Eine ihrer ersten Pressestatements als Verteidigungsministerin – ihr Entschluss, in Zentralafrika zu intervenieren, war bereits geboren – beinhaltete den nahezu legendären Satz: „Die Lage in Afrika ist ernst." Man konnte sich nur am Kopf kratzen und darüber mutmaßen, was sie wohl gemeint haben könnte. (Seitdem die Intervention in Zentralafrika beschlossene Sache ist, sprechen die Medien übrigens gerne von „der Afrikamission". Warum hat bei Afghanistan denn keiner „Asienmission" gesagt?) Auch dass derzeit in der Zentralafrikanischen Republik „ein zweites Ruanda drohe", wie deutsche Politiker befürchten, zeugt einzig von Unwissenheit über die Geschichte und politischen Verhältnisse beider Länder. Wie übrigens in Zentralafrika wurde uns der Konflikt im Sudan jahrelang fälschlicherweise als einer zwischen Muslimen und Christen verkauft. Dabei sind die Hintergründe viel stärker sozio-ökonomischer Natur. Selbst wenn die Konflikte irgendwann vergleichbare Dimensionen annehmen, so geht es stets primär um Ressourcen und die damit verbundenen politischen Interessen, um einen Mangel an Bildung und regionale Unterentwicklung. Auch im Osten der DR Kongo ist der Kampf um Land und Boden die Ursache des Konflikts mit der Regierung im Kinshasa. Es geht um Coltan für Laptops und Handys. Ethnische Hintergründe – oder noch besser „tribalistische Triebkräfte", wie es manchmal in den Medien heißt – suggerieren, kulturelle Unterschiede zwischen den Menschen hätten zu Überwerfungen geführt und seien die Wurzel allen Übels in afrikanischen Staaten. Es reicht nicht von Krisen, Despoten oder anti-demokratischen Regimes zu sprechen, wenn man nicht weiß, welche spezifischen Entwicklungen ein Land geprägt haben. Noch irreführender ist es, ständig das Klischee vom „totalitären Land Afrika" zu schüren, wie es auf *Spiegel-Online* etwa die Artikel „Afrika: Paradies der brutalen Selbstherrscher" sowie die Fotostrecke „Afrikas Diktatoren: Durchgeknallt, steinzeitlich, despotisch" mit 16 kurzen Personenbeschreibungen beziehungsweise der *Tagesspiegel* („Afrikas Despoten können's nicht lassen") mit zehn Beispielen tun.

Halbe Demokratien

Am nächsten Tag machen Bill und ich einen Abstecher auf den Kunstmarkt von Victoria Falls. Die jungen Händler – auch hier vornehmlich im Alter zwischen 15 und 25 Jahren – sind bei unserem Erscheinen sehr bemüht, uns ihre Waren zu verkaufen: Schüsseln und sonstige Schnitzereien aus Holz, Masken, kleine Trommeln, Perlenketten, Armbänder, kleine Giraffen, Elefanten und Nilpferde. Die Vielfalt lässt nicht zu wünschen übrig, auch wenn ich auf meinen Reisen durch Afrika manchmal das Gefühl hatte, als hätten sich alle Händler von Ghana bis Tansania irgendwann einmal in einem großen Konvent darauf verständigt, überall dasselbe zu verkaufen. In Victoria Falls ist freilich vieles auf den klassischen Safaritouristen aus Europa ausgerichtet. Souvenirs für das heimische Wohnzimmer. „My friend! Where are you from? Come! Look! You're welcome!" Das an sich ist noch nichts Besonderes. Doch als Bill und ich bereits die Hälfte des Rundgangs hinter uns haben, wird Bill von einem der Händler gefragt, wo er herkomme. Bill entgegnet „I'm from Canada." Und fügt nichtsahnend noch hinzu: „I'm a teacher from Canada. I teach history." Was danach folgt, habe ich noch nie zuvor gesehen. Innerhalb von einer Minute sammelt sich um uns eine Menschentraube von mindestens zehn jungen Männern. Einer fasst Bill am Arm, ich stehe plötzlich etwas abseits. Sie rufen durcheinander, doch was man klar und deutlich verstehen kann: „You are a teacher? Please, teach us!" Bitte unterrichte uns! Bill wird mir am Abend sagen, dass es ihm das Herz gebrochen habe. Noch heute ist Simbabwe eines der Länder mit der höchsten Alphabetisierungsrate südlich der Sahara. Doch die Szene mit Bill spricht für sich.

In den vergangenen Jahrzehnten haben viele, wenn nicht gar die meisten afrikanischen Regierungen ihre Bildungspolitik grob vernachlässigt. Es drängt sich die Vermutung auf, dass dies billigend in Kauf genommen wurde. Denn indem der Zugang zu Bildung nur einem kleinen Teil der Bevölkerung vorbehalten war, konnten sich die jeweiligen Eliten selbst erhalten. Vielleicht ist das auch der Grund, dass es sich so mancher Diktator in seinem Land bequem machen konnte, ohne Konsequenzen zu fürchten und zugleich für die ein oder andere Story zu sorgen: Man denke nur an Männer wie Idi Amin, der sich den blumigen Namen „Seine Exzellenz, Präsident auf Lebenszeit, Feldmarschall Al Hadji Doktor Idi Amin Dada, VC, DSO, MC, Herr aller Kreaturen der Erde und aller Fische der Meere und Bezwinger des Britischen Empires in Afrika im Allgemeinen und Ugandas im Speziellen" gab. Oder Yahja Jammeh, der behauptete, der erste Transatlantikflug sei in Gambia gelandet. Er behauptete auch, Aids und Asthma mittels Handauflegen heilen zu können. Oder der ehemalige Präsident Malawis, Hastings Banda, der angeblich Nägel in die Köpfe seiner Gegner rammte. Sein Bild musste höher hängen als jedes andere im Land. Oder Jean-Bédel Bokassa, der angeblich die Köpfe seiner enthaupteten Gegner im Kühlschrank aufbewahrte. Oder der Nigerianer Sani Abacha, der eine Überdosis Viagra nicht verkraftet haben soll. Seine Frau wurde auf der Flucht am Flughafen von Lagos gestellt, angeblich mit 43 Koffern, in denen sich eine Milliarde Dollar befanden. Stellenweise weiß man nicht, ob man lachen oder weinen soll. Doch bei aller Komik, ja sogar bei aller Tragik handelt es sich stets um einen spezifisch nationalen Kontext – die Konsequenz der Unabhängigkeit afrikanischer Nationalstaaten. Diese Persönlichkeiten in einen großen Topf mit der Aufschrift „Afrikas verrückte politische Elite" zu werfen, ist nicht nur pauschalisierend. Es hilft ebenso wenig bei der Suche nach Lösungsansätzen. Tatsächlich gehören meine Beispiele, mit Ausnahme Jammehs, der Geschichte an. Die politische Großwetterlage ist eine andere, denn der Trend weist in Richtung Demokratie. Das gängige Vorurteil über die politische Zukunft eines ganzen Kontinents hingegen will uns stets etwas anderes glauben lassen.

Doch was heißt das genau? Und ist das in Anbetracht der soeben dargestellten Geschichte Simbabwes nicht eher eine Verhöhnung der Situation? Zunächst ist Simbabwe nicht Afrika. Richtig ist, dass einerseits seit den 1990er Jahren wiederholt Wahlen stattfanden, in denen Regierungen bestätigt wurden (zum Beispiel Ian Khama in Botsuana 2009 oder Armando Guebuza in Mosambik 2004 und 2009) oder neue Regierungen das Ruder übernahmen (zum Beispiel Macky Sall in Senegal 2012 oder Uhuru Kenyatta in Kenia 2012). Während man in den 1990ern sogar hoffnungsvoll von einer „schwarzen Perestroika" – nennen wir es lieber „afrikanische Perestroika" – sprach, haben sich demokratische Prinzipien jedoch lediglich im Schneckentempo verankert. Demokratie ist und bleibt in Bezug auf afrikanische Länder ein dehnbarer und facettenreicher Begriff. Das rührt allein schon daher, dass es sich südlich der Sahara um 49 Länder handelt und nicht um ein Land. In der Theorie beinhalten alle afrikanischen Verfassungen südlich der Sahara demokratische Prinzipien: Wahlrecht, freie Meinungsäußerung, Versammlungsfreiheit oder parlamentarische Kontrolle. Theoretisch gibt es das volle Programm. Als einzige „vollständige Demokratie" gilt jedoch bis heute nur Mauritius, da sich dort auch tatsächlich die Theorie von Wahlprozess, Regierungsfunktionsweise, politischer Teilhabe, politischer Kultur und Bürgerrechten mit der Praxis deckt. Der Demokratieindex 2012 des *Economist* sieht den Inselstaat daher weltweit auf Platz 18. Da machen die Flitterwochen doch gleich doppelt Spaß! Der

Demokratieindex arbeitet mit einer Punkteskala von 0 bis 10 und teilt Länder anhand der besagten Demokratieelemente in „vollständige Demokratien", „unvollständige Demokratien", „Hybridregime" oder „autoritäre Regime" ein. Von den weltweit 50 noch existierenden autoritären Regimen entfallen 25 tatsächlich auf Subsahara-Afrika, angefangen mit Madagaskar und Nigeria auf den Plätzen 117 und 120 bis zur Zentralafrikanischen Republik (Platz 157), der DR Kongo (Platz 159), Äquatorialguinea (Platz 160), Tschad (Platz 165) und Guinea-Bissau (Platz 166). Lediglich um Nordkorea ist es noch schlechter bestellt.[44] Man könnte am Demokratieindex kritisieren, die Tabelle arbeite ebenfalls nur mit Kategorien und biete keine Einblicke in die historischen, soziokulturellen oder wirtschaftlichen Gegebenheiten eines Landes. Trotzdem dient sie immerhin der Verfolgung erster regionaler Unterschiede und Trends. In der Tat schneiden Nordafrika und der mittlere Osten noch schlechter ab als Subsahara-Afrika. Das liegt an den Positivbeispielen Botsuana (Platz 30), Südafrika (Platz 31), Lesotho (Platz 55), Sambia (Platz 70), Namibia (Platz 72), Senegal (Platz 74), Malawi (Platz 75), Ghana (Platz 78) und Benin (Platz 79). Sie belegen Ränge im vorderen Mittelfeld beziehungsweise in der ersten Hälfte der Tabelle. Besonders bei den Bürgerrechten punkten Mauritius und Botsuana (Plätze 9 und 20). Diese Länder zeigen wirtschaftlich positive Entwicklungen gepaart mit stabilen politischen Institutionen und rechtsstaatlich-demokratischen Prinzipien, also Regierungen, die Bürgerrechte respektieren oder die Menschen ganz einfach „in Ruhe lassen".

Die entscheidende Frage ist, wie es weitergehen wird. Man könnte gar die Frage in den Raum stellen, ob Demokratie bloß westlicher Firlefanz ist, der in Afrika vielleicht partiell, grundsätzlich aber nur geringe Aussicht auf Erfolg hat. Die Antwort lautet: „Doch, aber." Zunächst ist Demokratie kein Exportprodukt, das man einfach einpackt und verschickt, in der Hoffnung, dass sich der Empfänger daran erfreut, nachdem er es mit Hilfe einer IKEA-Anleitung aufgebaut hat. Doch der Nährboden ist vorhanden, was auch an dem Einfluss der Philosophie Ubuntu liegt. Ubuntu dient als Grundlage für die Maxime *kgosi ke kgosi ka batho*, was bedeutet, dass die Quelle und die Legitimation von Macht stets nur durch die Gemeinschaft, also durch alle Menschen erfolgen kann. Trotzdem birgt es Gefahren, etwa dass eine übergestülpte Demokratie unter Akzeptanzproblemen leidet. Demokratie hat zwar in afrikanischen Ländern Aussicht auf Erfolg, doch müssen die Bedingungen zu ihrer Verwirklichung erklärt werden. Am besten lässt sich das am ugandischen Präsidenten Yoweri Museveni darstellen – selbst der Kopf eines Hybridregimes. Dieser setzt nach eigenen Angaben seit Jahren alles daran, einer breiten Mittelschicht in Uganda Bildung zu ermöglichen. In seinen Augen hängt die Zukunft des Landes davon ab. Doch solange es sie nicht gebe, seien die Menschen noch nicht reif für die moderne Demokratie. „Noch nicht reif." Ich entnehme diesem Satz eine Haltung, die sich seit längerem im politischen Handeln vieler afrikanischer Regierungen widerspiegelt: Die „vollständige Demokratie" wird absichtlich verhindert oder zumindest hinausgezögert. Aber nicht ausschließlich, weil der eigene Machterhalt wichtiger ist als radikale Reformbemühungen. Das war gestern. Der Status des „Hybridregimes" wird von vielen Regierungen mittelfristig als Notwendigkeit erachtet, um überhaupt langfristig die Möglichkeit einer „unvollständigen" oder „vollständigen Demokratie" zu eröffnen.

Zum einen fürchten Regierungen das Wiederaufkeimen lokaler, ethnischer Strömungen, die den schwachen postkolonialen Staat stets prägten und dies weiterhin tun – tatsächlich hatten die weiter vorne im Ranking platzierten Staaten (Mauritius, Botsuana, Ghana) weniger Probleme mit solchen Strömungen. Der postkoloniale Staat kann in den Augen vieler Staatsführer jedoch nur durch Repression zusammengehalten werden, um nicht von lokalen Sezessionsbestrebungen zersetzt zu werden. Die Loyalität der Staatsbürger gilt zuvorderst ihrer eigenen Ethnie beziehungsweise Sprachgruppe. Zum anderen haben die Beispiele China und Russland gezeigt, dass wirtschaftliche Entwicklung und die Chance auf Wohlstand nicht notwendigerweise der Einhaltung demokratischer Prinzipien bedürfen. Der Journalist Dominic Johnson schreibt deshalb in seinem Buch *Afrika vor dem großen Sprung*: „Das asiatische Modell bedeutet für Afrika, sich direkt und unverblümt dem wirtschaftlichen Aufbau zu widmen, ohne sich mit Fragen der richtigen politischen Ideologie und Staatsform aufzuhalten. Erst kommt das Fressen, dann die Moral."[45] Demokratisch geprägte Institutionen (bürgernahe Verwaltungen, Justiz, Polizei und die damit verbundenen Verfahren) werden als Luxus oder gar Makulatur erachtet. Sie sind zu kostspielig, bedürfen der ständigen Pflege oder sind „für die einfachen Bürger zu komplex", um sie kurzfristig von ihnen profitieren zu lassen. Aus diesem Grund setzen afrikanische Hybridregime und Diktaturen auf repressive Instrumente, nicht jedoch im Bereich der Wirtschaft, wo Reformen und Marktöffnungen angestrengt werden, die hingegen kurz- und mittelfristig Erfolge erhoffen lassen. Was bisher in Ländern wie Uganda, Ruanda oder Angola entstanden ist, ist eine Art „Demokratie light", ein sonderbarer Zwitter aus Einparteien-diktatur und Bürgerbeteiligung, bei denen die Menschen immerhin alle vier bis fünf Jahre an die Wahlurnen dürfen. Nicht zuletzt deshalb spricht Dambisa Moyo auch davon, dass Demokratie nicht etwa eine Voraussetzung für Wirtschaftswachstum sei, sondern Wirtschaftswachstum eine Voraussetzung für Demokratie. Es ist aus unserer Sicht schwer nachvollziehbar. „Halbe Demokratien gibt es nicht!", kritisieren die einen. „Wo bleiben die wahrhaftig demokratischen und tiefgreifend strukturellen Reformen?", fragen die anderen. Es geschah nicht oft, dass ein Big Man selbst abtrat. „Einmal an der Macht, immer an der Macht" notiert auch Bartholomäus Grill und zählt Jerry Rawlings aus Ghana, General Kerekou aus Benin oder Julius Nyerere aus Tansania als positive Beispiele für Herrschaft auf Zeit auf.

Potentaten und Könige

Es war nur wenigen Journalisten vorbehalten, Robert Mugabe persönlich zu interviewen. Grill war einer von ihnen. Er beschreibt Mugabe als jemanden, der sich einerseits nie mehr von Weißen maßregeln lassen würde, andererseits aber die Vorzüge ihrer Kultur zu schätzen wisse. Später sollte Grill schreiben: „Mugabe sitzt da wie sein eigenes Denkmal. Um den Präsidenten Mugabe zu verstehen, muss man mit dem Veteranen Mugabe sprechen." Spätestens seit William Campbell vor das SADC-Tribunal, das oberste Gericht der Staatengemeinschaft in Windhuk, gezogen ist und die Richter ihm Recht gaben, musste Mugabe sich öffentlich vor den Staatspräsidenten im südlichen Afrika verteidigen. Das erste Mal war im Dezember 2007, als er eine einstweilige Verfügung erwirkte. Die wurde ignoriert. Mittlerweile hatten sich über 70 weitere Kläger angeschlossen, die ebenfalls enteignet worden waren. *Mugabe and the white African* erzählt von einem Justizthriller, wie er besser nicht hätte geschrieben werden können. Simbabwe wurde im November 2008 dazu verurteilt, die Ländereien an Campbell zurückzugeben und ihm Schadensersatz zu zahlen. Das Gericht erklärte damit die gesamte Landreform auf einen Streich für gemeinschaftsrechtswidrig. Doch Mugabe ignorierte das Urteil, bezeichnete es an seinem 85. Geburtstag als „Non-sense" und „ohne jegliche Konsequenz" – schließlich habe man eigene Gerichte in Simbabwe. William Campbell wurde von Mugabes Schergen bis zur Besinnungslosigkeit verprügelt und daraufhin von seinem Schwiegersohn Ben Freeth vertreten, der erneut vor das SADC-Tribunal zog. Wieder gaben die Richter in Windhuk bekannt, dass Simbabwe als Mitgliedsstaat fundamentale Gemeinschaftsprinzipien verletzt habe, nicht zuletzt weil das vorherige Urteil schlichtweg missachtet worden war. Das Gericht ordnete entsprechend an, dass sich die anderen SADC-Mitgliedsstaaten über weitere Maßnahmen gegen Simbabwe zu verständigen hätten. Politiker trafen sich, Verhandlungen wurden geführt, Experten zu Rate gezogen und Gutachten erstellt. Im August 2010 beschlossen die SADC-Mitgliedsstaaten auf einem außerordentlichen Gipfeltreffen die Suspendierung des Tribunals. Ein Stück aus dem Integrationstollhaus. Simbabwe kam ungeschoren davon, trotz mehrerer Gutachten, die das rechtmäßige Zustandekommen des Tribunals bescheinigten und ebenso die Bindung Simbabwes an die Urteile des Gerichts.

Der Fall Campbell schlug international hohe Wellen. Der südafrikanische Völkerrechtler Laurie Nathan beklagte, indem man Harare den Vortritt ließ, habe man gleichzeitig die Solidarität und den Schutz zugunsten eines einzelnen Regimes über vertraglich vereinbarte Prinzipien gestellt. Der südafrikanische Erzbischof Desmond Tutu meinte: „Ohne den Gerichtshof verlieren die Bürger einen wichtigen Verbündeten und Investor in ihr Vertrauen in die Region. Als Afrikaner bin ich besonders traurig darüber, dass man das Bild einer im Wesentlichen nicht an rechtsstaatlichen Prinzipien interessierten Vereinigung abliefert."[46] Die Richter des SADC-Tribunals protestierten vehement gegen ihre Suspendierung. Sie zogen gegen die Organisation zu Felde, schrieben Beschwerdebriefe, hielten Vorträge und suchten Verbündete auf nationaler und internationaler Ebene. Sie stellten den gesamten Integrationsprozess im südlichen Afrika in Frage. Im Sommer 2011 traf ich die Richter gemeinsam mit meiner damaligen Doktormutter und Professorin Heike Krieger an der Freien Universität Berlin, nachdem sie vom Auswärtigen Amt eingeladen worden waren, um auf ihre Situation aufmerksam zu machen. Für zwei Stunden hatten wir die Gelegenheit, mit ihnen über die aktuelle Lage in der SADC-Region zu sprechen. Die Richterbank war nahezu vollzählig angereist. Ein Richter kam beispielsweise aus Mosambik, ein anderer aus Botsuana, der Präsident, Ariranga Pillay, aus Mauritius. Ein kleiner, stämmiger Mann Ende 60 mit kantigem Gesicht. Er bezeichnete die Entscheidung, die beim Gipfeltreffen getroffen worden war, als einen Akt, zu dem nur Potentaten und Könige imstande seien, die wüssten, dass man ihnen nichts anhaben könne. Noch nie hatte ich sieben so desillusionierte Juristen und Gelehrte in einem Raum vorgefunden.

Später las ich, dass besonders der südafrikanische Präsident Jacob Zuma der simbabwischen Regierung den Rücken freigehalten haben soll – Zuma und Mugabe: Verbündete aus vergangenen Zeiten. Der botsuanische Präsident Ian Khama war einer der wenigen, die Mugabe öffentlich kritisierten. „Potentaten und Könige." Das ist mir bis heute im Kopf geblieben. Politikwissenschaftler und Juristen wie der Kenianer Henry Mutaï scheuen nicht davor zurück, sich öffentlich dazu zu äußern, dass afrikanische Länder ohne angemessene Führung hoffnungslose Fälle bleiben werden. Die Demokratie müsse sich in eine Richtung bewegen, die tatsächlich den Interessen, Prioritäten und Bedürfnissen der Mehrheit diene. Zu oft hätten Staatspräsidenten ihre eigenen Vorstellungen vom Rechtsstaat diktiert. Sein ghanaischer Kollege Richard Oppong beschreibt das Problem von der anderen Seite und bemängelt, der Kontinent sei gekennzeichnet von einer nahezu fetischistischen Hingabe an die Autokratie. Beide haben recht. Einerseits herrscht ein stark ausgeprägtes Obrigkeitsdenken. Die Tradition besagt vielerorts, dass es einen geben muss, der die Geschicke in den Händen hält. In der Community ist das der Chief – ein Denken, dass im postkolonialen Staat nach oben übertragen wurde. Dort sind es der Big Man und seine Partei. Der Big Man ist allgegenwärtig: An Grenzposten, in Restaurants, an Flughäfen, in Postämtern, auf Briefmarken, auf Geldscheinen. Streng, aber irgendwie gutmütig wachen Durchlaucht eingerahmt über seine Kälber. Dass nur die dümmsten von ihnen sich auch ihre Metzger selber wählen, ist ein hierzulande gern zitiertes Sprichwort. Übertragen auf afrikanische Bürgerinnen und Bürger stellt es jedoch eine zu kurzsichtige Verallgemeinerung dar. Es stimmt: Politiker machen Verheißungen, als stünde die Wiedergeburt der Nation bevor. Die Wahlkampfreden von so manchen Kandidaten sind phänomenal. Doch sie halten ihre Versprechen oft nicht ein – weil sie nicht vehement genug eingefordert werden. Mal liegt es daran, dass die Opposition zu schwach ist, mal daran, dass Bürgerbeteiligungen schier unmöglich sind. Trotzdem gibt es in allen afrikanischen Ländern eine mündige Mittelschicht, auch wenn sie bei Weitem nicht breit genug aufgestellt ist – zumindest noch nicht. Einem solchen breiten demokratischen Aufbruch fehlen derzeit der Unterbau, die institutionellen Anker, die Zivilgesellschaft, die freie Presse, der offene Diskurs, das selbstbewusste, emanzipierte Bürgertum – wie gesagt: Noch. Bettina Gaus erzählt in ihrem Buch *Der unterschätzte Kontinent. Reise zur Mittelschaft Afrikas* von Menschen, die uns sehr ähnlich sind: Lehrer, Architekten, Journalistinnen und Tankstellenpächter. Sie haben die gleichen Wünsche und Sorgen wie wir: ein sicheres Einkommen, eine gute Schulbildung für ihre Kinder, eine glückliche Ehe und Karriere. Sie sind es, die ihre Länder auch in Zukunft zusammenhalten werden. Auf ihnen ruhen die Hoffnungen künftiger Generationen.

Last dictator standing

Die südafrikanische Fastfood-Kette „Nando's" stellte 2011 in einem Fernsehwerbespot mit dem Titel „Last dictator standing" fest, dass Robert Mugabe langsam die eigenen Diktatorenkollegen abhandengekommen sind. Man sieht, wie Mugabe zu seinem Dinner Tischkärtchen aufstellt. Doch keiner kommt zu seiner Feier. Da sitzt er nun, der greise Machthaber, an seiner großen Tafel, mit seiner überdimensionierten Brille, im feinsten Zwirn und mit schwarz-rot-gelb-grüner Schärpe, und denkt an vergangene Zeiten: Daran, wie er und Muammar al-Gaddafi sich freudig mit Wasserpistolen bespritzten, wie er und Saddam Hussein gemeinsam mit ausgebreiteten Armen Engelsflügel im Wüstensand machten, wie er Pieter Willem Botha auf der Spielplatzschaukel anschubste und daran, als er mit Idi Amin wie Jack und Rose im Film *Titanic* auf einem Panzer durch die Lande fuhr. Dazu Mary Hopkins Gassenhauer:

„Those were the days, my friend
We thought they'd never end
We'd sing and dance forever and a day
We'd live the life we'd choose
We'd fight and never loose
Oh, we were young and sure to have our way."

Nando's Werbeslogan lautete: „This time of year no one should have to eat alone. So get a Nando's Six-Pack Meal ... for six." („Niemand sollte zu dieser Jahreszeit alleine essen müssen. Besorgen Sie sich also Nandos Sechserpack ... für sechs.")

Am 21. Februar 2014 feierte Robert Mugabe seinen 90. Geburtstag.

VON SCHLAFENDEN LÖWEN

Der Wirtschaftshype und die wahren Potenziale afrikanischer Staaten

(Nigeria im November 2012)

„Nur ein Verrückter kommt hier auf eine solche Idee. Wir machen es trotzdem. "

(Der nigerianische Unternehmer Aliko Dangote über seinen Plan, in seinem Heimatland eine Erdölraffinerie zu bauen)

„Passen Sie bloß auf sich auf!" „Es soll kein einfaches Land sein." „Lassen Sie sich unbedingt vom Flughafen abholen!" „Haben Sie Ihre Hotels auch schon gebucht?" „Fahren Sie besser nicht auf einem der Okadas mit." „Sei vorsichtig, Junge!" Man rät mir gar, ich solle vorher meine Goldzähne rausnehmen. Das sind also die guten Wünsche für meinen bevorstehenden Nigeriaaufenthalt. Während ich diese Zeilen im trostlos herbstlichen Berlin schreibe, bin ich hin- und hergerissen. Einerseits liegt mein letzter Aufenthalt in Ghana und Togo ein Jahr zurück. Andererseits muss ich mich für meine Doktorarbeit in ein Land aufmachen, das mir im Rahmen meiner Vorbereitungen besonders durch Negativschlagzeilen aufgefallen ist: Korruption, Kriminalität und Terrorismus.

Es ist Montag – ein Tag vor Abflug. Ich sitze im Café St. Oberholz am Rosenthaler Platz in Berlin-Mitte. Zu meiner Linken ein smarter Typ in meinem Alter, der sich auf Englisch über Skype um eine Stelle als Journalist bewirbt. Ich unterhalte mich kurz mit ihm, berichte von meinem Buch und meiner anstehenden Reise. Er stellt sich mir als Nidal vor und entgegnet, er habe schon immer mal nach Ghana gewollt, eine Freundin besuchen, die dort für das Rote Kreuz arbeitet. Überhaupt wollte er schon immer mal in Länder, in denen die Menschen rein gar nichts hätten. Er wird wohl niemals erfahren, dass ihm ab diesem Augenblick ein Platz in meinem Buch sicher ist. Zu meiner Rechten sitzen zwei Damen, die gemeinsam auf ein Macbook starren und sich angeregt unterhalten. Das St. Oberholz ist der reinste Dschungel. Projekte, Projekte, Milchkaffee, Projekte. So Mitte, dass es wehtut. Und morgen Abend, 5200 Kilometer südwestlich von Berlin: Lagos Megalopolis Maximus. Im Taxi auf dem Weg zum Sheraton-Fünf-Sterne-Hotel vorbei an Wellblechhütten, brennenden Tonnen, am Straßenrand liegenden Menschen, nur um dann Minuten später durch die verstaubte Fensterscheibe Zeuge eines Mordes an einem jungen Mann durch zwei Schüsse in den Hinterkopf zu werden?

Am nächsten Tag fliege ich von Berlin nach Istanbul, von wo aus es weiter nach Lagos gehen soll. Ich studiere meinen Reiseführer, der wohlgemerkt seit fünf Jahren nicht mehr neu aufgelegt wurde. Er lässt tief blicken. Zum ersten Mal schafft es ein Reiseführer gar, dass ich mich auf ein Land nicht freue. Zieht man die Einleitung mit praktischen Reise- und Sicherheitsinformationen sowie die für mich nicht in Betracht kommenden Landesteile ab, bleiben von 334 Seiten 34 übrig. Dabei ist Nigeria das bevölkerungsreichste Land Afrikas und zweieinhalb Mal so groß wie Deutschland. Doch die Sekte Boko Haram („Westliche Bildung ist Sünde") hält den Norden um die vom Islam geprägte traditionsreiche Stadt Kano in Atem. Dort sind allein in den vergangenen Jahren mehrere Tausend Menschen Anschlägen, zuvorderst auf Kirchen und christliche Einrichtungen, zum Opfer gefallen. Der weitgehend unberührte Osten ist einfach zu weit weg für meinen dreiwöchigen Aufenthalt. Und die Stadt Port Harcourt und das Nigerdelta im Südosten machten immer wieder Schlagzeilen wegen Entführungen von Journalisten, Ingenieuren und Touristen. So lese ich Beschreibungen zu rund zehn Städten, die auf meiner geplanten Route Lagos-Abuja-Lagos liegen. Bei näherer Eingrenzung komme ich am Ende auf insgesamt vier scheinbar passable Besuchsorte. Die wiederum bieten angeblich auch nur alte Museen, traurige Zoos oder ungepflegte Parks mit teils ungeschultem, teils unmotiviertem Personal, das im Rahmen von Arbeitsbeschaffungsmaßnahmen angeblich nichts anderes mit sich anzufangen weiß, als morgens auf- und abends abzuschließen. Der Eindruck, der in meinem Reiseführer überwiegend vermittelt wird, ist der eines Paralleluniversums, einer Groteske; Nigeria, das Desperados; Nigeria, das Enigma.

Doch nicht nur mein Reiseführer nimmt mir ein bisschen die Vorfreude. Mir kommen meine Bekanntschaften aus Ghana in den Sinn. Vom Taxifahrer bis zu Mighty hatte es geheißen: „Watch out for Nigerians!" „Nigerians are corrupt!" „Nigerians send emails in which they offer you millions if you give them your bank account number." „I would never go to Nigeria!" „After the Africa Cup match in which Ghana beat Nigeria, all Nigerians became aggressive and started to fight." Nicht nur aus Ghana hatte ich kritische Stimmen gehört. Auch Kollegen aus Ostafrika rangen um Worte, die nicht ausschließlich negativ besetzt waren. Sheilah fragte mich, was um alles in der Welt ich denn in Nigeria wolle. Aber was steckt hinter dieser Vielzahl an negativen Äußerungen? Vielleicht auch eine Angst vor der wirtschaftlichen Dominanz des Landes? Die Zahlen sprechen für sich. Ich lese, dass Nigerias Bruttosozialprodukt so groß wie das aller 15 weiteren zur Westafrikanischen Wirtschaftsgemeinschaft ECOWAS zählenden Länder zusammen ist. Die Einwohnerzahlen lassen Nigeria mit 170 Millionen gar ein bisschen wie das China des Kontinents erscheinen. Man hört Nachrichten aus einer bestimmten Stadt, von der man noch nie etwas gehört hat, und findet plötzlich heraus, dass dort zwei Millionen Menschen wohnen – so wie in Qingdao oder Xinyang. Für nigerianische Verhältnisse sind Städte wie Ilorin mit über einer Million oder Abeokuta mit über 800.000 Einwohnern keine Besonderheit. Doch es ist nicht nur die regionale Vormachtstellung Nigerias. Sicherlich haben auch Sie schon einmal eine E-Mail in Ihrem Postfach gehabt, in der Sie jemand an seinem unglaublichen Vermögen teilhaben lassen wollte, er dazu jedoch Ihre Bankverbindung brauchte. Jeder kennt die sogenannten „419 scams", die nach dem nigerianischen Strafrechtsparagrafen benannten Betrugs-E-Mails, die uns hierzu auffordern und auf die immer wieder Menschen hereinfallen. Sie wurden mehrheitlich nach Nigeria zurückverfolgt. Selbst der Autor von *Things fall apart,* Chinua Achebe, hat daher nichts außer einem vernichtenden Urteil für sein Heimatland übrig: „Nigeria ist einer der korruptesten, abgebrühtesten, untüchtigsten Landstriche unter der Sonne." Ich stelle fest, dass Nigeria das wohl schlechteste Image auf dem afrikanischen Kontinent hat. Nigeria, stell dich in die Ecke und schäm dich!

Wirklich? Nigeria, setzen, sechs? Das soll es schon gewesen sein? Oder ist es bloß die Gefahr einer einzigen Geschichte? Je länger ich darüber nachdenke, desto mehr komme ich mir in diesem Moment vor wie ein römischer Legionär in einem Asterix-Comic, der nach Gallien abkommandiert wird. Ich kann von Glück reden, dass ich ja auch noch ein offizielles Programm zu bestreiten habe: Für meine Forschung habe ich eine Woche in der Hauptstadt Abuja bei Gericht eingeplant. Abuja liegt in der Mitte Nigerias. Und so schustere ich mir für mein anstehendes Abenteuer eine aus trostlosen Ortschaften zusammengesetzte Route zusammen. Abenteuer ... so richtig hatte dieses Wort zu meinen bisherigen Reisen in Afrika ja nie gepasst.

Eine erfreuliche Bekanntschaft

Es ist Bola, der mir meine Voreingenommenheit nimmt, der dafür sorgt, dass ich mich nicht mehr wie ein römischer Legionär auf dem Weg nach Gallien fühle. Bola und ich sitzen im Flugzeug von Istanbul nach Lagos nebeneinander. Weil der Mittelplatz frei geblieben ist, nutzen wir den Klapptisch als Ablagefläche. Daraufhin murmelt Bola mir witzelnd zu, ob es wohl unverschämt wäre, in der Economy Nachschlag zu verlangen. *Der Mann gefällt mir.* Wir beginnen beide, uns laut über diese Frage Gedanken zu machen. Wir haben Glück. Die Flugbegleiterin meint es gut mit uns, und so kommen wir bei unserer zweiten Mahlzeit ins Gespräch. Bola, der eigentlich Gbolahan heißt, ist Ingenieur, Ende 40 und in den 70ern in die

USA ausgewandert. Dorthin, wo das Gras grüner ist. In Washington D.C. hat er Familie und Job, kommt aber vier Mal im Jahr zurück, um an seinem Haus zu bauen. Wenn er mit seiner tiefen, ruhigen Stimme von Lagos, was er wie „Leygos" ausspricht, erzählt, gerät er ins Schwärmen. Klar, es ist seine Heimatstadt. Dort ist er groß geworden. Langsam nimmt er mir nicht nur meine Voreingenommenheit, sondern auch meine Unsicherheit. Ich hatte bei meinem Abflug aus Berlin auf Offenheit und Freundlichkeit gehofft und fand sie auf Anhieb bei Bola. Er erzählt mir seine Story, ich ihm meine. Dass ich mit dem Rucksack nach Abuja reisen will, scheint ihm zu imponieren. Aber gleichzeitig findet er es auch ein bisschen überflüssig. Warum ich nicht einfach fliege? Und ob ich vor Ort einen Kontakt hätte? Und was es denn auf dem Weg nach Abuja so Tolles zu bestaunen gebe? Und überhaupt, warum ich denn alleine reisen würde? *Tja.* Fragen über Fragen. So richtig kann ich die ihm auch nicht beantworten.

In Lagos angekommen wird mir bereits in der Schlange für die Passkontrolle bewusst: Nigeria ist kein klassisches Reiseland – jedenfalls noch nicht. Ich bin wohl der einzige, der keinen Anzug trägt. *Die sehen nicht so aus, als wären sie hierhergekommen, um Urlaub zu machen.* Zwei Grenzbeamte kontrollieren entgeistert mein 80-Euro-Visum, das ich auch erst auf offizielle Einladung des ECOWAS-Gerichtshofes erhalten habe. Und doch soll das Potenzial für den Tourismus angeblich vorhanden sein – immerhin eine Nettigkeit meines Reiseführers. Am Geldautomaten besorge ich mir Naira. Die Maschine spuckt endlos viele grün-braune Scheine aus, einen Packen so dick wie 300 Gramm Kochschinken. Ungläubig zähle ich nach und bemerke dabei nicht, wie sie meine Hände camouflage färben. Am Ausgang gibt mir Bola seine Telefonnummer. Mir ist bereits jetzt klar, dass ich ihn bei meiner Rückkehr nach Lagos besuchen will.

Ich stelle die kommenden Tage fest, dass seine Frage gerechtfertigt war: Selbst in dem von mir bereisten Südwesten gibt es nichts groß zu bestaunen – und allein dieses untere linke Planquadrat Nigerias ist schon zu groß, um nur mit dem Bus unterwegs zu sein. In Ghana hatte mir das nichts ausgemacht – das Land ist ja wenigstens noch schön. Doch Nigeria ist anders: Die Natur ist zu verwildert, um aus den Bussen einigermaßen ansehnliche Landschaftsblicke zu erhaschen, oder zu öde, um sie in Erinnerung zu behalten. Die Straßen sind furchtbar; um Infrastruktur, geschweige denn Tourismus schert sich hier offenbar niemand. Stattdessen Staus, verursacht durch fünf Meter breite und einen halben Meter tiefe Schlaglöcher. Hin und wieder gibt es an den Straßenseiten ausgebrannte Öllaster, LKWs mit der Aufschrift „Markisen und Rolladen" oder „City Möbel Grolsheim – Wenn es um Ihr Zuhause geht" oder um die Wette rasende SUVs zu bewundern.

Gestatten: Nollywood

„Sag mal, wo schläfst du überhaupt, wenn du da unten bist?" Diese Frage wurde mir über die Jahre immer wieder gestellt. „Im Steigenberger – wenn ich eins finde" antwortete ich darauf meist trocken. „Wenn nicht, dann gehe ich ins Hilton." Schaute mich die Person dann verdutzt an, sagte ich ganz schnell: „War nur ein Scherz!" Und dann erzählte ich von den ungewöhnlichsten, aber auch schönsten Übernachtungen auf meinen Reisen. Wie zum Beispiel in Ada Foah in Ghana, wo ich für 15 Cedi (fünf Euro) eine kleine, kühle Strohhütte direkt am Atlantik hatte. Das Bett stand mitten im Sand, und nachts konnte man die Wellen des Ozeans hören. Doch es gab auch weniger schöne Erinnerungen an so manche Behausung, was mich zurück nach Abeokuta führt, meine erste Station außerhalb von Lagos. In Abeokuta erklimme ich immerhin einen die Stadt überragenden, auf einem großen Felsen erschaffenen Aussichtspunkt. Olumo Rock wird die einzige offizielle Touristenattraktion der kommenden sechs Tage werden, die man danach vielleicht noch weiterempfehlen könnte. Der Ausblick ist die Mühe wert. Die braun-grauen Wellblechdächer der in die grüne Landschaft hinein-gebauten Häuser überdecken die Szenerie und mir fällt zum ersten Mal auf, dass die Ortschaften bisher deshalb so trostlos aussehen, weil die Mobilfunkfirmen sie noch nicht zu Werbezwecken haben anmalen lassen.

Nach Olumo Rock begebe ich mich in Abeokuta also auf Zimmer-suche. Nach zwei Stunden habe ich herausgefunden, dass vier der fünf im Reiseführer angegebenen Unterkünfte nicht mehr existieren oder temporär geschlossen sind. Weil die Sonne bereits untergeht, liegt meine ganze Hoff-nung auf Hotel Nummer fünf. Mittlerweile bin ich sowieso bereit, alles zu zahlen. Ich biege von der Straße nach links ab, gehe einen Schotterweg hinab und sehe auf der rechten Seite einen kleinen Vorplatz mit einer auf einer Bank sitzenden jungen, lustlos dreinschauenden Frau. (Macht ja auch keinen Spaß, wenn einfach nie was los ist.) Sie feilt sich ihre Nägel und schaut ab und zu auf ihr Handy. Ich gehe auf sie zu und frage sie nach einer Unterkunft. Sie will von mir tatsächlich 16.000 Naira (umgerech-net rund 75 Euro) für ein Zimmer. Das zeigt sie mir auch gleich. Lassen Sie mich meine Suite so beschreiben: Acht Quadratmeter – Tür geht nach innen auf – mit metallenem Bettgestell und konkav gewölbter Matratze mit Klatschmohnmotiv, darauf eine dunkelgrüne Wolldecke, ein Kissen und eine in der Mitte des Zimmers traurig von der Decke hängenden Glühbirne. Das war's. Dann zeigt sie mir noch den Duschkopf und die Toilettenattrappe. In ihrer Anwesenheit drehe ich noch demonstrativ an der Duscharmatur, drücke auf den Toilettenknopf und schaue sie an – ich tue so, als sei ich darüber überrascht, dass kein Wasser rauskommt. Immerhin gibt es einen Deckenventilator. Dass der, so wie die Glühbirne, aber vom Strom abhängt, vergesse ich in meiner vorgetäuschten Vorfreude. Immerhin kann ich sie auf 7000 Naira runterhandeln, was immer noch zu viel ist. Dann kaufe ich zu ihrer Verwunderung für 800 Naira noch 30 Wassersachets, was wohl die Hälfte ihres in einer lauwarmen Kühltruhe vorhandenen Inventars darstellt, und ziehe mich zurück, um einen Tag aus stundenlanger Busfahrt, neugierigen Blicken, einer Stadtbesichtigung, einem Aussichtspunkt und einer nicht enden wollenden Hotelsuche mit wohltuenden Wasserstrahlen aus der Plastiktüte hinter mir zu lassen.

So jedenfalls glaube ich, als ich gegen neun Uhr mit meiner Nachtruhe beginne. Was ich nicht ahne – es wird die gefühlt wohl längste Nacht meines Lebens werden. Ich wache gegen halb elf auf, denn der Ventilator hat wegen eines Stromausfalls seinen Geist aufgegeben. Draußen herrschen noch 25 Grad. Meine Matratze ist pitschnass. Die kratzige Wolldecke hätte mir im Berliner Winter geholfen, hier ist sie einfach nur überflüssig. Wie so oft sind nicht die schwül-heißen Tage das Problem – wenn die Sonne scheint, nimmt man 35 Grad gerne in Kauf. Es sind die Nächte, die anstrengend sind, weil sie nicht abkühlen. Schnell fallen mir die Stimmen aus dem Nachbarzimmer auf. Ich merke, dass meine Herbergsmutter den Fernseher aufgedreht hat. Wie aus Lautsprechern höre ich eine keifende Frau: „WHY DO YOU NOT LOVE ME ANYMORE?" Plötzlich brüllt eine Männerstimme nicht minder laut zurück: „I CAN DO WHATEVER I WANT!" *Och nöö!* Mir dämmert es. Sie schaut einen Nollywoodfilm – in Lagos und Umgebung produziertes Kino. In den Filmen und Serien geht es um die alltäglichen Dinge des Lebens: Betrug, Verrat, Liebschaften, Kummer, Freundschaft, Affären und Gott – alles, was das Herz begehrt. Nollywoodproduktionen sind das Kernstück der medialen Unterhaltungslandschaft in weiten Teilen Afrikas und ein Abbild der nigerianischen Gesellschaft. Man nehme drei, vier Laienschauspieler oder Schauspielstudenten, die groß rauskommen wollen, und schreibe ein zehnseitiges Drehbuch: Freundinnen, die sich in denselben Kerl verlieben oder ein Typ, der mit der Schwester seines besten Freundes schläft, ein seine Familie tyrannisierender Vater mit Alkoholproblem. Geschichten, die das Leben schreibt – und alles mit schönen Dialogen, in denen die Darsteller im Zweifel durch ihre Lautstärke überzeugen. Wie Sie sehen, der Unterschied zum deutschen Privatfernsehen ist hier marginal. Eine Nollywoodproduktion bedarf wahrlich keines großen Budgets, es reichen meist 10.000 US-Dollar. Eine Heimkamera und ein Mittelklassefamilienhaus – das Wohnzimmer mit braunem Ledersofa und Glastisch als Zentrum des

Geschehens – tun es eigentlich schon. Zur Not dreht man noch ein paar Außenszenen auf irgendeiner Wiese an irgendeiner Mauer. In einer Szene, die ich eine Woche später in Lagos sehen werde, treffen sich zwei Freunde an einer Bauruine. Sie begrüßen sich mit Handshake. Es wird geraucht. Ganz cool. Der eine fragt seinen Kumpel, wie es mit seiner Neuen läuft. Kurz darauf geht einer von ihnen zum Pinkeln um die Ecke, wobei man ihn dabei auch noch sieht und hört, weil er am Bildschirmrand mit der Schulter zur Kamera stehenbleibt. Vielleicht mag sich das deutsche Privatfernsehen ja hier noch etwas abschauen. So produziert die Nollywoodfilmindustrie bis zu 2000 Filme pro Jahr, womit sie rund 300 Millionen US-Dollar generiert. Durchschnittlich werden von einem Film 50.000 DVD-Kopien hergestellt, die dann für zwei Dollar verkauft werden.

Während ich also dieser Nollywood-Dauerbeschallung lausche, ärgere ich mich, überhaupt an diesem gottverdammten Ort in dieser gottverdammten Stadt abgestiegen zu sein. Zu allem Überfluss bemerke ich dann auch noch, dass eine Horde Moskitos in mein Zimmer eingedrungen ist. Ich stehe auf, nehme erstmalig ein Loch im Fliegengitter am Fenster zur Kenntnis, flicke es notdürftig und verbringe die nächste halbe Stunde damit, die Biester zu jagen. Ich beschließe zu lesen und mir einzubilden, dass die nächste Station auf meiner Reise besser wird. Wenn ich kurz einnicke, werde ich von einem irre brüllenden Nollywoodpapa aus dem Schlaf gerissen. Das geht weitere zwei Stunden so. Immer wieder sinnfreie Dialoge aus dem Wohnzimmer: „WHY DID YOU DO THIS TO ME?" „BUT I LOVE YOU!" Selbst mit meinen mitgebrachten Ohrstöpseln und dem Kissen über dem Kopf sind meine Versuche, wieder einzuschlafen, vergebens. Ich habe zwar kein Gemüt wie ein Pferd, aber es muss schon jede Menge passieren, bis ich mich beschwere. In diesem Fall zeigt mein Handy 3:20 Uhr an und „jede Menge" ist erreicht. Aufgebracht stapfe ich zur Tür, reiße sie auf, gehe an meinem Schöner-Wohnen-Badezimmer mit der schrottreifen Toilette und der funktionsuntüchtigen Dusche vorbei und öffne die Tür zum Wohnzimmer, wo ich die Hotelmanagerin schlafend auf dem Sofa vorfinde. *Wie kann sie bei diesen 130 Dezibel überhaupt schlafen?* Statt nach der Fernbedienung zu suchen, gehe ich zum Fernseher, schaue auf den Bildschirm, wo gerade eine Frau einem Mann flehend ein Kruzifix vors Gesicht hält, und ziehe den Stecker. Klar, davon wacht sie natürlich auf – es ist völlig absurd. *Was ist das nur für eine Frau, der vier Stunden Nollywoodgeschrei nichts ausmachen und die genau dann aufwacht, wenn der Fernseher aus ist?* Sie richtet sich langsam auf und stöhnt nur: „No, no, no, no!" Ich gebe ihr zu verstehen, dass ich gerne schlafen würde und der Fernseher zu laut ist. Dann steht sie auf und geht. Einfach so. Ich begebe mich wieder zurück in meine Gemächer.

Was dann passiert, grenzt schon fast an Satire. Denn um sechs Uhr morgens klopft sie gegen meine Tür. *Immerhin hat einer von uns gut geschlafen.* Ich reagiere absichtlich nicht, in der Hoffnung, dass sie mich schlafen lässt. Doch falsch gedacht. Die Frau lässt einfach nicht locker. Sie geht einmal ums Haus herum und klopft an meine Fensterscheibe. *Ich fass' es nicht.* Nun reagiere ich und sie fragt mich ganz lieb, ob ich gut geschlafen hätte. *Ob ich gut geschlafen habe?!* Ich bin kurz davor ihr etwas anzutun. Mein zweiter Gedanke? *Ich bin zu alt dafür.*

Es hätte alles so schön sein können

An diesem Morgen verlasse ich Abeokuta in nördliche Richtung nach Ibadan. Und wieder wird es eine ewige Busfahrt, auf der mir mein Hintern einschläft. Dabei ist Nigeria flächenmäßig noch nicht einmal eines der größten Länder des Kontinents. Tansania oder Südafrika etwa sind größer. Was jedoch enorm ist, ist die kulturelle Vielfalt mit rund 250 ethnischen Gruppen. Man geht von bis zu 510 lebenden Sprachen aus. Grob betrachtet gibt es dabei drei große Bevölkerungsgruppen, welche die kulturelle und politische Szene im Land dominieren; die der meist muslimischen Hausa-Fulani im Norden, die Yoruba im Südwesten und die Igbo im Südosten. Die meisten Menschen sind heute multilingual, sprechen ihre einheimische Sprache sowie Englisch oder Pidgin-Englisch, also einen Mix aus Englisch und ihrer einheimischen Sprache. Zumindest habe ich auf der Fahrt die Gelegenheit, den Leuten ein bisschen beim Quatschen zuzuhören. Ich stelle fest: Sie setzen oft ein „o" hinter ein Wort, um es zu betonen. Zum Beispiel: „Sorry o." „Wahala" heißt wohl sowas wie „trouble", also Problem oder Gefahr. Das sagen sie auch gerne. „How now" oder „how you dey" heißt „how are you", also „wie geht es Dir?" Und „I no sabi" heißt „ich weiß es nicht". Bald werde ich mein Sprachdiplom machen können.

Ich lese, dass erste Belege für Bewohner in der Region des westafrikanischen Landes bis ins Jahr 9000 v. Chr. zurückgehen. Die landwirtschaftlich dominierten Siedlungen und Gemeinden verbanden sich nach und nach durch gemeinsame Märkte und Handelspunkte, blieben jedoch bis zum Kolonialismus dezentral organisiert. Dabei waren besonders die Igbo, Tiv und Ibibio durch ihre gemeinsame Sprache und ihren Glauben stärker miteinander verbunden, während die Beziehungen mit der weiteren afrikanischen Community (also anderen afrikanischen Völkern) durch den gemeinsamen Handel stattfanden. Mit der Zeit bildeten sich einige Stadtstaaten, wie Ife-Ife oder Benin (nicht zu verwechseln mit dem jetzigen Staat Benin). Die heutigen 36 Bundesländer orientieren sich an den aus der Vergangenheit erwachsenen Ballungsgebieten der Bundesrepublik Nigeria. Besonders Benin wusste seine Einflusssphären durch militärische Auseinandersetzungen zu erweitern. Nach der Eroberung durch die Briten wurden Strukturen geschaffen, durch welche die verschiedenen Gruppen unter eine gemeinsame Verwaltung gestellt wurden. 1914 vereinte der Gouverneur Frederick Lugard die nördlichen und südlichen Protektorate in einer Kolonie Nigeria. Er versuchte, eine einheitliche Regierungsstruktur aufzubauen, was zu großen Protesten Ende der 1920er Jahre und einer fast schon nationalistischen Bewegung führte. 1939 wurde die Kolonie dann in drei Verwaltungsregionen unterteilt: Hausa-Fulani, Igbo und Yoruba. Mit der Unabhängigkeit des neugegründeten Staates Nigeria im Jahre 1960 traten die bekannten Probleme auf. Die Regierung unter Präsident Balewa (aus dem Norden) änderte die Quotenregelungen, die eine Ausgewogenheit zwischen den drei großen Völkern sicherstellen sollten. Es entstanden Sorgen um Benachteiligungen, die sich letztendlich im nigerianischen Bürgerkrieg, dem Biafra-Krieg (1967–1970) entluden, bei dem bis zu 100.000 Igbo starben, was ebenso zu strukturellen Bevölkerungsveränderungen führte. Und dennoch versuchte die Regierung eine Sezession des Südostens um jeden Preis zu verhindern, denn dort, im Nigerdelta, gibt es riesige Ölvorkommen, die seit den 1970ern entscheidend für das Wirtschaftswachstum des Landes sind.

Doch dass Wirtschaftswachstum nicht mit Entwicklung gleichzusetzen ist, dafür scheint Nigeria wie kein zweites Land in Afrika zu stehen. Man sollte meinen, 40 Jahre Ölförderung seien ein Segen gewesen. Klar, ein Segen für die am Ölgeschäft Beteiligten: Förderer, Händler, Investoren, Politiker. Die erfreuten sich so sehr an ihren Einnahmen und wachsenden Einflussmöglichkeiten, dass eine ausgewogene Verteilung der Ressourcen nie stattfand. Anstelle der Investitionen in Bildung – nur 30 % aller Jugendlichen besuchen auch die weiterführende Secondary School – nutzten die Öl-Eliten ihre Einnahmen für eigene Zwecke. Zwar habe ich Ihnen von Südafrika bereits als das Paradebeispiel für ungerechte Wohlstandsverteilung erzählt. Doch nirgendwo empfand ich den Unterschied zwischen Arm und Reich so offensichtlich wie in Nigeria. Während Südafrika es durch ein gutes Straßennetz und ordentlich geplante Infrastruktur zumindest noch schafft, das Ungleichgewicht zwischen den Schichten zu kaschieren, traten sie für mich persönlich in Nigeria offensichtlicher zu Tage: SUVs, die sich durch Schlaglöcher auf Hauptverbindungsstraßen kämpfen, auf dem Reißbrett geplante Stadtteile in Abuja und Lagos, die sich an Wellblechhüttensiedlungen anschließen und eine mit unserem Lebensstandard jederzeit vergleichbare Versorgung sicherstellen, jedoch nicht im entferntesten etwas mit der Lebenssituation auf dem Land zu tun haben. Mir schien gar, als würden die Großstädte zu den einzigen noch Hoffnung versprechenden Zentren zählen. Ein Leben auf dem Land? Aussichtslos. Somit ist es kein Wunder, dass Großstädte wie Lagos, Ibadan, Benin-City oder Port Harcourt eine enorme Sogwirkung entfalten, weil sich für Politiker und Städteplaner überhaupt nicht mehr die Frage zu stellen scheint, wie man die Lebenssituation in der Fläche verbessern könnte. Dass es aber auch ohne Öl geht, zeigt Aliko Dangote. Der Chef eines großen Mischkonzerns ist der reichste Mann Afrikas mit einem geschätzten Vermögen von elf Milliarden US-Dollar. Die *taz* nannte Dangote gleich den „Protoypen des afrikanischen Unternehmers" – was auch immer sie damit gemeint haben mag. Sie berichtete zudem, Dangote „gehöre zur eher raren Spezies von Afrikanern, die ihren immensen Reichtum nicht ständig zur Schau trügen. Vielmehr präge ihn eine protestantische Arbeitsethik." (Dangote ist Moslem!) Nun ja. Tatsächlich wird ihm hoch angerechnet, dass er sein Vermögen in Nigeria investiert und nicht im Ausland bunkert. Zwar pflegt er sehr enge Freundschaften zu Politikern und nutzt seine Marktdominanz aus. Jedoch kann man sich unschwer vorstellen, dass Unternehmertum in Nigeria kaum anders funktionieren kann. Ein Nigerianer, der sein Geld mit Zement gemacht hat und nun trotzdem mit dem Bau einer Raffinerie ins Erdölgeschäft einsteigen will.

Die Kolonialmacht Großbritannien hatte bereits 1914 durch den Mineral Act festgeschrieben, dass alle geförderten Bodenschätze Eigentum der Krone sein sollten und ausschließlich britische Unternehmen Ölförderung in Nigeria betreiben durften. Mit der voranschreitenden Privatisierung der weltweit wachsenden Erdölindustrie schritt auch der Wettkampf der größten Ölkonzerne um die ressourcenreichsten Gebiete der Erde voran. Die britisch-niederländische Royal Dutch Shell ließ sich im Jahr 1937 in Nigeria nieder, und so begann die Förderung im Nigerdelta. Das Unternehmen hat über die vergangenen Jahrzehnte ein Operationsfeld von 30.000 km² und ein Pipeline-Netzwerk von über 6000 km Länge aufgebaut. Die nigerianische Regierung selbst gründete nach dem Beitritt des Landes zur OPEC ihre eigene nationale Ölgesellschaft, um sich Profite durch gemeinsame Beteiligungen („joint ventures") zu sichern. Der nigerianische Staat erhält innerhalb dieses Konsortiums einen Anteil von 63 % der Einnahmen aus der Erdölförderung. Über zwei Millionen Barrel Erdöl werden jeden Tag in Nigeria gefördert. Das Land ist damit Afrikas größter Erdölproduzent und rangiert weltweit auf Platz 8. Von diesen zwei Millionen Barrel Erdöl produziert Royal Dutch Shell fast die Hälfte. Für die Regierung bedeutet das ein regelmäßiges Einkommen. 99 % des Exports und 85 %

der Staatseinnahmen werden durch die Ölförderung gedeckt – eine enorme finanzielle Abhängigkeit. So die Kurzfassung.

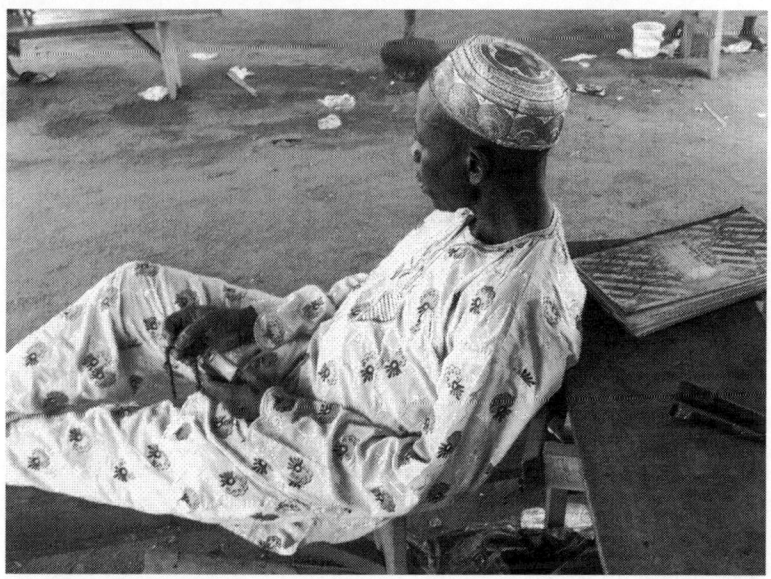

„Schatz, ich komme eine Stunde später nach Hause!" Ein Mann wartet im nigerianischen Ogbomosho auf den Bus.

Kraftwerk Afrika?

Generell hat mich ab dem ersten Reisetag ein ambivalentes Gefühl befallen. Einerseits stelle ich fest, dass Reisen in Nigeria den absolut gleichen Gesetzmäßigkeiten folgt wie sonst auch – bis auf die wirklich miserablen Straßenverhältnisse, die im Übrigen auch allen meinen Busmitreisenden merklich auf die Nerven zu gehen scheinen. Überhaupt habe ich das Gefühl, mir vor meiner Ankunft viel zu viele Gedanken über mein Wohlbefinden gemacht zu haben. Nigeria, das Land der Betrüger? Hinter jedem Baum ein Entführer? Nigeria, das Land, das nicht sein darf? Andererseits sind die Menschen, denen ich begegne, so sehr um meine Sicherheit besorgt und auf rührende Weise bemüht, mir mitzuteilen, vorsichtig zu sein, dass ich nicht weiß, ob mein eigenes Gefühl mich trügt. Eines ist klar: Die Menschen haben definitiv etwas Besseres zu tun, als darauf zu warten, dass sich irgendein Rucksacktourist in ihre Stadt verirrt, um ihn dann abzuziehen. Und doch heißt es immer wieder: „Warum reist Du denn alleine?" Das klingt besorgt und vorwurfsvoll zugleich. Dann ist da wieder diese Freundlichkeit: Leute, die einfach die Straßenseite wechseln, um mich in ihrem Land willkommen zu heißen, und sich dann wieder verabschieden. Einfach so. Eine Frau, bei der ich mir eine Cola kaufe, will, dass ich ihr Baby auf den Arm nehme. Danach ruft sie ihre Freundinnen her, damit die mir „Hallo" sagen. Einen Heiratsantrag gibt es zwar nicht, dafür aber ein Abschiedsfoto. Tja, erstens kommt es anders und zweitens als man denkt. Fest steht, dass es afrikanische Länder gibt, die man als Reisender eher ansteuert und in denen die Menschen nicht sonderlich überrascht sind, wenn ein Tourist ihr Dorf durchquert: Kenia, Tansania, Südafrika und Namibia stehen besonders bei deutschen Reisenden hoch im Kurs. Nicht zuletzt wegen der Nationalparks und der für Ausländer attraktiven Landstriche wird in Infrastruktur investiert, um noch mehr Menschen ins Land zu locken. Vor ein paar Jahren hatte ich einen Nebenjob auf der Internationalen Tourismusbörse in Berlin. Ich nutzte die Gelegenheit, um mich dort über die Präsenz afrikanischer Länder zu erkundigen. Auch dort waren vornehmlich jene Länder mit ausgedehnten Ständen vertreten, die man bereits von Safaris kannte. So verwundert es nicht, dass viele von ihnen sogar separate Tourismusministerien unterhalten, die sich auf oberster politischer Ebene dem Anliegen widmen, die Wirtschaft durch zahlkräftige Urlauber anzukurbeln. Langsam aber sicher hat sich herumgesprochen, dass der Tourismus einen potenziellen Schlüsselwirtschaftszweig in afrikanischen Ländern darstellt. Besonders die Meeranrainer in Westafrika versuchen ihren Ruf als Reiseziele aufzupolieren, investieren in den Straßenbau und die Stromversorgung. Man soll es nicht für möglich halten, doch auch Nigeria hat den Tourismus auf dem Schirm. Dieser steht aber in der Prioritätenliste noch weit unten. Es ist nur eine Frage der Zeit, bis die für den Tourismus werbenden Länder auch spürbare Besucherströme zu verzeichnen haben. Bereits jetzt ist an dem stark wachsenden Netz der Subsahara-Afrika anbietenden Fluglinien, insbesondere Turkish Airlines, erkennbar, dass nicht bloß nach Europa ausgewanderte Familienmitglieder und Geschäftsreisende zwischen Europa und Afrika hin- und herpendeln. Ebenso steigt das Angebot der Billigfluglinien innerhalb Afrikas, wie etwa Fly 540 in Ostafrika. Die stetig wachsenden Streckennetze sind der wohl deutlichste Indikator für den wirtschaftlichen Aufschwung.

Seit über fünf Jahren stammen sieben der zehn weltweit am schnellsten wachsenden Volkswirtschaften aus Subsahara-Afrika: Äthiopien, Mosambik, Tansania, DR Kongo, Ghana, Sambia und Nigeria. Über diesen Aufschwung sprechen ja gerade ohnehin alle. Kein Artikel über

Afrika, der nicht den „Afrikaboom" prognostiziert. Kein Bericht, der Afrika keine rosige Zukunft attestiert. Keine Seminarveranstaltung, in der es nicht um Investitionsmöglichkeiten in Afrika geht – als schössen gerade überall Wolkenkratzer wie Pilze aus dem Boden. Afrika, der Fixstern in der Galaxie der Verlierer? Das war einmal! Wie bei den Krisen, Kriegen, Katastrophen sind es gleich die himmelhoch jauchzenden Aussichten in allen 54 Ländern zur selben Zeit. Ein bisschen wählerischer gab sich das Magazin *Fortune Global 500,* als es in seiner Ausgabe vom August 2012 fragte, ob das für die Schwellenländer geltende Akronym BRIC (Brasilien, Russland, Indien und China) nicht um ein ‚N' für Nigeria auf BRINC erweitert werden sollte. (Das ‚S' für Südafrika war bereits 2011 hinzugekommen.) Solche Buchstabenspielereien deuten auf die Potenziale Nigerias und Südafrikas hin, mehr aber auch nicht.

Zunächst sei festgestellt, dass afrikanische Länder nicht von Tag zu Tag wichtiger werden, nur weil Ökonomen dort Wirtschaftspotenziale sehen. Es stimmt, dass Institute und Denkfabriken gar einen regelrechten „Afrikaboom" voraussagen, der vergleichbar mit der Entwicklung asiatischer Staaten in den 1970er Jahren sein soll. Dem Kontinent jedoch nur deshalb wachsende Bedeutung beizumessen, weil Länder wie Äthiopien oder Angola mit hohen Wirtschaftswachstumszahlen glänzen, wäre zu kurz gedacht. Der Kontinent war schon immer objektiv so wichtig wie jeder andere Erdteil auch, auf dem Menschen wohnen. Was sich ändert, ist unsere subjektive Wahrnehmung, dass sich eine wachsende Aufmerksamkeit lohne. Dass dies wiederum an dem dortigen Wirtschaftswachstum, an Rohstoffvorkommen oder an neuen Investitionsmöglichkeiten liegt, ist unserer eigenen Sichtweise geschuldet. Problematisch ist in jedem Fall, dass sich diese wachsende Aufmerksamkeit mit Unwissenheit oder Fehlvorstellungen über die sozialen, politischen und wirtschaftlichen Realitäten in den jeweiligen Regionen, Ländern, Städten und Dörfern paart. 2011 titelte der *Economist* „Africa Rising". Was die wenigsten noch wissen: Jener *Economist* hatte elf Jahre zuvor noch eine Ausgabe unter dem Aufmacher „Der hoffnungslose Kontinent" veröffentlicht. Toll und nochmal toll! All das hinderte das Magazin *TIME* nicht daran, Ende 2012 auf denselben Zug aufzuspringen – mit demselben kreativen Titel „Africa Rising" versteht sich. Als Aufhänger diente die Story des jungen Fotografen Boniface Mwangi aus Nairobi, der gleich das Aufstreben eines ganzen Kontinents verkörpern sollte. Sancta simplicitas! Obwohl sich die Redaktion die Mühe machte und eine nach Wirtschaftswachstum in verschiedenen Farben unterlegte Karte mitabdruckte, quillt der Artikel über vor Verallgemeinerungen. Denn laut der im Artikel zitierten Unternehmensberatung McKinsey & Company sind „275 Millionen der gesamten afrikanischen Arbeiterschaft (382 Millionen) entweder arbeitslos oder im informellen Tagarbeitssektor anzusiedeln." Der Chef der McKinsey-Dependance in Johannesburg, David Fine, sagt bis 2050 eine Gesamtbevölkerung von zwei Milliarden Menschen in Afrika voraus, wobei „Afrika gleichzeitig lediglich geschätzte 54 bis 72 Millionen neue Jobs kreieren wird."[47] Ich möchte dem südafrikanischen Unternehmensberater nicht die Kompetenz absprechen, über seinen eigenen Kontinent zu urteilen. Doch strebt die Aussagekraft dieser Statistik gegen Null: Welche Länder sind wirtschaftlich stark, wo liegen ihre strukturellen und institutionellen Schwächen? Wie hoch ist der Anteil der Landbevölkerung? Wie groß ist der Agrarsektor im Vergleich zum Industriesektor? Wo wird wie mit natürlichen Ressourcen umgegangen? Welche der Regierungen südlich der Sahara lassen Reformbemühungen erkennen? Wie ist die Gesetzes- und Rechtsvollzugslage in einzelnen Ländern? Wie lange dauert es, ein Unternehmen in Tansania registrieren zu lassen, wie lange in Äthiopien? Welche nationalen Bildungssysteme sind verbesserungswürdig?

Allein ein kurzer Blick in den Doing Business Report der Weltbank aus dem Jahre 2013 offenbart erstaunliche Unterschiede: Ruanda liegt in der Kategorie „Unternehmensgründung" weltweit auf Platz 9, die DR Kongo, das große Nachbarland, auf Platz 185. Baugenehmigungen werden in Südafrika und Namibia am schnellsten erteilt (Plätze 26 und 31). Wenn Sie das in Eritrea, Tansania oder Sierra Leone versuchen, bekommen Sie hingegen lange Gesichter (Plätze 189, 177 und 176). Der Zugang zu Elektrizität ist allerhöchstens in Mauritius und Kamerun zufriedenstellend (Plätze 48 und 62). Doch gerade bei diesem lebenswichtigen Thema liegen viele Volkswirtschaften weit zurück. Schlusslichter sind Guinea-Bissau, Madagaskar und Nigeria. Bei der Darlehensvergabe glänzen Ruanda, Sambia, Kenia und Nigeria. In Eritrea und im Südsudan sollten Sie besser Ihr eigenes Geld mitbringen. Bei der Vertragsvollstreckung punkten Ruanda, Tansania, Ghana und Äthiopien. In Angola können Sie Ihre Titel wahrscheinlich in die Tonne treten.[48] Man könnte ewig so weitermachen. Und dabei habe ich nur die Oberfläche skizziert. Der Artikel „Africa Rising" hingegen bezieht sich im Wesentlichen nur auf drei Beispielländer: Nigeria, Kenia und Südafrika. Die DR Kongo, Mali, Uganda, Somalia und Mosambik kommen noch so am Rande zur Sprache. Und dann auch noch Bob Geldof als fachmännischer Interviewpartner, der das 21. Jahrhundert gleich als das „afrikanische Jahrhundert" heraufbeschwört. Heureka! Afrika, das Land. Afrika, die Wundertüte. Man stelle sich vor, ein McKinsey-Berater würde eine Studie nach demselben Muster über die Wirtschaftspotenziale Europas veröffentlichen. Man stelle sich vor, in *The Africa Report* oder

Jeune Afrique erschiene ein Artikel über die Perspektiven Europas am Beispiel von Liechtenstein, Griechenland, Norwegen und Weißrussland. Der britische Ökonom Paul Collier hat immer wieder darauf aufmerksam gemacht, dass man zuallererst zwischen rohstoffreichen, rohstoffarmen, küstenbenachbarten und vom Land eingeschlossenen Staaten unterscheiden muss, um Analysen zu tätigen. Gerade Staaten mit Küstenzugang hätten die besten Entwicklungen verbuchen können, dann die rohstoffreichen und zuletzt die eingeschlossenen rohstoffarmen Länder. Letztere müssen diesen Nachteil durch Infrastruktur- und Bildungsinvestitionen besonders stark kompensieren.

Die steigende Aufmerksamkeit spürt man langsam auch in Deutschland und am Umgang von Politik und Wirtschaft mit afrikanischen Partnern. Dabei hat es vor und nach dem ehemaligen Bundespräsidenten Horst Köhler keine führenden deutschen Politiker mit ähnlich erwähnenswertem Engagement gegeben, die sich aus eigener Motivation und eigenem Interesse heraus dem Kontinent zugewendet hätten. Zwar werden Regierungsmitglieder stets von einer Wirtschaftsdelegation zur Aushandlung von Geschäftsverträgen begleitet. Jedoch sind auch die Auslandsbesuche von Bundeskanzlerin Angela Merkel eher Nebensache. Sie unternahm 2007 und 2011 jeweils drei- und viertägige Afrikareisen nach Angola, Äthiopien, Kenia, Liberia, Nigeria und Südafrika. Drei Länder in drei Tagen. Das schaffen sonst nur die Japaner. Man kann an der Liste der Destinationen und ihrer Aufenthaltsdauer ablesen, welche Prioritäten die deutsche Außenpolitik generell setzt – Afrika gehört (noch) nicht zu ihnen. Während es in Südamerika allein acht Auslandshandelskammervertretungen gibt, gibt es in Subsahara-Afrika ganze vier: in Angola, Ghana, Nigeria und Südafrika. „Geostrategisch unbedeutend, wirtschaftlich und politisch marginal", urteilte 2003 noch Bartholomäus Grill. Es deutet Vieles darauf hin, dass sich dies in den kommenden 30 Jahren ändern wird:

Der senegalesische Ökonom Sanou Mbaye von der afrikanischen Entwicklungsbank bringt es mit dem Titel seines Buches *L'Afrique au secour de l'Afrique* („Afrika zur Rettung Afrikas") schon auf den Punkt. Auch bei seinem Vortrag in Berlin stellte er zunächst das Grundsätzliche klar: Es herrschen äußerst vielfältige wirtschaftliche Bedingungen und unterschiedliche Rahmenbedingungen, sodass man auch von vielfältigen wirtschaftlichen Entwicklungen auf dem gesamten Kontinent ausgehen müsse. Das Bedeutendste sei zunächst die wachsende politische Stabilität. Die friedlichen Machtwechsel in Sambia, in Senegal oder Ghana seien nur einige Beispiele hierfür. Wirtschaftliche Belege für die zurückgehende Vorstellung von riskanten Geschäften seien die Auslagerung von Unternehmensaufgaben

(„Outsourcing") französischsprachiger Hotlines in den Senegal, der wettbewerbsfähige Telekommunikations- und Bankensektor in Nigeria oder die niedrigen Arbeitskosten in Ghana, die dort einen regelrechten Bauboom ausgelöst hätten. Das Bedeutendste an Mbayes Vortrag war jedoch der Hinweis auf die Potenziale des Handels afrikanischer Länder untereinander. Denn genau hierin liegt der springende Punkt. Durchschnittlich 56,7 % direkter ausländischer Investitionen stammen aus Asien, 16,3 % aus dem Mittleren Osten, 14,8 % aus Europa, doch nur 4 % aus Afrika selbst.

„Afrika zur Rettung von Afrika"

Die Zahlen deuten auf ein großes, noch unangetastetes Potenzial hin, und genau im intra-afrikanischen Handel liegt auch der Schlüssel zum Erfolg. Um dieses Potenzial abzurufen, bedarf es weiterer Reformen, um für Investoren aus Afrika attraktiv zu werden. Benachteiligungen, Umsatzbeschränkungen und mangelnder Rechtssicherheit kann durch bilaterale Abkommen entgegengewirkt werden, schlägt auch Mbaye in seinem Buch vor. Durch diesen intra-afrikanischen Handel kann ebenfalls der so dringend benötigte Wissenstransfer stattfinden. Diesen hat es – zum Vergleich – mit China nie gegeben. Zwar hat kein zweites Land auf der Welt wie China Investitionen in Milliardenhöhe auf afrikanischem Boden getätigt. Jedoch sollte man nicht davon ausgehen, dass Peking damit auch nur ansatzweise altruistische Motive verfolgt. Was afrikanischen Regierungen zu Beginn des Jahrtausends wie Musik in den Ohren klang, waren die Versprechungen Pekings zur Aufbesserung der lokalen Infrastruktur. So sicherte man sich Land- und Wegerechte, um Zugangsstraßen zu bauen sowie für Elektrizität und Wasserzufuhr zu sorgen. In manchen Regionen soll es sogar Verabredungen zur Förderung von Bildungsprojekten gegeben haben. Was zunächst gut klingt, hatte in Wirklichkeit keine großen Auswirkungen auf die lokale Entwicklung. Die chinesischen Firmen brachten teilweise ihre eigenen Arbeitskräfte mit, setzten ihre eigenen Projekte eins zu eins mit eigenen Partnern und eigenen Technologien um. Zwar zahlten die Investoren fleißig an die Regierungen ihre Abgaben für Förderlizenzen und Pacht. 15 Jahre nachdem die ersten Rohstoffförderungsprojekte abgewickelt sind, wird jedoch deutlich: Außer ein paar geteerter Straßen ist nicht viel übrig geblieben vom Rohstoffreichtum des jeweiligen Landes – ein ausgesprochen schlechter Deal. Und doch gilt unter Politikern mehrheitlich: „Die Chinesen sind unsere Freunde. Sie haben das, was wir wollen und wir haben das, was sie brauchen." So kommt es nicht von ungefähr, dass sie bei rund zwei Drittel aller Ugander und Äthiopier, 75 % aller Nigerianer und

Ghanaer und fast 90 % aller Ivorer einen guten Ruf genießen. Auch die Bande zu Angola sind so fest wie noch nie: Angola fördert mittlerweile mehr Öl für China als Saudi-Arabien. Über 30 % des Öls für China kommen mittlerweile aus Angola.

Langsam scheint sich die Auffassung durchzusetzen, dass auch die Anwesenheit der Chinesen nicht zu blühenden Landschaften geführt hat. So etwa in Tansania oder Ghana, wo erste Projekte abgewickelt werden und ich mit Einheimischen vor Ort sprach. Früher waren Investorenpräsenz und wirtschaftliche Entwicklung in ihrer Vorstellung Synonyme. Zumindest konnte man sich bei den Chinesen sicher sein, dass irgendwann eine geteerte Straße übrig bleibt. Deutsches oder europäisches Engagement wird weiterhin stärker mit Entwicklungshilfe in Zusammenhang gebracht als mit wirtschaftlicher Kooperation. „Ihr müsst hier auch mal investieren", sagte mir ein ruandischer Taxifahrer. Er ist nicht der Einzige. In der ruandischen Stadt Rusizi sprach ich einen Abend lang mit Ignace. Er baut Wasserleitungen und obendrein noch sein eigenes Hotel. Die Grenzregion zum Kongo, rund 230 Kilometer von Kigali entfernt, entwickelt sich zum wirtschaftlichen Gegenpol. Nach stundenlanger Fahrt durch den nahezu unbewohnten Nyungwe-Regenwald ist der Kontrast umso stärker. Derzeit dominieren die Chinesen den gesamten Sektor – wie fast überall in Subsahara-Afrika –, und Ignace hat jede Menge zu tun. Mit wem er Projekte vereinbart und wer sein Geschäftspartner ist, gibt er auf meine Frage hin zu verstehen, kümmere ihn zunächst herzlich wenig. Aber jeder sei natürlich willkommen.

Macht das uns Europäer zu den besseren Handelspartnern? Die Frage kommt nicht von ungefähr. Immer wieder hört man europäische Politiker und Unternehmer sagen, wir seien besser als die Chinesen, wir würden auf die Einhaltung von Menschenrechten achten, wir würden einen nachhaltigen Wissenstransfer ermöglichen. Doch durch solche Worte erweckt selbst die größte Investition den Anschein des Gutmenschentums. Investitionen werden zur neuen Entwicklungshilfe. Klasse! Man rettet nicht nur Afrika vor sich selbst, sondern auch noch vor China. Die Frage, ob wir die besseren Handelspartner sind, zeugt eher von gekränkter Eitelkeit als von wirtschaftspolitischem Weitblick. Dabei zusehen zu müssen, wie China sich den Kontinent unter den Nagel reißt, ärgert viele. Das liegt daran, dass auch wir Afrika geopolitisch als ein großes Ölfeld, als eine einzige Diamantenmine, als eine riesige Goldzeche, als eine unerschöpfliche Coltangrube, als eine endlose Ackerfläche wahrnehmen. Dass es in Wirklichkeit auf den intra-afrikanischen Handel ankommt und auf den Abbau europäischer Subventionen, hört man nur von Afrikanern. Dass es noch 100 weitere

Wirtschaftszweige und Kooperationsfelder gibt, ist für uns unvorstellbar. Dass es unterschiedliche Länder mit unterschiedlichen Stärken, Schwächen und wirtschaftlichen Schwerpunkten gibt, verkennen wir ohnehin.

Auf dem Wege nach Abuja

Ich möchte nicht den Eindruck erwecken, als gäbe es neben der GIZ überhaupt kein deutsches Engagement in Afrika. In Nigeria dominiert der Baukonzern Julius Berger, ein Tochterunternehmen von Bilfinger SE, die Szenerie. Wie mein Freund Mitch aus Abuja es so schön ausdrückte: „Julius Berger is a government of its own." („Julius Berger ist eine Regierung für sich.") Tatsache: An (fast) jeder Brücke ein Bagger von Berger. Während andere deutsche Unternehmen noch ängstlich darüber diskutieren, ob man sich in afrikanischen Ländern engagieren sollte („werden unsere Arbeitnehmer da ausgeraubt?"), grast Julius Berger so ziemlich jeden Bauauftrag ab, der ausgeschrieben wird. Da wäre ich auch lieber Vorstandsvorsitzender von Bilfinger als Ministerpräsident von Hessen. Man muss freilich die Eigenart der deutschen Wirtschaft berücksichtigen, die zu 90 % von kleinen und mittelständischen Unternehmen geprägt ist. Sie haben begrenzte Kapazitäten und orientieren sich in Richtung Osten. Ich räume ein, dass es dagegen für französische oder brasilianische Großunternehmen mit dem entsprechenden Rückenwind einfacher ist, Geschäfte abzuschließen. Das Engagement von Berger in Nigeria ist dennoch ein Beispiel dafür, wie in einem spezifischen Wirtschaftssektor die Nachfrage des lokalen Marktes aufgegriffen wurde und zur Entwicklung beigetragen wird, ohne dabei gleich an „land grabbing"[49] oder ausgebeutete Minenarbeiter denken zu müssen.[49]

Ich komme nach viertägiger Reise spät nachts in Abuja an. Ich hatte nach dem dritten Tag beschlossen, eine zehnstündige Marathonfahrt auf mich zu nehmen, weil ich mir von meinen Zwischenstationen in die Hauptstadt immer weniger versprach. Nach Abeokuta hatte ich noch Halt in Ibadan, Oshogbo und Ilorin gemacht. Ich übersprang somit Ogbomosho und Jebba. (Ein fast schon dadaistisch anmutender Satz, wenn ich es mir recht überlege.) So erreiche ich Abuja zwei Nächte früher als geplant – nicht ohne jedoch vorher die brutale Härte des Abujaer Freitagabendverkehrs zu spüren. Wir passieren Zuma Rock, das Wahrzeichen des Landes. Er ist ein 300 Meter hoher, buckliger Felsen, der einsam in der Landschaft steht, etwa 40 Kilometer von der Hauptstadt entfernt. Die untergehende Sonne taucht den Bergfels in goldenes Licht. Kurz hinter Zuma Rock werden die Straßen zwar auch breiter, aber der Verkehr zunehmend stärker. Irgendwann tut sich gar nichts mehr. Meine Busmitfahrerinnen scheint das nicht zu stören. Sie schnattern weiterhin munter drauflos – in Pidgin-English. Dann wird es plötzlich still und die Frau auf der Sitzbank vor mir ergreift das Wort: „Oh, holy father in heaven." Erstaunt horche ich auf und beobachtete sie dabei, wie sie als spontan selbsternannte Diakonisse das „Vater unser" für den gesamten Bus anstimmt. Manchmal schnipst sie mit den Fingern. Ich verstehe nicht alles, auch weil sich die anderen wie ein Kollektiv angeschlossen haben. Spontan steige ich mit ein, vermutend, dass ich wohl das einzige ungläubige Schaf bin. Ich betrachte es in diesem Moment eher als persönliche Herausforderung, herauszufinden, ob ich das „Vater unser" noch auf Englisch drauf habe. Außerdem habe ich gerade nichts Besseres zu tun. Inmitten des verstaubten und lichtdurchfluteten Abendverkehrs hören wir uns beim gemeinsamen Beten zu – vielleicht würde sich der Stau ja von Gottes Hand in Luft auflösen. Das war jedoch in Anbetracht der verstopften Zubringerstraßen ziemlich unrealistisch. Nach unserem kleinen Gottesdienst wird es noch unterhaltsamer: Die junge Dame mit dem Riesenohrring links neben mir beginnt sich bei ihrer Freundin darüber zu beschweren, dass ihr neuer Macker von gestern Abend bislang noch keine SMS zurückgeschickt hat. „Why does he not text me back?" Dann wieder etwas mir Unverständliches auf Yoruba. „He is so cute." *Ja, Schätzchen. Das sind sie immer.* Die Diskussion dauert fünf Minuten. Darüber, wann sie sich melden dürfe, wann er sich spätestens melden müsste, dass das nicht unbedingt ein Zeichen von mangelndem Interesse sei, dass sie ihm nicht durch ihre Dauerschreiberei das Gefühl geben dürfe, ihn zu belagern, dass sie auch warten müsse, denn das mache man nun mal so, und überhaupt. Dann zeigt sie ein mit der Handykamera aufgenommenes Foto. Ich luge herüber nach links. Das Foto ist völlig verpixelt. Aber er scheint tatsächlich ganz gut auszusehen. Dann: „He should have texted me by now." Ich verdrehe die Augen. Ihre Freundin rät ihr, noch ein bisschen zu warten, bevor sie ihm wieder schreiben dürfe. Hätte ich auch so gesagt. Ich fange an zu grinsen. *Herrlich, immer diese Erste-Welt-Probleme in Afrika!*

Das von mir bezogene Hotel liegt mitten in Abuja. Doch was genau heißt „mitten in Abuja"? Gleich am nächsten Tag mache ich einen Spaziergang und fühle mich so, als hätte ich Nigeria verlassen. Abuja ist unter den afrikanischen Hauptstädten die Ausnahme von der Regel. Zugleich ist Abuja der Wirklichkeit gewordene Traum jedes Big Man, hätte er seine Hauptstadt selbst gestalten können. Das liegt daran, dass Abuja auf dem Reißbrett entstand und in den 1970er und 80er Jahren aus dem Boden gestampft wurde. Sie wurde zum Prototypen der afrikanischen Hauptstadt: Mit sehr breiten, sehr langen, sehr gepflegten Straßen, die vorbeiziehen an sehr großen, sehr klobigen, teilweise futuristisch anmutenden Regierungs-

und Verwaltungsgebäuden. Endlich Platz für Toyota-Luxus-SUV-Fahrer. In Abuja wird gebaut, gebaut und gebaut. Ob es sich um eine neue Moschee, ein neues Einkaufszentrum oder ein neues Ministerium handelt. Damit unterscheidet es sich kein bisschen von Lagos. Doch Abuja ist übersichtlich. Es ist geordnet, fast schon entspannt. Abuja hat im Gegensatz zu Lagos einen Pulsschlag, mit dem es sich leben lässt. Das empfinden rund 800.000 Menschen ähnlich, von denen gefühlte 80 % geschäftige Anzugträger sind. Die restlichen 20 % scheinen Taxifahrer zu sein. Im Großraum Abuja leben rund 2,3 Millionen Menschen. Bereits auf dem Weg in die Stadt hinein sieht man die Wellblechhüttensiedlungen, die gleich an Neubaugemeinden mit Kameraüberwachung im Vor- und Stromaggregaten im Hintergarten angrenzen.

„Oh, what a self-saboteuring nation. May God help Nigeria."

Nigeria ist durch die Ölförderungen neben Südafrika zum stärksten Akteur auf dem Kontinent aufgestiegen, doch haben von diesem Aufstieg zu wenige profitieren können. Die politische Ohnmacht, die damit verbunden ist, verdeutlicht mir Mitch, den ich Dienstagabend im Dunes Center, einem Einkaufszentrum in Abuja, treffe. Kennengelernt hatten wir uns auf dem Weg zur Arbeit. Das heißt, ich hatte mein Hotel Montagmorgen verlassen, um zum Gerichtshof zu fahren und meinen Forschungsaufenthalt anzutreten. So wie ich lief auch er den Bürgersteig entlang. Er, der Anzugträger mit den Ringelsocken, war in sein iPhone vertieft. Er schaute mich nur kurz an, so wie ich ihn. Ich war auf der Suche nach einem Taxi und unsere Blicke trafen sich erneut. Dann hob ich die Hand und er grüßte mich zurück. Wir kamen ins Gespräch: Wie geht es dir? Was machst du? Und so weiter. Und schon waren wir verabredet.

Mitch ist an diesem Abend eine dreiviertel Stunde zu spät. Ans Handy geht er erst nach einer halben Stunde, nachdem ich mich erkundige, wo er steckt. Er wurde auf der Arbeit aufgehalten. Mitch arbeitet, wie er mir später erzählt, für eine britische Webdienstleistungsfirma und ist der selbsternannte Selfmademan: Stets mit dem Telefon am Ohr, arbeitet und studiert er rund um die Uhr. Besonders genießt er unseren gemeinsamen Streifzug durch den Elektronikfachhandel im Erdgeschoss. Vor nahezu jedem Flachbildfernseher bleiben wir stehen, weil Mitch sich genauestens über Daten und Preise informieren will. Mitch ist so alt wie ich, kommt gebürtig aus Benin, lebt aber seit zehn Jahren in Nigeria. Er hat sich hochgearbeitet und plant voller Eifer seine Zukunft. Irgendwann soll ich dann auch mit seiner nicht allzu gesprächigen Freundin telefonieren, als er mir sein Handy ans Ohr drückt und während er sich Armbanduhren anschaut. „George, wie findest Du die hier?" Wir verbringen einen entspannten Abend, bei dem wir viele Gemeinsamkeiten feststellen. Besonders sein Interesse an der Politik wird mir in Erinnerung bleiben. Auf meine Frage hin, wie er die Situation in Nigeria bewerte, antwortet er:

„In Nigeria, we see the problem but all we do is play politics with it and end up doing nothing about it. Oh, what a self-saboteuring nation. An economic growth of 7 % is sufficient to create enough jobs to absorb those entering the labour force yearly. Unfortunately the growth is not labour intensive due to poor power supply. The deficit between demand and supply of electricity in Nigeria without taking into consideration population growth would make anyone shiver in unbelief. May God help Nigeria."

Er muss kurz lächeln und schüttelt dabei doch den Kopf. Nigeria sei ein Land, in dem man um die Probleme wisse, sie aber nicht anpacke. Eine Nation, die sich selbst sabotiert, weil sie sich nicht um ihre Stromversorgung kümmert. Was nützt da all der wirtschaftliche Aufschwung? Jeder, so Mitch, der sich die Zahlen zum Bevölkerungswachstum und zu den akuten Stromversorgungsengpässen ansieht, der wird vom Glauben abfallen. In dieser vom abendlichen Einkaufstrubel geprägten Shopping-Mall mit ihren Hot-Dog-Ständen, Sportgeschäften und Computerläden wird mir die Bereitschaft der jüngeren Generation klar, die in den Großstädten etwas erreichen will. Eine Generation, die aber auch ihre Standpunkte konsequent zu vertreten bereit ist. Mitch ist ein Teil der Geparden-Generation, die der ghanaische Ökonom George Ayittey gemeint hat.

Freitag befinde ich mich nach einer erfolgreichen Woche in einer auf den letzten Platz gefüllten Maschine der Arik Air zurück nach Lagos. Ich hatte beschlossen, mir nicht noch einmal stundenlange Überlandfahrten zu geben. Bolas Handynummer war zum Einsatz gekommen. Ich würde für drei Tage bei ihm unterkommen. Wenn es nach ihm gegangen wäre, hätte ich so lange bleiben können, wie ich gewollt hätte. Zwar sei sein Haus nicht gerade das Ritz, aber das war mir egal. Nach meiner Nacht in Abeokuta war mir alles recht. Im Flugzeug geht mir der Kommentar von Mitch durch den Kopf. Wenn jetzt nur noch Gott Nigeria helfen kann, ist es wirklich so schlecht um Nigeria bestellt? Die Stromausfälle, die falsche Investitionspolitik? Ich komme zu dem Schluss, dass letztendlich keiner die Lage im Land so gut beschreiben und beurteilen kann wie die (Wahl-)Nigerianer und Nigerianerinnen selbst. Der Standpunkt von Mitch deutet vielleicht auch auf die Überheblichkeit der nigerianischen Elite hin, die verkrusteten Strukturen, die viele bemängeln. Doch stelle ich auch fest, dass Nigeria zu

Unrecht einen solch schlechten Ruf hat. Die Menschen, die mir begegnet sind, wollen nicht zulassen, dass das schlechte Image ihres Landes weiterhin auf sie abfärbt. Denn in keinem anderen von mir bereisten Land leiden die Leute so sehr auf fast schon rührende Weise darunter. In keinem anderen Land in Afrika habe ich so oft die Frage gestellt bekommen, ob sich mein Eindruck von Nigeria vor meiner Reise bisher erhärtet hätte. Wie oft kamen Leute in Nigeria während eines kürzer oder länger dauernden Plausches darauf zu sprechen, ob das, was ich zuvor über Nigeria gehört und gelesen hatte, der Wahrheit entsprach. Wie sehr waren sie bemüht, mir ein anderes Nigeria zu zeigen. Wie wichtig war es ihnen, um die Schwächen ihres Landes wissend, mich mit einem anderen Eindruck heimfliegen zu sehen.

Bola hat mir einen Fahrer organisiert, der mich vom Flughafen abholen soll. Er kommt fast zwei Stunden zu spät. Ich setze mich nach draußen auf eine Treppe und sehe dem Treiben zu, wie Menschen sich in die Arme schließen. Dabei freue ich mich auf die kommenden Tage und muss unweigerlich an einen Werbespot denken, den ich in den vergangenen Tagen mehrfach sah: Der Spot stammt von der United Nigeria Group und ist Teil einer Kampagne, die gegen die Spaltung des Landes und für die Gemeinsamkeiten aller Nigerianer eintritt. Sie soll den Menschen vermitteln, was sie miteinander verbindet. Ein Mann gibt sich als Yoruba zu erkennen. Er ist damit Angehöriger der im Südwesten des Landes dominierenden Ethnie. Eine Frau sagt, sie sei Muslima, ein Weiterer gibt sich als Ibo zu erkennen. Die Ibo verfolgten im Zuge des Biafra-Krieges (1967–1970) noch einen von Nigeria unabhängigen Staat, die Republik Biafra. Alle versprühen dabei Lebensfreude und lächeln in die Kamera. Es folgen die grün-weiß-grüne Nationalflagge, die den Rand des Bildschirms deckt, und der alles entscheidende Spruch: „Our strength is our diversity! Love Nigeria!" Unsere Stärke liegt in unserer Vielfalt! Hab Nigeria lieb! Das Video ist Teil einer Kampagne, die vor dem Hintergrund nicht enden wollender Auseinandersetzungen im Norden und Südosten des Landes stattfindet. Im Norden ist es die islamistische Sekte Boko Haram, die vor allem die Ängste und Nöte junger Nigerianer für sich nutzt, um sie gegen die Regierung in Abuja und das Establishment im westlichen Lagos anzustacheln. Im Südosten ist es das Nigerdelta, das symbolisch für das Missverhältnis bei der Verteilung der Einnahmen durch nigerianisches Öl steht. Ein Werbespot zur Festigung der Verhältnisse oder als Prophylaxe vor der Spaltung des Landes? So könnte man es sehen. Doch enthält das Video eine eindeutige Botschaft: Die ewigen Differenzen sollen enden und es soll ein friedliches Land aufgebaut werden. „Though tribe and tongue may differ, in brotherhood we stand,

Nigerians all" heißt es in der nigerianischen Nationalhymne. In der Tat hat Nigeria eine schwere Geschichte von Militärherrschaften hinter sich. Erst 1999 kam es erstmals zu relativ freien und fairen Wahlen. In den vergangenen 15 Jahren gab es drei Präsidenten und vier gewählte zivile Regierungen hintereinander. Für Nigeria ist das der Beginn einer Tradition, weg vom zersplitterten, sezessionsgefährdeten Konstrukt zu einem funktionierenden Staat.

Unsere Fahrt durch den Lagoser Abend hat etwas sehr Aufregendes. Anders als bei meiner Ankunft vor zehn Tagen begebe ich mich nun tatsächlich zum ersten Mal in die Höhle des Löwen. Durch den geschäftigen Stadtteil Ikeja, wo wir uns stellenweise nur im Schritttempo voranbewegen, geht es bald auf eine Schnellstraße. Als diese sich erhebt, kann ich zum ersten Mal die geografischen Ausmaße der Stadt wahrnehmen: Lichter, soweit das Auge reicht. Wir fahren über eine der das Festland mit der Lagune verbindenden Brücken. Zu unserer Rechten der Atlantik. Man kann die Skyline von Lagos Island erkennen – elf, zwölf in den Himmel ragende Quader, die den Nachthimmel erleuchten. Ich rolle das Fenster herunter und der warme Fahrtwind bläst mir um die Ohren. Auf den zwei- bis dreispurigen Straßen herrscht reger Verkehr. Immer wieder werden wir von großen Autos mit verdunkelten Scheiben überholt, die es besonders eilig zu haben scheinen. Offensichtlich gibt es für viele einen Anlass, auszugehen oder schnell heimzukehren. Ich hatte bereits vorher mitbekommen, man solle in Lagos unbedingt Party machen und ahne in diesem Augenblick nicht, dass ich Seiten dieser Stadt zu sehen bekommen werde, die ich alleine nie entdeckt hätte. Bola wohnt in Lekki, östlich des Stadtzentrums. Und gegen halb zehn biegt mein Fahrer von der Schnellstraße rechts in einen unscheinbaren, ungeteerten und buckligen Weg ein. Die Stoßdämpfer ächzen, während wir in Schlangenlinien an hohen Mauern vorbeigurken. Dann halten wir an und ein Tor zu unserer Linken öffnet sich. Ich bin angekommen.

DAS ALTE STÜRZT

Stillstand und Wandel am Beispiel von Glaube,
Frauenrechten und Homophobie

(Tansania im April 2011)

> *„Njoroges Hosenbeine flatterten im Wind. Der Pfad war ihm vertraut*
> *und doch so lang und fremd. … Oh Gott – warum rief er eigentlich*
> *Gott an? Er bedeutete ihm doch nichts mehr. Njoroge hatte den*
> *Glauben an alles, was ihm früher heilig gewesen war, wie Reichtum,*
> *Macht, Erziehung und Religion, verloren. Selbst die Liebe, seine letzte*
> *Hoffnung, hatte ihn geflohen. "*

(Der kenianische Schriftsteller James Ngugi in seinem Roman
Abschied von der Nacht)

Auf 4600 Metern Höhe atmet es sich eigentlich nicht anders als am Boden. Wahrscheinlich bemerkt man die Veränderung nach vier Tagen Wandern nicht mehr. Man beginnt auf 1790 Metern, steigt von dort auf 3010 Meter, kampiert und zieht weiter. 3845 Meter Höhe am dritten Tag. Man kampiert und zieht weiter. 3960 am vierten Tag. Wieder kampieren und weiterziehen. Wie rastlose Nomaden. Seit Beginn des Unternehmens weckt uns Saeed früh morgens um sechs. „Rise and shine! Rise and shine!" Für eine Sekunde möchte ich ihn treten. Einer der Jungs aus der Gruppe stellt mir eine Plastikschüssel mit heißem Wasser für die Katzenwäsche hin. Mein Atem verwandelt sich beim Zähneputzen in weißen Dampf. Während ich aufblicke, sehe ich den Mond in der aufgehenden Sonne und unter uns eine weiße Wolkendecke, so weit das Auge reicht. Wir sind schon den dritten Tag über den Wolken, und immer noch kann ich mich nicht sattsehen. Danach rein in die Skihose. Es folgt das Frühstück mit meinen holländischen Mitstreitern Marleen und Roel. Brot, Marmelade, Tee. Dann ziehen wir los.

Es ist die letzte Etappe vor dem finalen Aufstieg. „Pole, pole!" sagt Saeed immer wieder. Wir sollen langsam machen, um uns nicht zu über-anstrengen und an die Luftbedingungen zu gewöhnen. Recht hat er. Die Höhenkrankheit lauert hinter jeder Ecke. Leichte Kopfschmerzen stel-len sich auch bei mir immer wieder ein. Dafür trinke ich Wasser wie ein Kamel. Nervig ist das ständige Müssen müssen. Zuerst den Wanderweg verlassen, eine geeignete Stelle finden, Wanderstöcke zur Seite, Hand-schuhe aus und zwischen die Zähne, Skihose auf, Strumpfhose und Unterwäsche runter. Danach Unterwäsche und Strumpfhose wieder hoch, Skihose zu- und Handschuhe angezogen, Stöcke wieder in die Hand genommen und zurück auf den Pfad. Gefühlte zehn Minuten später das gleiche wieder von vorne und das bis zu acht Mal am Tag. So setzen wir stetig einen Fuß vor den anderen. Wir sind wie die Gefährten in *Herr der Ringe*. Es fehlt nur noch die Musik und Frodos Gejammere. Jeden Tag wan-dern wir. Hoch, runter, links, rechts, über Stock und Stein, durch Täler, über Wiesen, Bäche, Schotter, mittendurch und wieder hoch. Die Wanderschuhe, die mir mein Vater geliehen hat, halten gut. Müssen sie auch. Sieben bis acht Stunden geht das jeden Tag so. Manchmal mit bis zu 100 Metern Abstand zum Rest der Gruppe. Streckenweise fühle ich mich, als wäre ich ganz alleine in völliger Einsamkeit unterwegs. Überhaupt gibt es viel Zeit. Zeit im Überfluss. Ich versuche mich daran zu erinnern, wann ich das letzte Mal so viel Zeit hatte. Zum Nachdenken, zum Nichtdenken, zum Staunen, zum Atmen. Der Berg und ich. Es hat schon fast etwas Meditatives.

Subsahara-Afrika ist im Grunde genommen ein einziges Hochland. Im Norden ist der Kontinent nur zwischen 10 und 500 Meter hoch, nach Süden hin sind es jedoch durchschnittlich 1000 Meter. Durchweg erstrecken sich diese Hochlande tafelartig und werden gelegentlich von Gebirgen überragt und eingefasst, so dass solche Großlandschaften an große Becken erinnern. Das Hochland selbst ist der Beckenboden, während die Gebirge die Ränder darstellen. Eine besondere Bodengestalt weist Ostafrika auf. Für diesen Teil des Kontinents sind die großen Grabenbrüche charakteristisch. Sie beginnen teilweise schon in Kleinasien am Toten Meer und setzen sich als Rotes Meer mit 2000 Metern Tiefe fort, während ein zweiter großer Graben sich mit dem Unterlauf des Nils nach Ostafrika hin- und hindurchzieht. Die großen ostafrikanischen Seen füllen die tieferen Stellen dieser Grabensysteme. Die Tiefe des Tanganjika-Sees etwa beträgt 1500 Meter, während seine Randberge über 2000 Meter aufsteigen. Hier beträgt also die Gesamtgrabentiefe 3500 Meter, was zu atemberaubenden Landschaften führt. Die großen afrikanischen Vulkane, von denen wenige noch aktiv sind, hängen wahrscheinlich mit diesen Grabenbildungen zusammen. Längst erloschen sind der Elgon (Uganda/Kenia) mit 4311 Metern, der Mount Kenya (5194 Meter) und der Kilimandscharo mit 5986 Metern Höhe.

Eine Besteigung des Kilimandscharo ist eine Offenbarung. „Berg des bösen Geistes" oder „Weiß leuchtender Berg" lauten zwei Übersetzungen. Das Dach Afrikas hat sein eigenes Ökosystem. Es ist fast so, als würde alles atmen – jeder Baum, jeder Strauch, jeder Fels. Gegensätze wie Urwald und Mondlandschaft sind hier vereint anzutreffen. Das morgige Wetter ist Glückssache, denn niemand kann es vorhersagen. In der Regensaison, die in Tansania von März bis Mai geht, haben wir die Route mit drei weiteren Gruppen nahezu für uns allein. Und trotzdem regnet es so gut wie nie. Die Sonne scheint bei acht Grad so stark, dass ich mir am vierten Tag den Pullover ausziehe und glatt einen Sonnenbrand hole. Saeed hatte mich gewarnt, aber ich wollte nicht hören. Er ist 49 und mein Führer auf dieser Reise. Saeed ist sein muslimischer Vorname. Er führt seit vielen Jahren Abenteuerlustige wie mich auf die Spitze des Kilimandscharo, den Uhuru Peak (Freiheitsgipfel) auf 5895 Meter. Der Berg ist für ihn, wie er sagt, eine spirituelle Quelle. Wie oft er ihn auch schon erklommen hat, er entdeckt immer wieder neue Seiten. „Kannst du den Berg hören?", fragt er mich. Ich schaue ihn dann nur an und sage einfach „ja", um ihn nicht zu enttäuschen. Ich finde seine Frage faszinierend, aber auch irgendwie lustig. Ich komme mir vor wie der junge Skywalker, dem Obi-Wan Kenobi das Jedi-Dasein beibringt. Natürlich höre ich nichts. Was soll ich auch hören? Auf 4800 Metern gibt es keine hörbaren Lebewesen mehr. Was bleibt, ist der Wind. Und wenn der nicht weht, dann schluckt die Luft unsere Stimmen, ohne Widerhall.

Saeed beeindruckt mich als sehr lebensfroher und ausgeglichener Mensch. Ich beschließe, mir ein Beispiel an ihm zu nehmen. Als wir bei einem frühen Abendessen den finalen Anstieg auf die Spitze besprechen, bleibe ich noch mit ihm im Zelt sitzen. Wir trinken Roibuschtee aus unseren Metallbechern. Wir sprechen über Tansania und über seine Heimatstadt Moshi, wo er aufgewachsen ist. Nachdem er mich über mein Leben ausgefragt hat, sagt er, ein Mann in meinem Alter – ich war damals 27 – sollte schon längst verheiratet sein und Kinder haben. *Ein Kind gezeugt, ein Haus gebaut, einen Baum gepflanzt*, kommt es mir in den Sinn. Er sagt, das Erste, was ich bei meiner Rückkehr in Deutschland tun sollte, sei, mir am Flughafen die nächstbeste Frau zu nehmen. Ich erkläre ihm, dass das nicht so einfach funktioniere, was ihn neugierig macht. Er schüttelt nur verständnislos den Kopf: „You are a man! You have to settle down, work, have a family. What are you doing? You travel! But you don't leave your mark!" Er sagt, ich würde mein Zeichen nicht setzen, keinen Abdruck hinterlassen. Ich gebe ihm zu bedenken, dass die Familie einen hohen Stellenwert hat, ob ich mich persönlich dazu entscheide zu heiraten oder nicht. Das will er nicht gelten lassen und gibt mir zu verstehen, sich gegen Heirat zu entscheiden entspräche einer Entscheidung gegen das persönliche Glück. Arrangierte Ehen finde man nur noch in ländlichen Gegenden. Für seine Tochter aber habe er bereits eine sorgfältige Prüfung durch die Familie vorgesehen. Was zwischen uns beiden in diesem Moment entsteht, ist nichts anderes als eine Diskussion über Lebensentwürfe, Werte und Ziele. Ich entgegne, ich hätte noch viel Zeit für all diese Dinge. Vermutlich denkt er, ich führe ein Lotterleben. Saeed schildert mir, worauf es nach seinem Empfinden ankommt. Ich höre ihm weiter zu. Er beginnt von seiner Tochter zu erzählen. „Ich muss ihr ständig sagen, dass sie keine Miniröcke tragen soll", sagt er und schaut dabei zur Seite. Ich muss mich beherrschen, nicht zu grinsen. Doch Saeed ist es ziemlich ernst. Nicht nur, dass seine Tochter gerne kurze Röcke trägt. Sie spielt nur noch mit ihrem Handy oder sitzt im Internetcafé, lernt immer wieder neue Jungs kennen. Aber so seien sie eben, sagt Saeed seufzend. Aus seinem Munde hört sich das an wie eine Grabinschrift. Ich frage ihn, auf wen er sich konkret bezieht. „Oh, viele, viele! In Moshi, in Arusha, in Dar es Salaam. Die jungen Leute haben ihren Respekt verloren!" Saeed meint, in den vergangenen zehn Jahren habe sich sehr viel getan. Alle würden sich am Fernsehen orientieren, wo sie jetzt immer dieser Serien zeigten, in denen junge Leute sich küssen. (Er meint wohl Nollywood.) Dann würden sie nur noch auf Facebook schauen, was der jeweils andere so macht. Alle besäßen nun Handys. Keiner mache mehr das, was er tun solle, nämlich für die Familie sorgen. Das käme alles aus Amerika – diese Einstellung, dieses Verdorbene. Die jungen Leute würden viel weniger arbeiten. Das sei früher anders gewesen. Sie würden nicht mehr im Dorf bleiben. Es ziehe sie nach Dar es Salaam, und es werde immer schwieriger, ihnen etwas mitzuteilen, ihnen etwas mit auf den Weg zu geben oder gar zu verbieten. Früher sei das anders gewesen. Man blieb bei seiner Familie, und selbst wenn es jemanden in die Stadt zog, sei der Kontakt nicht abgebrochen. Ich frage mich, ob er das Neue, das Moderne fürchtet. Oder will er mir gegenüber bloß sein Unverständnis kundtun? Ein bisschen erinnert er mich an Okonkwo, den tragischen Helden aus Achebes *Things fall apart*. Das Alte stürzt. Das Aufeinanderprallen britischer Imperialisten mit der Community Okonkwos bringt den Igbo zu der Überzeugung, es sei es eher wert zu sterben, als sich auf die Knie zu begeben. Warum in einer Welt leben, in der man nicht länger seinen Lebensinhalt definieren kann? Unser Gespräch, das heißt, vielmehr Saeeds Monolog, nähert sich dem Ende. Er seufzt erneut und weist zu Recht darauf hin, dass wir schlafen gehen sollten, um vor dem letzten Anstieg noch ein paar Stunden zu Kräften zu kommen. Okonkwo hat gesprochen.

Zweieinhalb Jahre später und um so manche Afrikaerfahrung reicher weiß ich, dass es nichts Unübliches ist, nach dem eigenen Privatleben (aus) gefragt zu werden. Wie oft ich nun schon gehört habe, dass ich längst verheiratet sein müsste. Wie oft ich nun schon gefragt wurde, wie viele Kinder ich hätte, ob ich religiös sei oder an Gott glaube. Ich hatte damit keinerlei Probleme, auch wenn man solche Fragen in Deutschland eher als private Angelegenheit einstufen würde. Ich gehe davon aus, dass solche Fragen einfach der Neugier der Leute geschuldet waren, denen ich begegnet bin – seien es ein freundlicher Fahrer, der mich kurz ein Stück mitnahm oder Gespräche wie das mit Saeed. Erst nach und nach stellte ich fest, dass Themen wie Familie und Religion fast überall in Afrika grundsätzlich einen sehr hohen Stellenwert haben und nicht ausschließlich Privatsache sind. Sie werden in Zeitungen, im Radio, im Fernsehen und auf dem Marktplatz beim Dorfpalaver rege diskutiert. Jedoch kommt das nicht von ungefähr: Es gibt akute Gründe für die Häufigkeit dieser Gesprächsthemen in den Ländern südlich der Sahara. Nicht zuletzt wegen des technologischen Fortschritts, der vor den wenigsten Orten dieser Welt Halt macht, ist eine kontinentale Debatte über gewisse Themen ausgebrochen, die sich an Gegensätzen und Umbrüchen festmachen lassen. Sie tangieren Fragen von Religion, Glaube, Familie, sozialen Modellen, Rollenbildern und gesellschaftlichen Werten. Ich könnte nun titulieren: Afrika ist im Umbruch, zerrissen zwischen Tradition und Moderne. Zwischen Kangas und Computern. Selbst wenn diese Verallgemeinerung zuträfe, dann stünde Afrika damit nicht alleine da: Der globale Modernisierungsprozess, beflügelt durch kulturelle Einflüsse aus dem Ausland, die Verstädterung oder das Internet, betrifft schließlich alle Menschen. Ich erinnere mich in diesem Zusammenhang gerne an eine nigerianische Bierfernsehwerbung für Guinness, in der ein Mann zurück aus der Stadt aufs Land kommt. „He never forgets where he is from", sagt die Männerstimme im Hintergrund. Daraufhin wird gezeigt, wie der Mann seinen Sohn fragt, ob dieser bereit sei, auch ein Guinness zu trinken, und er drückt ihm später selbst ein Busticket in die Hand. Der Sohn auf dem Weg in die Großstadt als Verkörperung des Modernen? Der Vater, der ihn ziehen lässt, als Hüter der Tradition? So trivial es auch anmutet: Besonders in drei konkreten Punkten habe ich über die Jahre hinweg eklatante Wahrnehmungsdifferenzen zwischen Jung und Alt sowie Stadt und Land ausmachen können: Beim Einfluss des Christentums, der Rolle der Frau und dem wohl derzeit heikelsten Thema, dem Umgang mit Homosexualität.

Gott vor Augen

Glaube und Religion sind vielerorts identitätsstiftend. Auch ich nahm in den vergangenen vier Jahren an drei Gottesdiensten teil. Der erste war in Südafrika im Nachtreisebus von Port Elizabeth nach Johannesburg. Mit den in Alufolien, Plastiktüten und Tupperdosen aufbewahrten Mitternachtssnacks der anderen Fahrgäste hatte die Atmosphäre fast schon etwas von einer Intercityfahrt von Koblenz nach Norddeich Mole. Der Fahrbegleiter legte gegen zwei Uhr nachts ein Video ein, und auf den Fernsehbildschirmen erschien ein in dunkle Gewänder gekleideter Priester vor einer blauen Wand. Der Gottesdienstfilm dauerte eine Stunde und hatte ungefähr denselben Unterhaltungswert wie Telekolleg Mathematik. Alle paar Minuten wurden Texte zum Mitbeten eingeblendet. Dabei handelte es sich um Bibelpassagen, die meine Sitznachbarin, so wie die Mehrheit meiner Reisegenossen, morgens um zwei fleißig mitmurmelte, während sie nebenbei ganz genüsslich ihr Grillhähnchen verzehrte. Den zweiten Gottesdienst sah ich auf dem Rückweg von Togo nach Ghana mit Mighty. Wir waren schon den ganzen Sonntagmorgen unterwegs gewesen, hatten die Grenzhöhen hinter uns gelassen und schritten über durch Wälder gezogene Schotterpisten. Die Mittagssonne hatte sich über uns erhoben und ließ das an der Straße liegende Dorf hell erstrahlen, aus dem ich von weitem Chorgesänge vernahm. Mit jedem Schritt, den wir taten, wurden sie lauter. Im Dorf angekommen trat ich an die offene Pforte des weißen Kirchengebäudes und folgte dem Spektakel für ein paar Minuten. Leider konnte ich nicht sehr viel sehen, denn die Gemeinde war so vollzählig erschienen, dass Frauen und Männer bis zu zehn Reihen hinter den letzten Bänken standen. Ich beobachtete sie von hinten mit ihren bunten Gewändern, wie sie schaukelten, klatschten und sangen. Ihre Begeisterung war überwältigend.

Beim dritten Gottesdienst war ich wirklich mittendrin statt nur dabei. Er findet ein Jahr später in Abuja statt. Nachdem ich dort Freitagabend mein Hotelzimmer bezogen habe, begebe ich mich Samstagvormittag auf meine Stadttour, wo mir eine freundliche Dame auf dem Bürgersteig, der entlang der breiten und ewig langen Straßen Abujas verläuft, einen Flyer einer Pfingstkirche in die Hand drückt. Auf diesem steht geschrieben: „Who are you?" *Tja, das wüsste ich auch manchmal gerne.* Ich merke recht schnell, um was es sich handelt, und frage ungläubig und zugleich höchst erfreut, ob ich wirklich vorbeikommen dürfe. „Of course! Of course!" Jeder sei herzlich willkommen. Ich erkundige mich nach der Uhrzeit und schlucke innerlich, als sie mir sagt: „From nine till one." *Oh Gott! Vier Stunden! Die meinen es ernst.* Unterwegs studiere ich den Flyer genauer. „Inspirational Seeds of Truth" lautet die Überschrift. (Inspirierende Samen der Wahrheit.) Im Text darunter steht, jeder Mensch habe nur drei Tage im Leben, um zu bestimmen, wer er ist: Gestern, heute und morgen. *Soso.* Gestern ist Teil deines Namens, deines Familienhintergrundes, deiner Kultur, deiner Geschichte, deines Scheiterns, deiner Fehler und Erfolge. Heute umfasst deine Umwelt, die Umstände, in denen du dich befindest, deine Entscheidungen, deinen Standort und die Freunde, die du kennenlernen wirst. Angeblich ist heute wichtig, um Veränderungen herbeizuführen, damit ich meine Hoffnungen und Träume erfüllen kann. Morgen ist sogar sehr wichtig, denn es beinhaltet diese Träume. Am darauffolgenden Sonntag mache ich mich auf den Weg. Ich überlege, wann ich das letzte Mal in der Kirche war, und komme auf Heiligabend 2004. Die United Pentecostal Church of Nigeria ist ein großes weißes Gebäude mit Turm, das direkt an der Straße hinter hohen schwarzen Gitterstäben gelegen ist. Bereits von Weitem sehe ich, dass der Gottesdienst noch gar nicht offiziell begonnen hat, obwohl es bereits 9 Uhr ist. *Hätte ich mir ja auch denken können.* Leute stehen entspannt versammelt auf dem Vorplatz. Sie begrüßen und unterhalten sich. Rechts vor der Kirche sind zwei Polizeiautos geparkt. Vier dunkelblau uniformierte Polizisten lehnen in der morgendlichen Sonne an ihren Autos – die Kalaschnikows im Anschlag. Ich nehme den rechten Eingang, wo ich von einem Sicherheitsmann abgetastet werde – eine etwas skurril anmutende Prozedur. Dass Gotteshäuser von der Security beschützt werden, wundert mich aber in dem Moment schon nicht mehr. Christliche Institutionen sind in ganz Nigeria, auch in der sehr sicheren Hauptstadt Abuja, immer wieder Ziele von Terroranschlägen durch Boko Haram gewesen. Zwar ist mir nicht mulmig zu Mute, ich kann mich einem entsprechenden Gedanken jedoch nicht ganz entziehen: *Was, wenn an diesem Sonntag in dieser Kirche …?* Immerhin würde ich im Angesicht Gottes sterben. Ich betrete das Gotteshaus, das von innen eher etwas von einer Turnhalle als von einer Kirche hat. Hinter mir ziehen sich links und rechts Tribünen hoch, die zur Seite in Emporen übergehen. Vorne eine Bühne und ein riesiges Banner, das sie ziert. Auf dem steht „Year 2012: Harvest of divine fruitfulness" („Das Jahr 2012 ist das der Ernte göttlicher Fruchtbarkeit"). *Wer weiß? Zwei Monate hab ich ja noch.* Links und rechts auf der Bühne führen Treppenstufen auf eine weitere Empore. An der Seite stehen Trommeln und Mikrofone. Dahinter eine Reihe Stühle. Mittig und in exponierter Lage die Kanzel des Priesters – ein Rednerpult aus weißem Marmor. Die Wand dahinter ist geziert von blau-goldenen Tüchern, die in der Mitte zu einem großen Stoffknoten zusammenfinden. Darüber ein LED-Ticker, auf dem immer wieder das Wort „Fruitfulness" aufblinkt. Ein bisschen zu viel Blingbling für meine Begriffe. Oben an der Decke hängen vor den üblichen vollgas laufenden Ventilatoren zwei Beamer, die eine weiße Fläche an die Wand strahlen, auf dem wohl später die Lied- und Gebetexte erscheinen sollen. Ich nehme in der fünften Reihe der linken Tribünenhälfte Platz und sehe dem Treiben zu. Mehrheitlich nehmen Männer um mich herum Platz. Sie tragen weiße Hemden. Manche sind in ihrer traditionellen Kleidung, dem Buba, gekommen. Sie begrüßen mich alle mit Handschlag und heißen mich herzlich willkommen. Es herrscht keine direkte Geschlechtertrennung, auch wenn die Frauen in ihren farbigen Röcken, Gewändern und Kopfbedeckungen mehrheitlich hinter uns und auf der rechten Tribüne Platz nehmen. Ich glaube, dass Frauen einfach lieber bei Frauen und Männer lieber bei Männern sitzen. Langsam füllen sich die Ränge und Frauen und Männer positionieren sich an den Instrumenten. Plötzlich beginnt in fast ohrenbetäubender Lautstärke Musik aus den Lautsprechern zu dröhnen. Die Menschen an den Trommeln und Mikrofonen erheben sich und fangen an zu klatschen. Wir erheben uns ebenfalls von unseren Bänken. Und dann beginnt der Chor nach ein paar Takten Vorspiel inbrünstig zu singen: „Jesus Christ! Jesus Christ! Jesus Christ! The Lord has come. Jesus Christ, the Lord has come. He is our savior. He is our guide. Jesuuuuuuuuuuuus! Oh, Jesuuuuuuus! Jesus Christ, the Lord has come!" Wirklich kreativ ist der Text ja nicht, aber die mit Trommelrhythmen gepaarte frohe, schwungvolle Synthesizermelodie und die Chorstimmen erzeugen eine absolute Gänsehautatmosphäre. Ich sehe, wie ein Kameramann die Gemeinde filmt. Gesichter werden über den Beamer auf die Wand vorne über uns projiziert. Ich bewege mich ebenfalls und klatsche mit im Takt. *Hoffentlich fängt er mich nicht ein.* Ich sehe Leute, die mit ihren Körpern schaukeln und zum Klatschen weit ausholen. Ich sehe einen Mann, der seine Arme hochhält. Andere schreien und schütteln sich geradezu. Eine Frau wirkt dabei ganz hysterisch, aber keinen scheint es zu stören. 110 % Glaube. Ein Fest für Auge und Ohr. Das Ganze geht sechs, sieben Minuten so – immer wieder, immer weiter. Es fetzt. Bis das Lied dann endlich mit einem leidenschaftlich lang gezogenen „Jesuuuuuuuuuuuuuuuuuus" sein Ende findet. Womit auch sonst? Dann tritt ein Mann im Dreiteiler vor. Die knapp 200-köpfige Gemeinde folgt ihm mit ihren Blicken. Er schreitet zum weißen Marmorpult und ruft: „Jesus Christ! He is the Lord!" *Okay, okay, wir wissen es jetzt.* Es folgt eine Bibelpassage. Ich glaube, es war eine Stelle aus einem Korintherbrief. Der Prediger macht bei seinen stetig intensiver werdenden Interpretationen auch immer wieder Kunstpausen, in denen die Leute ihre Arme in die Luft strecken oder zustimmend „Yeah!" rufen. Nach der kurzen Lesung bittet er die Gemeinde nach vorne. Mehrheitlich sind es Männer, die weiße Zettel in ihren Händen halten, vor der Kanzel stehen und diese betend hochhalten. Ob auf ihnen Fürbitten oder persönliche Wünsche stehen, weiß ich nicht. Vieles wird mir nicht klar sein an diesem Sonntagmorgen, und so bleibt mir nur, mich aufs Beobachten zu beschränken. Dennoch vergeht die Zeit wie im Flug. Nach drei Stunden scheint die Messe immer noch nicht gesungen. Plötzlich klopft mir jemand auf die Schulter – ein Mann, der zu einer Frau herüberzeigt, die an der Treppe steht und die mich erwartungsvoll herüberwinkt. Anscheinend will sie, dass ich irgendwohin mitkomme. Sie zeigt nach oben die Tribüne hinauf. Ich zögere zunächst, denke mir aber, dass es vielleicht kein schlechter Zeitpunkt ist. Sie führt mich die Treppe hoch bis nach ganz oben und bietet mir dort einen Platz an. Oben ist man etwas weiter vom Geschehen entfernt, hat aber einen tollen Überblick über die feiernde Gemeinde. Die Leute hier unterhalten sich, und so werde ich der Reihe nach der gesamten Truppe vorgestellt. Wo ich herkomme, was ich in Abuja mache, wie alt ich bin, warum ich keinen Ring am Finger trage, das übliche nette Geplauder. Sie freuen sich sehr über meinen Besuch. Sie sagen, sie hätten mich auf der Leinwand gesehen und beschlossen, mich nach oben zu holen. Manche drücken mir ihre Visitenkarten in die Hand und wollen in Kontakt bleiben. Ich schreibe meine E-Mail-Adresse auf Papierschnipsel. Später folgen wir gemeinsam der Messe. Es wird geklatscht, gesungen und mit dem Körper geschaukelt. So bleibe ich noch eine weitere Stunde und verlasse gegen 13 Uhr den Gottesdienst, der sich immer noch nicht dem Ende nähert.

Ein Gottesdienst in der nigerianischen Hauptstadt Abuja

Die Religion ist für meine Begriffe neben der Sprache – es gibt schätzungsweise 3000 verschiedene – das wohl facettenreichste Element kulturellen Lebens auf dem Kontinent. Das hängt allein schon damit zusammen, dass sich viele der ursprünglichen afrikanischen Naturreligionen mit dem Christentum und dem Islam zu Mischformen verbunden haben. Die religiöse Prägung afrikanischer Länder lässt sich grob gesprochen an den Eroberungen durch die Europäer beziehungsweise die Araber ablesen. Der Islam wurde beispielsweise durch arabische Händler und Missionare im späten elften Jahrhundert nach Nigeria gebracht. Der erste Hausa-König, der zum Islam konvertierte, war Yaji aus Kano im Jahre 1370. Das Christentum kam später mit den Portugiesen im 15. Jahrhundert, breitete sich in Nigeria jedoch erst ab dem 19. Jahrhundert aus. Vom vorwiegend christlich geprägten südlichen Teil des Kontinents ausgehend, trifft man also vor allem im Westen (Nigeria, Niger bis herüber nach Senegal) und in Teilen des Ostens (Äthiopien oder Sudan) vorwiegend auf Muslime. Christen und Muslime praktizieren ihren Glauben nach den altbekannten Riten. Das heißt, dass bei Muslimen freitags und bei den Christen sonntags gebetet und gefeiert wird. Doch besonders im ländlichen Raum – und hier spreche ich für das Christentum – haben die Menschen christliche Strukturen in bestehende Systeme eingearbeitet oder umgekehrt traditionelle Riten in den christlichen Glauben integriert. Das Christentum wurde durch fortbestehende animistische Elemente teils unterschwellig, teils offen ergänzt, also gewissermaßen „afrikanisiert". Die Austreibung negativer Energien oder die Existenz geisterartiger Welten, die im Animismus vorkommen, gingen in der uns bekannten Erlösung durch den Herrn oder durch das Diesseits-Jenseits-Verhältnis auf. Das führt dazu, dass einem Europäer die hier praktizierten Rituale und Praktiken mitunter ziemlich schrill vorkommen. Ebenso wurde der Glaube an bestimmte animistische Gottheiten an die Rolle gewisser Propheten, Apostel oder sonstiger Figuren aus der Bibel angelehnt. Nach meinem Eindruck war es so, dass man in städtischen Regionen eher auch das Christentum in seiner uns Europäern geläufigeren Form vorfindet.

Was die Stadt von der Provinz tendenziell unterscheidet, ist der Hang zum Aberglauben. In Sambia wurde eine Kartoffelart zum Verkaufsschlager, die angeblich vor einer HIV-Ansteckung schützt. In Teilen Simbabwes existiert der Aberglaube, Sex mit einem Albino würde eine HIV-Infektion heilen. In anderen Ländern hält man Albinos für unsterblich. Bringt eine Frau, ich weiß es nur von Teilen Kenias, dort Zwillinge zur Welt, wird sie besonders reich beschenkt. In der DR Kongo werden Nashornprodukte traditionell als Aphrodisiaka eingesetzt. Forscher sprechen von einem Placebo-Effekt. In Kinshasa wird vor den sogenannten Penis Shrinkers gewarnt, die mit angeblichen Hexerqualitäten für Wirbel sorgen. Auch die Ehrfurcht vor Priestern kennt scheinbar keine Grenzen, wenn man sich Messen des südafrikanischen Pastors Daniel Lesego vor Augen führt, in denen er die Gemeindemitglieder Gras essen lässt und auf ihren auf dem Boden liegenden Körpern herumspaziert. Spaß ist eben, was ihr draus macht![50] Der Grund liegt wohl darin, dass Priester mancherorts als Medium zwischen Gott und den Menschen heilende Kräfte besitzen sollen. So ist es nicht verwunderlich, dass sich besonders die Pfingstkirchen enormer Beliebtheit erfreuen. Sie sind für Gebräuche und Rituale der jeweiligen Kultur anpassungsfähiger, während im Katholizismus Rom immer eine gewisse, an europäischen Traditionen orientierte Ordnung vorschreibt. Ein anderes Mal wohnte ich in Abuja auch einer katholischen Messe bei. Ich stellte schnell fest, dass Drögheit auch hier keine Grenzen kannte. (Ich übertreibe ein bisschen.) Der Gottesdienst war nahezu identisch mit einem, wie man ihn im Rheinland vorfinden würde – angefangen beim Läuten der Sakristeiglocke über das Schwenken des Weihrauchs bis zu den Schellen bei der Wandlung (aus der Hostie wird der Leib Christi). Der einzige Unterschied lag wohl in der aktiveren Teilnahme der Gemeinde.

Die überwältigende Mehrheit der Bevölkerung in christlich geprägten Ländern bezeichnet sich als gläubig oder streng gläubig. Ein Taxifahrer in Ruanda erzählte mir gar, das Gute an der Eroberung durch die Deutschen im 19. Jahrhundert sei gewesen, dass wir ihnen das Christentum gebracht haben. Der Glaube gibt so vielen Menschen Halt, dass er ein nicht wegzudenkendes Element täglichen Lebens darstellt. Immer wieder wurde ich auf meinen Reisen von älteren Frauen gesegnet. Möge Gott mit mir sein, möge Gott mich auf meiner Reise begleiten, möge Gott mich schützen – völlig normale und freundliche Gesten, die den Zusammenhalt der Menschen zu befördern scheinen. Doch hat besonders der strenge Glaube auch seine Schattenseiten. Der Film *Kinshasa Kids* erzählt von Straßenkindern in der kongolesischen Hauptstadt, von aus ihren Elternhäusern vertriebenen Kinderhexen, die angeblich Unheil über die Familie brachten. Die Kinder sind nicht besessen. Vielmehr liegt ihre Diskriminierung an der Unverantwortlichkeit der Eltern, wie eine Frau im Film festhält. Von den Kinshasa Kids geht ein besonderer Zauber aus. Der Film erzählt einerseits von Jungen und Mädchen, die auf ausgelegten Pappkartons schlafen, die stehlen müssen, um zu überleben. Doch sind sie nicht fatalistisch. Sie finden sich in Hinterhausecken zu Bands zusammen, proben Lieder, spielen auf aus Töpfen gebastelten Schlagzeugen, errichten im Freien ein Tonstudio. Sie singen: „Papa, Mama! Apply your mind when you make a child. Show love when you raise them, you must put them on the right path. Papas, don't abandon them!" Nach den Aufnahmen hören sie sich ihre Ergebnisse an. Ihre Texte handeln von Respekt. Ihre Religion ist die Musik.

Gegen die Väterherrschaft

Eine Schattenseite ist die Macht der Kirchen in politischen Belangen. So verbreiten besonders Pfingstkirchen die Lehren des Christentums in ihrer wohl denkbar fundamentalistischsten Form. Es ist mittlerweile bekannt, dass sie enge Kontakte zu ihren amerikanischen Partnerkirchen pflegen. Immer wieder stellte ich überrascht fest, dass das mit Abstand auffälligste Gebäude in irgendeinem Ort die nigelnagelneue Pfingstkirche war. Das Geld fließt, weil ihre Doktrin konsequent vermittelt wird. Dies wiederum stärkt die Machtstellung vom vielerorts präsenten Patriarchat. Zwar gibt es in Liberia und in Malawi mit Ellen Johnson-Sirleaf und Joyce Banda zwei Präsidentinnen südlich der Sahara, und in so gut wie allen Kabinetten sind Frauen vertreten. Doch ist auch das Thema der Gleichberechtigung der Frau ein hochaktuelles. Meine Freundin Sheilah aus Kampala postete jüngst auf Facebook ihren Unmut darüber, dass sie zur Heirat gedrängt werde. Sie schrieb: „Please pressure me no more..... I marry for ME, when I WILL!!!" Ich muss dazu sagen, dass Sheilah eine selbstbewusste Person ist, die studiert hat und um ihre Rechte weiß. Doch ist sie als Großstädterin nicht repräsentativ für so manche Frau in ländlichen Regionen, die ihrem Mann als Zweit- oder Drittfrau unterlegen ist. Dass Männer sich mehrere Frauen nehmen, wird vielerorts gesellschaftlich akzeptiert. Doch wage ich zu behaupten, dass man die Rechnung ohne die Wirtinnen macht. Gemessen an ihrem Beitrag im täglichen Leben, zum Unterhalt oder zur Fürsorge kämpfen Frauen weiterhin mit alten Ordnungsverhältnissen, obwohl nationale Verfassungen oder die afrikanische Menschenrechtscharta etwas ganz anderes vorsehen. Kilometerweit schleppen sie die Ernte, tragen Wasserkrüge, verkaufen ihre Waren auf dem Markt, damit es vielleicht für eine bessere Schulbildung für die Kinder reicht. Doch über die Zahlen häuslicher Gewalt oder sexuellen Missbrauchs kann man nur spekulieren. Südafrikanische Frauenrechtsorganisationen gehen davon aus, dass nur jede neunte Vergewaltigung in ihrem Land angezeigt werde, da Vergewaltigte weder Vertrauen in die Strafverfolgung besäßen, noch durch sexistische Polizisten oder Richter gedemütigt werden wollten. Hinzu kommen kulturalistisch eingefärbte, neo-traditionalistische und populistische Propaganda: So argumentierte Präsident Jacob Zuma 2006 in einem gegen ihn geführten Vergewaltigungsverfahren, es sei das Recht und sogar die Pflicht eines (in Jacob Zumas Fall: Zulu-)Mannes, mit Frauen Sexualverkehr zu haben.

Wer afrikanische Autorinnen liest, der erkennt den ungebändigten Willen zur Gleichberechtigung der Geschlechter. Ein Blick in ihre Werke vermittelt den Eindruck, dass Frauen in vielen Ländern, Städten und Dörfern ausbrechen wollen, es aber nicht können. Eines stammt von Tsitsi Dangarembga und trägt den Titel *Preis der Freiheit* (original: „Nervous Conditions"). Und genau darum geht es. Die simbabwische Autorin wurde 1959 geboren und schildert ihre eigenen Erfahrungen in der Person der jungen Tambudzai. Nach dem Tod ihres Bruders bekommt sie die Chance, mit Hilfe ihres Onkels aus England eine Schule zu besuchen, wo sie ihrer Cousine näherkommt, die anders als Tambudzai in England aufwuchs. Dangarembga verdeutlicht auf eindrucksvolle Weise, wie unterschiedlich und ähnlich zugleich beide Systeme sind, in denen sie agieren – die rassistische Kolonialgesellschaft wie die patriarchale Struktur ihrer Shona-Gesellschaft. Ein anderes Werk stammt von der Senegalesin Mariama Bâ, die mir mit ihrem Roman *Ein so langer Brief: Ein afrikanisches Frauenschicksal* imponierte. Darin schreibt sie das Tagebuch von Ramatoulaye, einer modernen Frau, die sich als Opfer der überlieferten Polygamie empfindet. Die Szenen einer senegalesisch-islamischen Ehe hat die Autorin offensichtlich selbst durchlebt. Sie trägt ein islamisches Erbe und gibt doch ihre Gleichheitsideale nicht auf: „Manche Männer fanden uns töricht, andere bezeichneten uns als Hexen, aber viele wollten uns besitzen."

Mein Land liebt mich nicht

Sicherlich ist es nicht so, als wären ausschließlich die Kirchen für die Prägung gesellschaftlicher Werte in afrikanischen Ländern verantwortlich. Doch darf man ihre Rolle keinesfalls außer Acht lassen. Denn die Priester wissen um die Gestaltungsmöglichkeiten in ihren Gemeinden. So wurde aus Simbabwe, Uganda oder Nigeria darüber berichtet, dass vor bedeutenden Wahlen so mancher Fuhrpark eines Geistlichen erweitert wurde. Im Gegenzug tätigten diese dann indirekte oder direkte Wahlaussagen. Die Trennung von Kirche und Staat ist nicht in Gefahr – sie ist quasi nicht existent.

Besonders beim Thema Homosexualität spricht die Gesetzgebung in so manchem afrikanischen Land Bände, woran nicht zuletzt auch die Kirchen beteiligt sind. „Liebe vor Gericht" titelte kürzlich Amnesty International und stellte fest, dass in Burundi, wo homosexuelle Handlungen seit 2009 verboten sind, Haftstrafen bis zu zwei Jahren drohen. 14 Jahre bis zu lebenslanger Haft sind möglich in Ghana, Sierra Leone, Tansania oder Uganda. In Benin, Sudan, Mauretanien, Teilen Nigerias und Somalias droht die Todesstrafe.[51] Am 31. Januar 2013 organisierte die Friedrich-Ebert-Stiftung in Berlin eine Veranstaltung zu dem Thema, wie mit Homophobie in Afrika Politik gemacht werde. Im Podium saßen auch der junge Nigerianer Godwyns Onwuchekwa, der seit 2004 in London lebt, und Mojisola Adebayo, eine nigerianisch-dänische Schauspielerin und Lehrerin am Isbi Theater „Shout" in London. Godwyns arbeitet in London als Coach und gründete die Initiative „Justice for Gay Africans", die sich vor Ort und über das Internet an ausgewanderte afrikanische Schwule und Lesben richtet. Godwyns berichtete davon, dass ein Outing in den meisten Familien katastrophale Folgen hat, worin ihm Mojisola beipflichtet. Für ihn persönlich hätte eine Rückkehr nach Nigeria gravierende Konsequenzen. Godwyns sagte, junge Menschen würden von ihren Familien verstoßen und verjagt, was wegen des besonderen Stellenwertes der Familie einer Verbannung aus der eigenen

Heimat gleichkomme. Homosexualität gelte oft als „unafrikanisch" und daher als inakzeptabel.

„Unafrikanisch"? Die nigerianische Schriftstellerin Chimamanda Adichie stemmt sich gegen den Missbrauch dieses Wortes. Der Begriff sei geradezu perfide. Im Falle eines nigerianischen Jungen, der zum Opfer von Schwulenhetze wurde, stellt sie klar: „Seine Eltern waren Igbo, seine Großeltern und Urgroßeltern ebenso. … Menschen wie wir, auf afrikanischem Boden geboren und aufgewachsen. Wie können sie ‚unafrikanisch' sein? Wenn überhaupt etwas ‚unafrikanisch' ist, dann [das nigerianische Gesetz]. Es geht gegen die Werte der Toleranz und des ‚Leben und leben lassen', die integraler Bestandteil vieler afrikanischer Kulturen sind." Und trotzdem: Homophobie wird nicht nur von Kirchenführern, sondern auch von politischen Akteuren gezielt geschürt. Besonders dann, wenn Letztere in eine Legitimitätskrise geraten. Gerade in wirtschaftlich schweren Zeiten, in denen die öffentliche Kritik an Machtmissbrauch, Patronage oder Klientelimus einer kleinen herrschenden Elite steigt. Auch Robert Mugabe sei hier nochmals beispielhaft erwähnt.

In einem zum Thema veröffentlichten Bericht der Stiftung heißt es, bereits 2003 habe eine homophobe Hetze gegen Sylvia Tamale stattgefunden. Tamale ist eine international anerkannte Jura-Professorin an der Makerere-Universität in Kampala. Während eines Gender-Workshops hatte sie gefordert, die Rechte von Homosexuellen in ein Grundsatzpapier aufzunehmen. Doch über die Jahre verschlimmerte sich die Situation. Am 14.10.2009 brachte der Parlamentarier David Bahati einen Gesetzentwurf zur Verschärfung des bestehenden Anti-Homosexuellen-Gesetzes ins Parlament ein, wonach sexuelle Handlungen, die „gegen die Natur verstießen" mit Haftstrafen von bis zu 14 Jahren geahndet wurden. Bahati gingen die gesetzlichen Verschärfungen nicht weit genug. Er wollte die seit 1999 von Präsident Museveni punktuell angeordneten Haftstrafen für Homosexuelle in Todesstrafen umwandeln. Nach massiven internationalen Protesten nahm er diesen Vorstoß zwar zurück, alle anderen Verschärfungen wurden jedoch beibehalten. Bahati postulierte, sein Gesetzentwurf stärke die ugandische Nation und stoppe die Bedrohung der traditionellen Familie in Uganda. Er wolle ein Bollwerk schaffen, um ugandische Jungen – vor allem Waisen – vor Homosexuellen aus Europa und den USA zu schützen. Bahati behauptete, ausländische und ugandische Schwule wollten der ugandischen Gesellschaft ihre homosexuelle Promiskuität aufdrängen.[52]

Die öffentliche Wahrnehmung stieg mit den Jahren kontinuierlich. Anfang Oktober 2010 hatte das ugandische Hetzblatt *Rolling Stone* in bester *Stürmer*-Manier Namen und Adressen von 100 ugandischen

Homosexuellen veröffentlicht und auf dem Titelbild ein Foto David Katos, des damaligen Direktors der Sexual Minorities Uganda, abgedruckt. Die bis dato kleine Zeitung mit einer Auflage von 2000 bis 3000 Exemplaren forderte: „Hängt sie!" Chefredakteur Giles Muhame konnte damit die Auflagenhöhe rasant steigern. Er selbst verglich Homosexualität mit einer Seuche, die die Moral in der ugandischen Gesellschaft zerstöre. Menschenrechtsgruppen erreichten auf juristischem Wege eine gerichtliche Verfügung, die Muhame weitere Gewaltaufrufe und öffentliche Namens- beziehungsweise Adressennennungen von Homosexuellen verbot. Doch David Kato wurde am 26.1.2011 brutal ermordet. Der Mörder, Nsubgu Sydney, ein aus dem Gefängnis entlassener Kleinkrimineller, den Kato zur Rehabilitation bei sich aufgenommen hatte, wurde zwar anschließend zu 30 Jahren Haft verurteilt. Doch Sydney setzte die monatelang von ugandischen Politikern, pfingstkirchlichen Predigern und etlichen Medien forcierten Aufrufe zur Lynchjustiz gegen Homosexuelle in die Tat um. Die Vorfälle stellen nur einen kleinen Ausschnitt dar. Die *Neue Zürcher Zeitung* titelte im Mai 2013 entsprechend „Kein Kontinent ist so homophob wie Afrika". Ist das vor dem Hintergrund des soeben Geschilderten zutreffend oder handelt es sich bloß um einen weiteren vergeblichen Versuch, Afrika zu pauschalisieren? Die Ironie liegt darin, dass ich in den von mir bereisten Ländern auch immer Männer beobachtete, die Händchen halten. Sei es an der Bushaltestelle oder über den Gehweg schlendernd: Männer betätscheln sich oder ziehen sich am Arm über die Straße. Niemand kann mir erzählen, es handele sich dabei nicht um ein Zeichen der Zuneigung. Körperlicher Kontakt ist schließlich ein menschliches Grundbedürfnis, mit dem wir alle aufwachsen. Doch was bei uns als Zeichen für Liebe oder „Verliebtsein" gewertet wird, ist bei ihnen ein Ausdruck des Vertrauens und der freund- schaftlichen Bindung. Ich musste trotzdem immer wieder nachdenklich schmunzeln, wenn ich es sah.

Bei aller Liebe zu einem Kontinent und seinen Menschen tue ich mich seit Jahren beim Thema des Minderheitenschutzes, insbesondere der Verfolgung homosexueller Frauen und Männer, besonders schwer. Ich möchte Ihnen den Dokumentarfilm *Call me Kuchu* ans Herz legen, der die gesamte Dimension der derzeit geführten Debatte in Uganda zeigt. Es kommen die Frauen und Männer zu Wort, die um ihr Leben bangen müssen. Nicht zuletzt wegen Drohungen aus Großbritannien und den USA, Entwicklungshilfezahlungen einzustellen, konnte die Einführung der Todesstrafe verhindert werden. Hierzulande setzte sich der ehemalige Entwicklungshilfeminister Dirk Niebel dafür ein, dass Präsident Museveni schlussendlich von einer Verschärfung des ugandischen Strafrechts Abstand nahm. Erpressung? Europäische Missionare, die sich in innere politische Angelegenheiten einmischen? Es geht um die Wahrung des Rechtes auf Leben und persönliche Freiheit. Doch trotz der wichtigen Kritik offenbart die Frage das grundsätzliche Problem vom Verhältnis zwischen Politik nach europäischen und Politik nach afrikanischen Vorstellungen. In *Call me Kuchu* bekommen wir die entsprechende Reaktion präsentiert: „Amerikaner und Europäer wollen, dass wir ihr Gift der Homosexualität zu uns nehmen." Manche Ugander fühlen sich bevormundet. „Europa und die USA diktieren uns ihre Werte" liest man in Online-Leserforen. An anderer Stelle schreibt ein Nigerianer: „Der Westen sollte die Entscheidung der nigerianischen Mehrheit akzeptieren, statt auf Nigeria herumzuhacken." Die nigerianische Botschaft in Berlin wies 2012 mit einem Aushang an der Eingangspforte vorsorglich darauf hin, dass man auf entsprechende Proteste gar nicht erst eingehen werde und sich eine Einmischung in innere Angelegenheiten verbitte. Schließlich respektiere man auch die Souveränität der Bundesrepublik Deutschland. (Im Falle von Nigeria hatten die USA und Großbritannien mit der Einstellung von Entwicklungshilfezahlungen gedroht.)

Menschenrechtspolitiker und -aktivisten werden es nicht gerne lesen. Doch hier offenbart sich ein weiteres Defizit unserer Entwicklungshilfepolitik. Deren Einstellung wird als Diktat gewertet. Was hierzulande als geeignetes Druckmittel gilt, schafft gar keine nachhaltigen Anreize zur Beachtung von Menschenrechten, sondern hinterlässt ein gestörtes Verhältnis. Die Androhung der Einstellung von Entwicklungshilfegeldern zum Menschenrechtsschutz mag kurzfristig förderlich sein. Sie ist jedoch grobschlächtig, weil sich in den Augen der Ugander und Nigerianer etwa europäische über afrikanische Wertevorstellungen erheben. Das Gefälle zwischen Gebern und Nehmern nimmt zu. Die Hierarchie zwischen Europa und Afrika wird erneut manifestiert. Was ist dann die Alternative? Die Hände in den Schoß legen? Mitnichten. Regierungskonsultationen sind wichtig, haben jedoch nur einen geringen Effekt. Man sollte nicht so naiv sein und glauben, nach einem Treffen mit deutschen oder britischen Vertretern würden Museveni und Co. in ihren Ländern Gleichberechtigungskommissionen ins Leben rufen. Der erste notwendige Schritt ist eine differenzierte Auseinandersetzung mit dem Thema. Bei allem Schwermut gilt auch hier nichts anderes. Der Titel des Zeitungsartikels „Kein Kontinent ist so homophob wie Afrika" ist nicht falsch. Nirgendwo sonst ist die Gesetzgebung nahezu flächendeckend so einschneidend. Nirgendwo sonst ist das gesellschaftliche Verständnis so gering. Kurzum: Von allen Kontinenten ist Afrika tatsächlich der homophobste. Doch auch hier führt der Rasterblick zu nichts. Kontinente als Vergleichsgruppen zu wählen ist nicht mehr als irrationale Mengenlehre. Es heißt es noch lange nicht, dass damit alle diesen Gesetzen unterliegenden Menschen dieselbe einseitige, in Stein gemeißelte Meinung zu dem Thema hätten. In den Internetforen kontinentaler und nationaler Online-Zeitungen, wie allafrica.com oder der kenianischen Daily Nation, melden sich Gegner und Befürworter gleichermaßen zu Wort. Sheilah bestätigte mir für Uganda: „Interestingly most of the Acts of Parliament of 2013/14 end up inciting highly polarized public opinions. Anti-homosexuality, anti-pornography, petroleum exploration, public order management, even the Uganda Communications Act and Excise Amendment law triggered sparks! I like these new fruits of an informed nation." Ebenso gibt es naturgemäß Menschen, die sich gar nicht für das Thema interessieren – wie es übrigens jahrhundertelang der Fall war. Die Mehrheit denkt, man entscheide sich zu Homosexualität, wie zu einer Sportart. Doch die öffentlichen Debatten haben den Umgang mit Homosexualität erst in den letzten zehn Jahren wirklich zu einem Thema werden lassen. Jetzt ist es so heiß wie Frittenfett. Homophobie dient Politikern und Hasspredigern als Vehikel zur Abgrenzung vom Westen – ein misslungener Versuch afrikanische Werte neu zu definieren. Dennoch verkörpert er eine Sehnsucht nach Selbstbestimmung. Dass diese Suche nach einer neuen „Identität", die frei von äußeren (post-kolonialen) Einflüssen ist, auf dem Rücken Unschuldiger ausgetragen wird, bleibt zweifellos tragisch. „Wir fürchten nicht so sehr die Polizei", sagte ein ugandischer Aktivist gegenüber dem *Spiegel*. „Wenn du festgenommen wirst, kannst du dir einen Anwalt nehmen. Aber gegen den Mob hast du keine Chance."[53]

Bei aller Dramatik hilft es auch bei diesem Thema nicht, Afrika wie ein Land zu behandeln. Man muss über die regionalen und lokalen Unterschiede Bescheid wissen, weil ein Blick in andere Länder des Kontinents ein aufgefächertes Bild ergibt: Die südafrikanische Verfassung hat bereits 1994 als Erste weltweit die gleichgeschlechtliche Ehe eingeführt. Kritiker kontern, auch in Südafrika herrsche eine große Diskrepanz zwischen Gesetzeslage und gesellschaftlicher Akzeptanz. Das mag sein. Andererseits gibt es nirgendwo so viele aktive Gruppen. Der ANC mag sich ebenfalls mit Homosexualität schwertun, hat sich jedoch stets gegen eine Verfassungsänderung ausgesprochen. Zehn afrikanische Staaten haben eine Erklärung der Vereinten Nationen zum Schutz der sexuellen Orientierung unterschrieben, darunter Ruanda und Sierra Leone (was wahrscheinlich unter politischem Druck zustande kam). Gleichgeschlechtliche sexuelle Handlungen unter Männern sind in 14 Ländern erlaubt, wobei sie unter Frauen größtenteils ignoriert werden. In Botsuana und Mosambik gilt am Arbeitsplatz ein Diskriminierungsverbot aufgrund der sexuellen Orientierung. In Kenia hat das „Outing" des Schriftstellers Binyavanga Wainaina, den ich Ihnen im ersten Kapitel vorgestellt habe, zu einer Welle von Sympathiebekundungen geführt. Die US-amerikanische Drag Queen Miz Cracker machte sich jüngst auf nach Senegal, wo sie Seydou kennenlernte. Es war der Beginn einer Romanze. Eine Woche später saßen sie im Bus nach Mali auf dem Weg zu seinen Eltern. Sie schreibt von gesellschaftlichem Respekt in Senegal. Trotz der Vorfälle in den Nachbarländern habe sie sich nicht unsicher gefühlt. Zumindest der kleine Teil Westafrikas, den sie kennenlernen durfte, habe den reißerischen Artikelüberschriften nicht entsprochen. Ein junger Mann, den sie in Dakar kennenlernte, sagte ihr gar: „Yeah, gay life is big in Dakar. You just have to know where to look."

Was wir also tun können? Man muss versuchen, die Argumentation des anderen aufzugreifen und sich mit ihr sachlich auseinandersetzen, im Fall Ugandas also die ganz praktischen Defizite des Gesetzes vermitteln: Dass es bald auch auf die nichthomosexuellen Ugander zurückfallen wird – also rund 90 % der Bevölkerung –, dass Denunziantentum um sich greifen wird, dass es Misstrauen und Hass schüren wird. Denn wie will die Polizei Homosexuelle überhaupt strafbarer Beziehungen überführen? Will sie Schlafzimmer stürmen? Wie wir das tun sollten? Durch das „Empowerment" privater Initiativen. Sie können die persönliche Freiheit und Unversehrtheit homosexueller Ugranderinnen und Nigerianer – ich bleibe einmal bei diesen beiden Beispielen – nachhaltig fördern. Um einen Wandel von innen zu begünstigen, müssen sie dazu befähigt werden, mit Politikern in Kontakt zu treten. Sogenannte „Multiplikatoren" müssen gezielt als Verbündete gewonnen werden. Das können bekannte Persönlichkeiten des öffentlichen Lebens aus den entsprechenden Ländern sein. Chimamanda Adichie ist eine solche Persönlichkeit, die zur Verbreitung der Gegenansicht beitragen kann. Ihr ist es vor allem gelungen, sich mit sachlichen Argumenten gegen die nigerianische Gesetzgebung zu stellen: „Es zeigt letztlich ein Versagen unserer Demokratie auf, denn eine echte Demokratie zeichnet sich … durch den Schutz, den sie Minderheiten bietet, aus – andernfalls wäre auch das Faustrecht des Mobs Demokratie." Wir können durch politische Stiftungsarbeit und durch Menschenrechtsorganisationen den gemeinsamen Dialog suchen, sollten uns aber bekannter Persönlichkeiten vor Ort bedienen.[54]

Es kann keine Rede davon sein, dass dies ein Spaziergang wird. Ich selbst geriet in Nigeria in eine unangenehme Situation und habe zunächst gezögert, diese Geschichte hier aufzuschreiben. Bereits in Deutschland hatte ich über einen Bekannten Kontakt zu Eliam aufgenommen, einem Rechtsanwalt in Abuja. Eliam ist 50 Jahre alt, groß, hager und ein ruhiger Mann. Er hieß mich in seiner Kanzlei willkommen, wo wir über die juristische Ausbildung in Nigeria, über meine Doktorarbeit und über seine Tätigkeit als Anwalt sprachen. Er war vielbeschäftigt, und dass er sich die Zeit für mich nahm, rechne ich ihm heute noch hoch an. Es war ein sehr herzliches, offenes Gespräch. Wir verbrachten den Nachmittag bei Kollegen in einer anderen Kanzlei, die er mir vorstellte. Im Anschluss sollte es in seinem Haus ein gemeinsames Abendessen geben. Eliam hatte es offensichtlich geschafft, denn er wohnt in einem Wohngebiet, das zwar übersät war mit Schlaglöchern, doch die Häuser in dieser Gegend waren von stattlicher Größe und nahezu alle von hohem Mauerwerk umzogen. Anders als seine Vierzimmer-Kanzlei, die in einem älteren, maroderen Hochhaus untergebracht war, muss sein Haus recht neu gewesen sein. Wir gingen drei, vier Treppenstufen hinauf und es offenbarte sich mir ein foyerartiger Bereich mit seitlichem Treppenaufgang. Seine Frau begrüßte uns und verschwand in der Küche. Zur Linken befand sich sein Wohnzimmer, das fast so groß wie ein halbes Tennisfeld und vom Stil her eingerichtet war, als hätte er die Glastische von meinen drei fußballbegeisterten Händlern in Kumasi bezogen. Der Boden war bedeckt von einem großen roten Teppich, und über die vier Wände verteilt hingen DIN-A4-große Familienfotos. Dazwischen ein großer Flachbildfernseher – ebenfalls auf einem Glastisch thronend. Eliam hat vier Kinder. Zwei von ihnen sind, wie er mir erzählte, auf einer Privatschule in England. Die anderen beiden besuchen Privatschulen in Lagos und Abuja. Wir nahmen auf zwei sich zugewandten braunen Ledersofas Platz. Ich erinnere mich noch daran, wie er kurz in der Küche verschwand, um eine Flasche Rotwein zu holen. Als er nach fünf Minuten wiederkam, versuchten wir zehn Minuten lang, sie gemeinsam aufzubekommen. Der Korken steckte fest und wir waren beide erheitert darüber, dass die einzige Möglichkeit am Ende darin bestand, den Korken in die Flasche zu stoßen und den Wein in eine Karaffe zu füllen. Peinlich berührt schenkte er uns beiden ein Glas ein. „Ein guter Feierabend", teilte er mir mit. Bislang hatten wir uns sehr gut verstanden, sei es bei Gesprächen über Jura, über Politik oder über Familie. Es würde noch eine weitere halbe Stunde bis zum Abendessen dauern.

Dann, wie aus heiterem Himmel, begann er plötzlich davon zu sprechen, dass ihn eine Entwicklung in Nigeria besonders störe, nämlich das Thema schwule Männer und lesbische Frauen und die Debatten über die Homo-Ehe. Es sei unnatürlich und widere ihn an. Ich verstand nicht, warum er in diesem Moment gerade dieses Thema ansprechen musste, und war mir zunächst nicht sicher, wie ich reagieren sollte. Ich ließ ihn ausreden. Eliam fuhr fort, es erfülle ihn mit Sorge, zu sehen, wie diese Entwicklung sein Land verändere. Die Same-Sex-Prohibition der Regierung sei genau das Richtige. Er wollte wissen, wie ich zu dem Thema stehe. Ich fragte ihn, wie er darauf käme, dass Homosexualität unnatürlich sei. Er antwortete mir, es sei unnatürlich, weil Gott es vorgesehen hätte, dass Männer und Frauen zusammen Kinder zeugten. Das stehe ja auch in der Bibel. Zunächst sagte ich ihm, dass ich überrascht sei, dass er als Jurist die Bibel zur Auslegung nigerianischen Rechts verwende. Er erwiderte, Homosexualität gehöre verboten und es sei eine Abart, die sich aus Europa eingeschlichen hätte. Ich empfand die Bemerkung als höchst unangemessen, versuchte aber, nicht zu emotional zu reagieren. Mein Puls schlug immer schneller. Ich äußerte, dass es in Deutschland vor Jahrzehnten ähnliche Argumentationsmuster gegeben hätte, doch dass die Auslegung mit Hilfe der Bibel mehrheitlich einem Verständnis der Akzeptanz gewichen sei – Debatten wie in Nigeria habe es auch in Deutschland gegeben. Der Emanzipationsprozess habe auch im westlichen Europa lange Zeit gebraucht, und vielleicht sei man in afrikanischen Ländern noch am Beginn dieser Entwicklung. Ich ahnte jedoch, dass ich damit bei Eliam auf keinen grünen Zweig kommen würde. Er schüttelte heftig den Kopf und sagte, er wolle gar nicht erst, dass es eine Entwicklung gäbe. Man müsse die Menschen einsperren. Ich sagte, was die Menschen in ihren Häusern und auch in ihren Betten täten, gehe nur sie etwas an – nicht mich, Eliam oder den nigerianischen Staat. Es sei erst Recht nicht die Aufgabe der Politik, das Verhalten von Bürgern zu bestrafen, die offensichtlich niemandem Leid zufügen. Homosexuelle hätten gar keine Absicht, Gesellschaftsdebatten zu dominieren. Seine persönlichen, offensichtlich religiös geprägten Gesellschaftsvorstellungen könne er nicht als absolut darstellen. Er fragte mich ganz konkret, ob ich Homosexualität gut fände. Ich fragte mich, was er beabsichtigte. Es hätte sein können, dass er mich rausschmeißt, womit ich hätte leben können, oder vielleicht die Polizei ruft, was weiß ich. Ich antwortete ihm, dass es eine Sache sei, ob das nigerianische Parlament gleichgeschlechtliche Eheschließungen verböte, oder ob man beschließe, Lesben und Schwule ins Gefängnis zu werfen oder ihnen gar mit der Todesstrafe drohe.

Ich weiß bis heute nicht, warum Eliam unbedingt dieses Thema mit mir besprechen wollte. Wir hatten einen Monat vor meinem Aufenthalt in Nigeria Kontakt zueinander hergestellt. Vielleicht hatte er meinen Namen gegoogelt und daher gewusst, dass ich mich öffentlich für dieses Thema engagiere. Vielleicht wollte er aber auch einfach nur meine Meinung als

Europäer zu einem Thema, das hohe Wellen in seinem Land schlägt und ihn sehr zu beschäftigen schien. Nach unserem gemeinsamen Abendessen, das wir in einer merkwürdigen Stille verbrachten, fuhr er mich zurück in mein Hotel. Eliam hatte sich bei meiner Ankunft in Lagos noch einmal telefonisch bei mir gemeldet, um sich zu erkundigen, ob ich dort gut angekommen sei. Da war sie wieder, seine Zuvorkommenheit, für die ich ihn schätze. Ich werde ihn wieder in Abuja besuchen, wenn ich irgendwann einmal dort bin. Denn dass Homosexualität in afrikanischen Ländern die Gemüter so sehr befeuert, ist ein Zeichen der Unwissenheit, ein Zeichen der Angst vor dem Fremden. Ich möchte es nicht auf mich beziehen.

Die Legende der Chagga

So manches Gespräch hat mir über die Jahre verdeutlicht, dass wir immer wieder Dialoge über das, was uns verbindet und das, was uns trennt, führen müssen. Saeeds väterlich anmutende Ratschläge auf dem Kilimandscharo enden an jenem Abend auf 4800 Metern in einem Monolog der Entrüstung über das Neue und Fremde in seinem Land. Irgendwann belässt er es dann dabei, und wir wünschen uns eine gute Nacht. Und so legen wir uns gegen halb sieben schlafen. In fünf Stunden wird es weitergehen. Doch ich bekomme kein Auge zu. Ich friere in meinem Schlafsack, obwohl ich dick eingepackt bin. Draußen pfeift der Wind. Der wurde mir fünf Minuten zuvor zum Verhängnis, als ich mich kurz vor dem Hinlegen noch einmal erleichtert hatte. Aber nach vier Tagen ohne Dusche und ohne saubere Kleidung ist man immun gegen jede Art von Peinlichkeit. Im Vergleich zu den vergangenen Etappen würden wir die letzten 1000 Meter durch die Nacht wandern. Eine Nachtwanderung sei besser, weil man bei Sonnenaufgang die Spitze des Berges erreiche, hat Saeed gesagt. Wenn man Glück hat, beschert es einem einen atemberaubenden Ausblick. Außerdem bleibt man nicht sehr lange oben. Nach einer Viertelstunde auf der Spitze würden wir auch wieder den Rückweg antreten und uns zurück zum jetzigen Camp aufmachen. Man muss ja auch wieder runter. Laut Plan würden wir uns nach einem Frühstück kurz ausruhen und dann am Nachmittag wieder auf 3000 Metern einfinden. Vielleicht kann ich auch einfach nicht schlafen, weil der letzte Anstieg besonders anstrengend werden soll. Angeblich schafft es ja die Hälfte aller Kilimandscharobesteiger nicht bis zum Uhuru Peak. *Na das kann ja was werden.* Ich denke an eine Legende der Chagga, ein Volk, das um das Kilimandscharo-Massiv herum lebt und die langsame Entstehung des höchsten Berges Afrikas beschreibt:

„Von alters her war die Erde allenthalben glatt und gleich. Da richtete sie sich auf. Und wollte mit dem Himmel reden. Als sie sich wieder von ihm trennte, kam sie nicht überall nach Hause. Was mittwegs müde wurde, vollendete den Abstieg nicht. Und verblieb, wo es war. Das wurden die Berge und Hügel auf der Erde."

Ich wundere mich, wie selbstverständlich davon gesprochen wird, dass ein Stück der Erde den Abstieg unvollendet ließ, nachdem sie mit dem Himmel Kontakt aufnahm – eine Perspektive, die mich bis heute rührt. Nicht sehr rührend finde ich den Aufstieg, der Punkt Mitternacht beginnt. Wir bekommen nach einem leichten „Frühstück" noch kochend heißes Wasser abgefüllt, das sich die gesamte Nacht hindurch warm halten sollte. Das lässt sich jedoch nicht von meinen vier Snickers-Riegeln behaupten, die zwei Stunden später zu harten Eisklötzen gefroren sind. So trotten wir bei Dunkelheit los, ausgestattet mit Stirnlampe, Mütze, sechslagiger Klamotte und Wanderstöcken. Serpentinenartig geht es den Geröllberg hoch, und bereits nach einer Stunde merke ich, wie sich meine Füße allmählich, wie schon meine Snickers, in Eis verwandeln. Die Temperatur liegt um ein Uhr morgens bei -15 Grad. Aber der Wind ist rasiermesserscharf und es fühlt sich an wie -35. Ich hatte meinen iPod extra im Zelt gelassen, weil Saeed meinte, der würde bei der Kälte sowieso nur Akkuenergie verlieren. Allein aus dem Grund sollten wir auch schnell sein, wenn wir oben ankämen und Fotos machen wollten. Doch jetzt vermisse ich ein paar heitere Melodien. Ich fange an, Karnevalsmusik zu summen. „Hey Kölle du ming Stadt am Rhing" auf dem Kilimandscharo. Es ist hoffentlich nicht der Anfang vom Ende. Ich habe 2007 bereits einen Marathon in Berlin erfolgreich absolviert. Doch ich stelle fest: Im Vergleich zu diesem verfluchten Berg ist der ein Kindergeburtstag gewesen. Wir machen in regelmäßigen Abständen Pausen. Ich beiße auf meine eingefrorenen Schokoriegel und kippe warmes Wasser hinterher, während der Wind uns ins Gesicht bläst. Langsam macht sich mein Schlafmangel bemerkbar. Ich frage Saeed, wie lange es noch gehe. Er sagt, noch drei Stunden. *Oh Gott!*

Meine Eisfüße spüre ich schon längst nicht mehr, und um meine Hände ist es kaum besser bestellt. Die Gliedmaßen scheinen mir geradezu abzusterben. Die Intervalle zwischen den Pausen werden kürzer. Langsam fangen die Knie an, weicher zu werden. Es vergeht Minute um Minute, in der ein Bein vor das andere gesetzt wird. Eigentlich kein Unterschied zu den vergangenen Tagen. Doch in der Dunkelheit merkt man den Fortschritt nicht. Zudem sind die Hänge extrem steil und man versackt mit den Stiefeln zentimetertief im immer wieder nachlassenden Boden. Ich wünsche mir, dass sich endlich die ersten Sonnenstrahlen durch das Dunkel bahnen mögen. Doch es ist erst drei Uhr, und es wird noch zwei Stunden bis zum Sonnenaufgang dauern. Mein Körper zeigt für eine halbe Stunde eine Trotz reaktion, die es mir erlaubt, noch bis halb vier durchzuhalten. Danach ist alles aus. Ich beschließe, offiziell nicht mehr zu können. Selbst die kurzen Rastpausen verhelfen mir nicht mehr dazu, Kraft zu tanken. Mittlerweile habe ich Schmerzen in den Füßen, im Rücken, sogar in den Ohrläppchen, und bin mir wirklich nicht sicher, ob ich es schaffen werde. Jeder Schritt ist eine Qual, und ich beginne mir vorzustellen, wie mich die gelben Engel vom ADAC nach Sonnenaufgang vom Berg kratzen. Nie war ich in Afrika in eine ach-herr-jemine-ich-mach-mir-gleich-in-die-hose-hoffentlich-sterb-ich-nicht-Situation gekommen. Alles in mir schreit vor Schmerzen. Marleen und Roel geht es nicht anders, aber das ist ein schwacher Trost. Und kurz bevor ich drauf und dran bin, mich einfach im Schotterberg niederzulassen, ruft Saeed:

„Look! The sun is rising! Look! We will be at Stella Point in ten minutes."

Tatsächlich hellt es sich am Horizont ein bisschen auf. Als wir den Stella Point erreichen, haben wir offiziell den Kilimandscharo erklommen. Der Stella Point liegt auf 5745 Metern, markiert das Gipfelplateau und damit den kilometergroßen Kibokrater. An diesem Krater entlang führen die restlichen 150 Meter hoch zur Freiheitsspitze. Besagte zehn Minuten später kann ich mein Glück kaum fassen, als es soweit ist. Saeed ruft uns zu, dass wir offiziell nun den Kilimandscharo bestiegen hätten! Wir nehmen unterhalb eines Felsvorsprungs Platz und es gibt eine Runde Tee. Die Kraft, die man zum Sprechen braucht, steckt in den Atemwölkchen, die sich vor unseren Mündern bilden. Ich bin überwältigt, erledigt, im Eimer. Die anderen merken nichts und so weine ich fröhlich vor mich hin, lache und versuche mir mein Gesicht mit meinen Handschuhen zu trocknen, während mein Körper nie zuvor dagewesene Mengen an Glückshormonen ausschüttet. Nach einer viertelstündigen Pause, einer weiteren Tasse schwarzen Tees und meinem letzten Snickers-Eiszapfen machen wir uns auf zur Spitze des Berges, der nur noch wenige Schritte, ja verglichen mit dem Rest dieser Reise, einen Katzensprung von uns entfernt ist. Nach stundenlangem Hinsiechen im Berggeröll laufen wir nun auf Gletschereis. *Wäre doch gelacht, wenn ich das jetzt nicht mehr hinbekomme.* Tatsächlich sind die Schmerzen wie weggefegt. Saeed mahnt, wir sollten nicht zu schnell sein. „Pole, pole!" Ich komme mir vor wie ein kleiner Junge, der freudig an einem Frühlingstag über eine Blumenwiese läuft. Der Morgen hat begonnen, doch was ich zunächst nicht ahne: Hinter mir haben sich die Wolken, angestrahlt von der aufgehenden Sonne, violett und rot gefärbt. Ich habe gar nicht vor, zurückzuschauen, doch Saeed, der hinter mir läuft, ruft mir etwas zu, was ich nicht verstehe. Begeistert bleibe ich stehen und traue meinen Augen kaum. Nicht enden wollende Gletscherwände, die weiß-bläulich über dem von der unaufhaltsamen Sonne lichtgefluteten Krater thronen und den Weg zur Spitze umranden. Irgendwo dahinter liegt die Welt. Die Erde hat sich aufgerichtet, als wolle sie mit dem Himmel reden. Ich drehe mich wieder um und sehe 50 Meter vor mir ein in den Boden gerammtes Holzschild. Durch den Tiefschnee watend, kann ich mich vor Freude nicht mehr halten. Nie zuvor habe ich mich so sehr auf das Ziel einer Reise gefreut.

VOR DEM GROSSEN SPRUNG

Plädoyer für eine außenpolitische Neuausrichtung

(Tansania im April 2011)

„Das eigentliche Problem hat stets darin gelegen, dass der Diskurs über Afrika von Nicht-Afrikanern dominiert wurde."

(Der südafrikanische Philosoph Mogobe Ramose)

„Karibu" bedeutet „Willkommen" auf Swahili. Es ist wohl das erste freundliche Wort, das Besucher in weiten Teilen Ostafrikas zu hören bekommen. Das zweite ist „Safari" (Reise) und zwar dann, wenn sich Touranbieter um einen scharen. So ist es auch bei mir, als ich mich im April 2011 in Tansania aufhalte. Zwei Wochen vor meiner Besteigung des Kilimandscharo begebe ich mich nach Arusha. Von hier aus werden die Geschicke der Ostafrikanischen Wirtschaftsgemeinschaft (EAC) geleitet, über deren Fortschritte ich mich informieren möchte. Arusha ist mit 350.000 Einwohnern eine angenehme Stadt von mittlerer Größe. Besonders auffällig ist das internationale Flair, das sich durch die Präsenz internationaler Organisationen bemerkbar macht. Ich treffe am Ostafrikanischen Gerichtshof Juristen aus allen Mitgliedsstaaten der EAC; Burundi, Kenia, Ruanda, Tansania und Uganda. Während unserer gemeinsamen Mittagspausen wird gefachsimpelt, über Politiker gelästert und gelacht. Folgender Witz ist mir in Erinnerung geblieben:

Während einer internationalen Konferenz treffen sich drei Forscher aus den USA, aus Deutschland und aus Kenia. Dort tauschen sie sich über die medizinischen Fortschritte ihrer Länder aus. Der Amerikaner prahlt: „In Washington wurde vor 20 Jahren ein Baby ohne Arme geboren. Daraufhin haben wir ihm künstliche Arme angenäht. Jetzt ist er Boxweltmeister!" Daraufhin sagt der Deutsche: „Das ist gar nichts! Damals wurde in Berlin ein Baby ohne Beine geboren. Also haben wir ihr künstliche Beine angenäht. Jetzt ist sie Marathonläuferin und dreimalige Olympiagewinnerin!" Der kenianische Forscher schaut seine beiden Kollegen fragend an: „Ernsthaft, ist das alles, was ihr erreicht habt? Nur Weltmeister und Goldmedaillengewinner? In der kenianischen Stadt Baringo wurde einmal ein Baby ohne Kopf geboren. Dem Baby haben wir daraufhin eine Kokosnuss aufgesetzt. Die Kokosnuss haben wir angenäht. Und dann gaben wir dem Baby den Namen Moi. Er wurde der Präsident Kenias." (Gemeint ist Daniel Toroitich Arap Moi, der zwischen 1978 und 2002 das Präsidentenamt innehatte.)

Diese Gesprächsrunden bereiten mir besondere Freude. Zu Beginn meiner ersten Woche bin ich Teil einer kleinen Mittagsrunde mit John aus Kenia und Constance aus Ghana. John arbeitet seit zwei Monaten fest angestellt am Gerichtshof. Er ist so alt wie ich und fast zwei Köpfe größer. Constance stellt er mir bei unserer Ankunft im Restaurant vor, einem kleinen Chinesen in der zweiten Etage eines weißen Betonklotzes. Sie trägt ein schwarzes Kostüm und ihre Haare zu einem Zopf gebunden. Die Inneneinrichtung des Restaurants? Die könnte von Ihrem Chinamann um die Ecke stammen. Holztische, rote Lampen und gedimmtes Licht. Constance arbeitet, wie sie mir sagt, am Internationalen Straftribunal für Ruanda, dem für die Aufarbeitung des Völkermordes zuständigen Gericht. Es ist ebenfalls in Arusha angesiedelt. Während wir auf unser Essen, Hühnchen süß-sauer mit Reis, warten, unterhalten wir uns über Politik. Constance fackelt gar nicht lange und nutzt die Gelegenheit, mich auf die Subventionen der EU an europäische Landwirte anzusprechen. Ich schaue sie überrascht an, denn ich hatte beim besten Willen nicht mit einer solchen Frage gerechnet. Sie wirft europäischen Ländern vor, mit ihren subventionierten Produkten die Märkte in afrikanischen Ländern zu überschwemmen. Damit würden die wenigen Arbeitsplätze zerstört, da die heimischen, nicht subventionierten Produkte nicht konkurrenzfähig seien. Ich frage sie, wie sie gerade jetzt darauf käme. Constance meint, ihr Heimatland Ghana sei ein besonders gutes Beispiel, weil zwei Millionen Arbeitsplätze in der Geflügelbranche verlorengegangen seien. Die EU habe mittlerweile Millionen Tonnen Geflügelfleisch nach Ghana exportiert und so die heimische Produktion praktisch lahmgelegt. Ihr Onkel habe in Accra in der Geflügelproduktion gearbeitet. Vor Jahren sei das noch ein Garant für Arbeitsplätze gewesen: Vom Viehhalter über den Schlachter, den Rupfer bis zum Händler hätten alle an dem Hühnerfleisch verdient. Ich runzle die Stirn. „Constance, meinst du nicht, dass Millionen Tonnen ein bisschen übertrieben ist?" In dem Moment mischt sich John ein: „George, warst du hier schon auf dem Matumba Market in Arusha?" Ich schüttele mit dem Kopf, während ich auf einem Stück Weißbrot herumkaue. Ich bin erst einen Tag zuvor angekommen und hatte noch nicht die Gelegenheit dazu. Ich bin überhaupt erstmal froh, meinen verpassten Schlaf nachholen zu können. „Es ist fast das gleiche. Ich glaube, Constance hat recht. Aus Europa kommen jeden Tag unzählige Container Kleidung. Hier auf dem Matumba Market sieht man das auch. Überall Kleider. Lass uns da gleich hingehen. Ich zeige dir Matumba. Dann wirst du es selbst sehen."

Am Nachmittag machen wir uns nach getaner Arbeit auf zum Markt. Tatsache: Man sollte nicht glauben, dass unsere alten T-Shirts von H & M bei hilfebedürftigen Kindern in Deutschland landen. Sie landen hier – auf der wohl längsten Altkleidermeile, die ich jemals in meinem Leben gesehen habe. Auf einer Strecke von mindestens 150 Metern zieht sich der Matumba Markt wie eine einzige von Textilien überzogene Kleiderstraße entlang. Es gibt keine Tische. Die Klamotten liegen ohne jede Ordnung ausgebreitet auf den Boden bedeckenden Kartons oder Decken. Berge von Männerhosen, Kindershorts, Frauenblusen, Sandalen, Sportschuhen. Scooby-Doo-T-Shirts, Nationaltrikots, Strümpfe, Hüte. Alles. Um etwas zu finden, hätte ich mich bloß bücken und eintauchen müssen – so wie all die anderen 100 potenziellen Kunden im Second-Hemd-Paradies. „See, I told you!", sagt John demonstrativ zu mir. Wir gehen hinüber zu einer dicklichen Frau, die uns freudig zu sich ruft. „Mzungu! Come here! Buy! Bring your friend!" John und die Frau begrüßen sich auf Swahili. „Jambo!" Ich kann gar nicht anders, als ihr gleich meine große Faszination über den Markt mitzuteilen. „Yes. It is very big! Matumba is the biggest in Africa." Ist der Matumba-Markt wirklich der größte seiner Art? Beim Anblick die Straße hinauf bin ich geneigt, ihr zu glauben. Ich will mehr erfahren und fange an, in dem Hügel aus Wäsche vor ihr zu graben, während John mir dabei zuschaut. Ich ziehe ein blaues T-Shirt heraus und kaufe es für 3000 Schilling – 1,50 Euro. Sie bedankt sich herzlich bei mir. „Asante! Thank you very much!" John ist auch neugierig geworden und fragt sie, was das Merkwürdigste gewesen sei, das sie jemals verkauft hätte. Sie fängt an zu lachen und klopft sich auf den Schenkel. Ich mache große Augen, als John mir später ihre Antwort übersetzt. Er sagt, sie hätte einmal ein noch verpacktes Brautkleid verkauft. Was wohl die Geschichte dahinter gewesen sein dürfte?

Täglich erreichen unzählige Containerladungen den Hafen von Mombasa in Kenia, wo sie ihre ersten Abnehmer finden. Diese transportieren sie weiter in die einzelnen Städte in der Region, wo sie ihre zweiten Abnehmer finden. Und letztlich landen sie gegen einen Bruchteil ihres Wertes wieder dort, wo sie tatsächlich einmal gewebt wurden. Die Ironie dieses Kreislaufs besteht darin, dass in Nordtansania Baumwolle angepflanzt wird, die im Wert von jährlich bis zu 25 Millionen US-Dollar exportiert wird. Die Baumwolle wird dann in Kenia oder Äthiopien, Indonesien oder Thailand gesponnen, in Bangladesch genäht und gelangt am Ende in Form von Kleidung nach Europa in die Kaufhäuser.

Hühnerrücken für Afrika

Tatsächlich hatte auch Constance recht, als sie mich mit den EU-Subventionen konfrontierte. Was zunächst wie ein Randthema klingt, hat bedeutende Nebenwirkungen auf den wirtschaftlichen Fortschritt der Länder Subsahara-Afrikas, wie eine Phoenix-Dokumentation mit dem Titel *Der Hühnerwahnsinn* zeigt. Ghanaisches Geflügelfleisch etwa kann mit einem Preis von 2,60 Euro pro Kilo mit den Importen aus der EU mit einem Handelspreis von 1,50 pro Kilo nicht konkurrieren. Stellenweise sind es auch nur Fleischabfälle, wie Hühnerrücken, die bei uns gar keine Verwendung finden, dann aber von den Niederlanden aus ihren Weg nach Westafrika antreten. Ghana ist nicht das einzige dokumentierte Beispiel: In Kamerun sicherte die Viehhaltung durch den Milchverkauf ein zusätzliches Einkommen für die Landbevölkerung, wodurch Eltern zum Beispiel den Schulbesuch ihrer Kinder finanzieren konnten. Als die EU-Länder Anfang der 1990er immer mehr Milchpulver nach Kamerun exportierten, waren die lokalen Milchanbieter mit 68 Cent pro Liter zu 40 Cent pro Liter für EU-Milch nicht mehr konkurrenzfähig. Die EU-Milchquote, die vor Kurzem verlängert wurde, ist so angesetzt, dass sie 10 % über dem EU-Verbrauch liegt. Der Rest wird sehr günstig ins Ausland verkauft. Auch in Sambia hat der italienische Lebensmittelkonzern Parmalat die Milchproduktion lahmgelegt. In Senegal hat der massive Import von Tomaten aus der EU zu Einbrüchen beim Verkauf selbst angebauter Tomaten geführt, obwohl diese ebenfalls ein gutes Einkommen sicherten. Gegen die subventionierten Reste an Tomatenmark aus der EU sind senegalesische Bauern nicht gefeit.

Führt man sich diesen Kreislauf vor Augen, muss man sich unweigerlich mit dem Unsinn von Entwicklungshilfe befassen: Denn welchem Zweck kann sie überhaupt dienen, wenn wir durch unsere unnötigen Subventionen Arbeitsplätze verhindern? Wohl doch nur der Beruhigung unseres eigenen Gewissens. Der europäische Geldregen kaschiert, dass unsere Subventionen den afrikanischen Wirtschaftsboden längst trockengelegt haben. Entwicklungsminister Gerd Müller äußerte sich 2008, damals noch in seiner Funktion als CSU-Staatssekretär im Landwirtschaftsministerium, zu dieser Problematik ganz uninteressiert mit den Worten: „Das ist kein Thema, das relevant ist. Der Aufbau eigener Strukturen wird durch Schweineexporte nicht tangiert. Die Probleme dieser Länder liegen ganz woanders. Vielen Dank, das war's."

Einfach mal machen lassen

Was nun die EU-Subventionen und der Matumba-Markt gemeinsam haben? Die beiden Beispiele verdeutlichen: Ohne Nachfrage kein Markt. In beiden Fällen geht es um die Unterdrückung der eigenen Nahrungsmittel- und Textilproduktion. Wenn man hingegen nicht eingreift, also nicht den afrikanischen Markt mit Produkten zu Schleuderpreisen schwemmt, lässt man eine eigene Entwicklung von innen zu. Genau aus dem Grund sind es andere Wirtschaftssektoren, die boomen: Telekommunikation, Banken, Bau, Logistik und Energieversorgung. Hier haben Firmen wie die südafrikanische MTN Group, die südafrikanische Standard Bank Group, die nigerianische Zenith Bank, das südafrikanische Logistikunternehmen Grindrod oder Kenya Airways es geschafft, eigene regionale Produkte am eigenen Markt zu platzieren, plakativ gesprochen afrikanische Produkte für den afrikanischen Markt. Zwar ist dieser umkämpft und natürlich nicht frei von globalen Einflüssen. Doch leiden diese Wirtschaftssektoren nicht unter derart starken Einflüssen wie der vielzitierten, mit zwei Euro täglich subventionierten, europäischen Kuh.

Die Entstehung eines weiteren Hochhauses in der ruandischen Hauptstadt Kigali

Das Spannende an Wirtschaftszweigen wie Telekommunikation, Energieversorgung oder Logistik ist, dass afrikanische Länder in vielerlei Hinsicht unbemerkt eine ganze Entwicklungsstufe übersprungen haben: Vor dem Handy gab es das Festnetz, vor der dezentralen Stromversorgung das Kraftwerk, vor dem Passagierflugzeug den Straßenverkehr. Ein besonderes Phänomen des 21. Jahrhunderts ist, dass man sich daran gar nicht aufzuhalten scheint: Kein Festnetz, kein Eisenbahnbau, keine Strommasten.

Stattdessen Handys und Internet, Luftverkehr und Lufttransport, Solarzellen und Stromgeneratoren. Man geht davon aus, dass es bis 2016 über eine Milliarde Handys und Smartphones in Afrika geben wird. Der kenianische Anbieter M-Pesa ist in den vergangenen Jahren um 3,5 Millionen Kunden jährlich gewachsen und erreichte 2011 bereits 34 % aller Bürgerinnen und Bürger in Kenia. Die Hauptstadt Nairobi wird bereits als Silicon Savannah gepriesen, weil dort die Dichte sogenannter Start-up-Unternehmen so hoch ist, wie nirgendwo sonst auf dem Kontinent. Auch in Ghana machen sich kreative Köpfe auf den Weg, das Internet und die Mobilfunkwelt zu erobern. Robert Lamptey und Badu Boahen haben Saya entwickelt, eine Art WhatsApp-Pendant, das auch ohne Smartphone funktioniert. Fünf Monate nach der Markteinführung von Saya im Jahr 2012 nutzten es bereits über 14 Millionen Kunden. Mittlerweile findet man Saya in 35 Ländern Afrikas und Asiens. Es zeigt eindeutig, dass „Afrika kann", wenn man es nur lässt. Es bedarf keines Wissenstransfers durch das BMZ. Es bedarf keines Entwicklungshilfeministers, der den Afrikanern zeigt, wie es richtig geht. Das bedeutet auch, dass man nationalen und regionalen Wirtschaftszweigen Luft zum Atmen gibt. Bislang glänzen besonders Botsuana, Sambia, Ruanda und Ghana in der Kategorie, inwiefern sich wirtschaftliche Freiheit nutzen lässt. Auch wenn ihre Leistungen noch ausbaufähig sind, sieht sie der Economic Freedom Index, der den Umfang der Staatstätigkeit (Steuerbelastung und Transfersummen), das Rechtssystem (Unabhängigkeit und Eigentumsrechte) sowie die Währungsstabilität (Außenhandel und Finanz- und Arbeitsmarktregulierung) in Betracht zieht, als afrikanische Gewinner.[55] Der senegalesische Ökonom Sanou Mbaye schlägt konkret vor, den sich glänzend entwickelnden Bankensektor so zu besteuern, dass sich der informelle Sektor zu einem formellen Sektor entwickeln kann. Den Banken legt er wiederum die Möglichkeit nahe, durch die Vergabe von Mikrokrediten an Kleinunternehmer und Landwirte einen lukrativen Wachstumsbeitrag auf lokaler Ebene zu leisten. Der Vorteil von Mikrokrediten sei, dass der nächste Farmer erst einen erhalte, wenn der letzte seinen ebenfalls vollständig zurückgezahlt habe. Man könne sich so der vorherrschenden Strukturen bedienen, weil in den Communities selbst Druck auf säumige Darlehensnehmer ausgeübt werde. Indem man Farmer zu Kleinunternehmern mache, die sich dann ihrerseits zu größeren Kooperativen zusammenschließen, würde man das Wachstum des formellen Sektors vorantreiben und selbst den Kundenstamm der kommenden Generationen aufbauen. Von Grenzöffnungen über Steuerreformen bis zu Kreditfinanzierungen. Das Lösungsportfolio ist prall gefüllt. Doch ganz egal, welche Ansätze am Ende Anwendung finden: Sie sehen, man braucht uns gar nicht. Man weiß auch ohne uns ganz gut, wie der Hase läuft.

Gegen Korruption und für mehr Teilhabe an Ressourcen: Worüber die junge Generation diskutiert

Mein Aufenthalt in Tansania im April 2011 endet drei Wochen später in Dar es Salaam. Der Name der Hafenstadt am indischen Ozean bedeutet wörtlich übersetzt „Haus des Friedens". Dort treffe ich mich mit Hartmut, einem befreundeten Anwalt, für ein Seminar am Tanzanian-German-Center for Postgraduate Studies in Law. Hartmut setzt sich seit Jahren für einen Austausch junger Juristen ein. Die Universität von Dar es Salaam liegt außerhalb des Stadtzentrums auf einem weitflächigen Campus im Grünen. Unser Seminarraum befindet sich in der juristischen Fakultät, einem der vielen hellen Neubauten. Die Kursräume lassen sich von einem langgezogenen Gang nach links betreten und haben keine Fenster. Es ist so heiß, dass ich ganz froh darüber bin. Die Hitze hält uns jedoch nicht davon ab, intensiv über die juristischen und politischen Aspekte des ostafrikanischen Integrationsprozesses zu diskutieren. Auch hier nehmen über ein Dutzend Studenten aus allen Mitgliedsstaaten teil. Gegenseitig nehmen sie die anderen Länder und ihre Politiker aufs Korn und witzeln über die kulturellen Unterschiede. Lillian aus Burundi kommt nicht gut weg. Ihr Land scheint ein bisschen der hinterweltliche Flecken Erde zu sein, wo sich Fuchs und Hase gute Nacht sagen. Aline wiederum kontert, es sei typisch für die anwesenden Kenianer, ihr Land für den Nabel der Welt zu halten. Ihre Gemeinsamkeit liegt in ihrer Forderung, man müsse endlich der herrschenden Korruption an den Kragen. Dabei betonen sie Hartmut und mir gegenüber immer wieder, Korruption sei weder typisch kenianisch, noch typisch burundisch, noch typisch afrikanisch. Die große Mehrheit der Bürgerinnen und Bürger sei integer und lehne Korruption ab. Das Problem liege darin, dass sie oftmals nicht sichtbar sei und im Verborgenen stattfinde.[61] Mit der wachsenden Mittelschicht wächst auch der Unmut über Korruption. Gerade das Ausnutzen der eigenen öffentlichen Stellung ist ein von ihnen häufig beobachtetes und moniertes Phänomen. Korruption wird auch in Filmen wie *Nairobi Half Life* thematisiert. Der handelt von dem jungen Schauspieler Mwas, welcher in der kenianischen Hauptstadt sein Glück versucht. Wir erfahren in dem für einen Oscar nominierten Film, dass Schmiergelder offiziell „Steuern" genannt werden und die Polizei sie auch als solche nach eigenem Gutdünken kassiert. „Hier wirst du nichts ohne Beziehungen – außer du kennst ein paar Bullen" lautet daher ein Satz im Film. Ähnlich ist es in *Kinshasa Kids*. Man sieht die Straßenkinder beim Klauen. Dann werden sie von der Polizei erwischt. Das Diebesgut wird der Polizei übergeben und die Kinder werden dafür anteilig entlohnt.

Auch beim Thema Korruptionsbekämpfung ist ein Blick auf die einzelnen Länder südlich der Sahara unerlässlich. Schaut man etwa auf ein Land wie Ruanda, so sieht man eine mögliche Lösung des Problems: ordentlich bezahlte Polizisten. Die Länder, die gut im Korruptionsindex abschneiden, sind solche, in denen transparente und nachvollziehbare Verwaltungsverfahren sowie verlässliche Sanktionen für Rechtsverstöße bestehen. In Botsuana (Platz 30), Mauritius (Platz 43), Ruanda (Platz 50), Seychellen (Platz 51), Namibia (Platz 58), Ghana (Platz 64), Lesotho (Platz 69) und Südafrika (Platz 71) ist das tendenziell der Fall, und zwar noch vor Italien (Platz 72), Bulgarien (Platz 75) und Griechenland (Platz 94).[56]

Ich bemerke in den folgenden Tagen bei den Diskussionen unter den Seminarteilnehmern eine sehr stark ausgeprägte Wahrnehmung von Problemen und Lösungsansätzen gleichermaßen. Ein weiteres Thema auf der Tagesordnung ist die Frage nach der Teilhabe an Bodenschätzen. Die Debatte um die Nutzung nationaler Ressourcen ist allgegenwärtig in den betroffenen Ländern. Die New Kids on the Block sind Guinea, wo westliche Firmen bereits nach Öl bohren, Sierra Leone, Liberia, Côte d'Ivoire, Ghana, Madagaskar, Mosambik sowie in Ostafrika die Länder Tansania, das bereits Gasproduzent ist, und Uganda. Der Ansicht der ostafrikanischen Nachwuchsjuristen zufolge muss es ein Ziel sein, politischen Entscheidungsträgern nicht die ausschließliche Macht über Rohstoffe einzuräumen. In Uganda, wie übrigens auch im westafrikanischen Ghana, will man sich am norwegischen Modell orientieren. Das kommt gut an. Um die Bürgerinnen und Bürger am Rohstoffreichtum teilhaben zu lassen, soll ein Fonds eingerichtet werden. Gesetzlich geregelt versteht sich.[57] Doch Öl verkompliziert in Uganda derzeit die lokale Politik. Es herrscht ein Trend zurück zum Föderalismus. Die Communities wollen beteiligt, zumindest konsultiert werden, während Kampala in der Region um den Albertsee die höchstmöglichen Einnahmen zu erzielen versucht. Hier handelt es sich um geschätzte zwei bis drei Milliarden Barrel. Präsident Museveni erklärte, der Fond werde Uganda in die nächste Entwicklungsphase pushen. Es wird über eine neue Universität nachgedacht, die Öltechniker und Wirtschaftsspezialisten ausbilden soll. Kritiker befürchten jedoch Konflikte und Korruption und fordern ebenfalls transparente Teilhaberegelungen. Die Regierung wehrt sich – es sei noch zu früh. Die Streitigkeiten um Land haben sich intensiviert, seit das Interesse am Öl feststeht. Manche mutmaßen gar, die Region um den Albertsee könne ein zweites Nigerdelta werden, wenn nicht aufgepasst werde.

Panafrikanismus oder: „Afrika den Afrikanern!"

Die Frage nach den Erfolgsaussichten des in afrikanischen Ländern stattfindenden Wandels – politisch, wirtschaftlich und gesellschaftlich – hat mich wie keine andere Frage in den vergangenen Jahren beschäftigt. Je öfter ich darüber nachdachte, desto eher merkte ich: Es gibt nicht das Patentrezept, nicht den Königsweg für ganz Afrika. Schon gar nicht, wenn ihn sich ein Europäer ausgedacht hat. Die intensiven Seminardebatten in Dar es Saalam zeigen mir jedenfalls, dass der Erfolg oder Misserfolg eines jeden Projekts von seinen jeweiligen Akteuren und ihrem Austausch abhängt. Inwiefern sie sich gegenseitig auf die Finger schauen und aufeinander Einfluss nehmen, national wie regional, wird in den nächsten Jahrzehnten darum eine wesentliche Rolle spielen. So sonderbar es klingen mag: Dieser kulturelle Austausch, wie ich ihn in Dar es Salaam erleben darf, stellt im 21. Jahrhundert für die große Mehrheit etwas Neues dar. Dabei teilen alle Anwesenden historisch betrachtet das gemeinsame Ziel von der Vereinigung ihrer Völker. Diese kontinentale Philosophie vereinter afrikanischer Völker nennt sich Panafrikanismus. Er ist die Legitimation für den Grundsatz „Afrika den Afrikanern".

Der Panafrikanismus entstand im 18. Jahrhundert. Führende Persönlichkeiten in Westafrika hatten vor dem Hintergrund der Heimbringung der ersten Sklaven aus Amerika das Ziel erklärt, den Kontinent von jeglicher Unterdrückung zu befreien und dem ein kontinentales Konzept entgegenzusetzen. Doch die Bewegung, die von dem amerikanischen Bürgerrechtler W. E. B. Du Bois seit dem 19. Jahrhundert entschieden geprägt wurde, konnte sich wegen der fortbestehenden Fremdherrschaften nicht durchsetzen. So kam es erst durch die langsame Staatswerdung afrikanischer Kolonien nach dem Zweiten Weltkrieg zu einer neuen Welle der Selbstbestimmung. Die neuen Regierungen agierten eher nach nationalem Gutdünken, was der kontinentalen Philosophie nach Einheit widersprach. Zwar gründete man 1963 die Organisation für Afrikanische Einheit, die Vorgängerorganisation der heutigen AU. Doch die einzige Gemeinsamkeit lag in dem Feindbild der übriggebliebenen Kolonialmächte. Ein Umfeld politischer Selbstbestimmung afrikanischer Völker über nationale Grenzen hinweg wurde nie tatsächlich geschaffen. Heute, 50 Jahre später, ist von dieser Idee rein äußerlich nicht viel zu erkennen. Ein Zusammenwachsen – so scheint es – hat nicht stattgefunden. Dabei hatte der tansanische Präsident Julius Nyerere bereits 1966 in einer Rede an der Universität von Sambia gewarnt: „Der Panafrikanismus setzt ein afrikanisches Bewusstsein voraus. Und afrikanische Loyalität. Auf der anderen Seite muss sich jeder Panafrikanist mit der Freiheit und Entwicklung jeder einzelnen der vielen Nationen in Afrika auseinandersetzen. Diese beiden Seiten können im Konflikt zueinander stehen. Und lassen Sie uns ehrlich sein: Sie stehen bereits im Konflikt zueinander."[58]

Kritiker befinden, dass deshalb auch die AU bislang hinter ihren eigenen Ansprüchen zurückgeblieben ist, weil man zwar einerseits kontinentale Einheit beschwor, andererseits jedoch stets die nationale Souveränität ihrer Mitglieder wichtiger war. Teilweise diente sie als Vorwand zur Nichteinmischung: Beim Völkermord in Ruanda, bei den Bürgerkriegen in Liberia und Sierra Leone, beim Zerfall Somalias. Man sah nur zu. Ein paar schwungvolle Schönwetterreden und nichtbindende Resolutionen in Addis Abeba konnten daran nichts ändern. Die AU verkörpert als politische Dachorganisation aller afrikanischer Staaten (außer Marokko[59]) heute noch diese Ohnmacht. Auch ein Vergleich mit der EU hinkt. Die AU ist stets nur so gut, wie einzelne Staaten und Regionen es ihr ermöglichen, weil sie gar keine Durchgriffskompetenzen hat. Die Gipfeltreffen der Staatsführerinnen und Staatsführer in Addis Abeba werden von Fachleuten regelmäßig als Selbstbespaßung kritisiert.

Panafrikanismus: Nichts als Lippenbekenntnisse? Ganz so ist es nicht. Der Panafrikanismus ist weiterhin äußerst prominent und dominiert politische Debatten über das Afrika der Zukunft. Der Wille zur kontinentalen Einheit ist weiterhin ungebrochen, auch weil sich die Bewohner auf ihre gemeinsamen Wurzeln und auf ihre gemeinsame Identität als Afrikaner berufen. Von Philosophen, Kulturwissenschaftlern und Schriftstellern wurde er aus historischen Gründen beschworen. Der kenianische Autor Ngũgĩ wa Thiong'o (James Ngugi) setzt sich in seinen Werken stark mit der britischen Kolonialherrschaft in Ostafrika auseinander. So geht es in seinem Roman *Abschied von der Nacht* um den Mau-Mau-Krieg in Kenia und die Enteignung eines ganzen Volkes vom Land der Vorfahren. Ngugi plädierte daher dafür, den Fokus vom europäischen Zentrum wegzubewegen, für einen Pluralismus der Kulturen, da die moderne Welt ein Produkt des europäischen Imperialismus und des Widerstandes durch afrikanische, asiatische und südamerikanische Völker sei. Von Politikern wird der Panafrikanismus ebenso bereitwillig immer wieder aus dem Hut gezaubert. Bekanntester Vertreter dieser Bewegung war der libysche Staatschef Muammar al-Gaddafi, der immer wieder großspurig von den United States of Africa schwärmte – wahrscheinlich weil er sich schon als ihr erster Präsident sah. Doch die Idee ist nicht neu. Bereits der erste ghanaische Präsident Kwame Nkrumah bekannte sich öffentlich zu ihr. Afrikaner vereint in einer harmonischen Familie.

„Subregionale Integration":
Über das Zusammenwachsen ostafrikanischer Staaten

Nüchtern betrachtet ist der Panafrikanismus nur eine politische Philosophie, doch handelt es sich wohl um das unkaputtbarste Konzept des gesamten Kontinents. Was sich hingegen verändert hat, ist die Roadmap, das Verfahren zu seiner Verwirklichung: Statt in einem „Hau-Ruck-Verfahren" alle Länder des Kontinents unter einem Dach zu vereinen, vollzieht sich das Zusammenwachsen afrikanischer Staaten und Völker nahezu unbemerkt in einzelnen Regionen auf dem Kontinent. Eine Entwicklung der wirtschaftlichen Integration im Westen, im Süden, im Osten, die im Geiste des Panafrikanismus einen afrikanischen Wirtschaftsraum ermöglichen soll. Handelsbarrieren werden nach und nach abgebaut und politische Bande gestärkt. Der Panafrikanismus kann nur funktionieren, wenn sich auf regionaler Ebene zunächst einzelne Nachbarstaaten in kleineren Gruppen annähern und unter sich eigene Ziele umsetzen. Bekannte Beispiele sind neben der ostafrikanischen EAC die westafrikanische ECOWAS und die südafrikanische SADC. „Subregionale Integration" lautet das hölzern und technisch anmutende Zauberwort. Sie soll gleich drei Fliegen mit einer Klappe schlagen. Die Förderung der für die wirtschaftliche Entwicklung auf dem Kontinent so dringend benötigte politische Stabilität. Es soll gemeinsames Vertrauen geschaffen werden, das dann zu wirtschaftlicher Kooperation führt. Das Seminar in Dar es Salaam handelte von den Zukunftsperspektiven der EAC, wo seit 2010 Schritt für Schritt ein Gemeinsamer Markt aufgebaut wird, der seinen Bürgerinnen und Bürgern Rechte wie Reisefreiheit, Arbeitnehmerfreizügigkeit und Warenverkehrsfreiheit garantiert. Es wurde gar die Einführung einer gemeinsamen Währung, des East African Shilling, beschlossen. Das Signal ist eindeutig: Man will aufsteigen, man will raus aus dem Abstiegskeller, mitspielen in der ersten Weltwirtschaftsliga und nicht bloß hinterherlaufen. Und all das in Ostafrika – ohne dass es jemand mitbekommt.

Es gibt in den Augen der Befürworter ein drittes entscheidendes Argument, das für den Integrationsprozess ostafrikanischer Staaten spricht: Durch die Abgabe von Souveränität an eine überstaatliche Institution schwindet die Diskrepanz zwischen dem Nationalstaat und der soziokulturellen Nation. Die willkürlich gezogenen Grenzen, die politische Stabilität verhinderten, werden aufgeweicht. Es beginnt ein Zusammenwachsen afrikanischer Völker, fernab von territorial begründeten Barrieren. Die Ausdehnung des staatlichen Wirkbereiches in einem integrierten Wirtschaftssystem führt zu einer stärkeren Berücksichtigung der Vielvölkerstaaten und heterogenen Gesellschaften, die diese prägen. Politikwissenschaftler wie der Ugander Dan Nabudere und der Nigerianer Wale Are Olaitan sind deshalb überzeugt, dass afrikanische Wirtschaftsgemeinschaften von einer großen Übereinstimmung zwischen der „afrikanischen Soziologik" und dem neuen Rechtsstatus der einzelnen benachbarten Mitgliedsstaaten getragen werden. Der ugandische Völkerrechtler Philip Kasaija drückt es für die Ostafrikanische Gemeinschaft ganz offen aus: „Wenn Gesellschaften zusammenwachsen, um eine große wirtschaftliche und politische Einheit zu bilden, dann schwindet die Bedeutung ethnischer Zugehörigkeiten, von Religionen, von soziokulturellen Problemen zunehmend. Das war bislang so nicht möglich in jedem einzelnen Nationalstaat." Er wagt im Bezug auf die Perspektive einer ostafrikanischen Föderation, die sich die Mitgliedsstaaten tatsächlich zum Ziel gesetzt haben, folgende Prognose: „In einer solchen Föderation werden sich die Menschen viel stärker als kenianische, tansanische oder ugandische Ostafrikaner identifizieren und sich nicht mehr so sehr ihren Ethnien oder Communities zugehörig fühlen." Damit ist nicht gemeint und gewünscht, dass bestehende Identitäten gänzlich aufgegeben werden. Doch erste Umfragen bezeugen den Trend der Attraktivität für die Bürgerinnen und Bürger in Ostafrika: Die Frage, ob sie von der Existenz der EAC wüssten, beantworteten 96 % der 900 Befragten mit „ja". Die Bürger bewerten den Integrationsprozess bisher insbesondere wegen der gestiegenen Geschäftsmöglichkeiten, Reisefreiheiten, Arbeitsplätze und grenzüberschreitenden sozialen Kontakte und Mischehen als positiv. Ihre eigene Identität und Wahrnehmung als Ostafrikaner beschrieben 44 % als stark ausgeprägt, 21 % gar als sehr stark ausgeprägt.[60]

Der ostafrikanische Integrationsprozess ist nur ein Beispiel „afrikanischer Lösungen" für „afrikanische Probleme". Die regionalen Wirtschaftsgemeinschaften haben aber noch jede Menge zu tun: Die westafrikanische ECOWAS etwa gibt es bereits seit den 1970er Jahren; sie spielte bislang aber eher eine prominente Rolle bei militärischen Einsätzen, die einen Großteil ihres Budgets aufbrauchten. Auf dem Papier gibt es bereits uneingeschränkte Reise- und Dienstleistungsfreiheit. Trotzdem werden immer wieder Grenzbeamte zu uniformierten Geldeintreibern. Eliam erzählte mir, das ghanaische Gesetz schreibe eine Gebühr in Höhe von 300.000 US-Dollar für nigerianische Unternehmen vor, wenn diese sich in Ghana niederlassen wollen. Gleichzeitig müssten sie mindestens zehn Ghanaer einstellen. In der SADC im südlichen Afrika ist es ähnlich. An der Grenze zwischen Botsuana und Simbabwe oder Sambia und Simbabwe sieht man allein an der ewig langen Wartezeit für LKWs und PKWs, dass Integration ein zäher Prozess ist. Man füllt seitenweise Formulare aus und zahlt übertrieben hohe

Gebühren. All das wird fein säuberlich dokumentiert und in Ordnern abgeheftet, in die später kein Mensch mehr einen Blick wirft. Zwei Schritte vor, einer zurück? In jedem Fall bleiben die Vereinigten Staaten von Afrika oder eine afrikanische Föderation Luftschlösser. Sie jedoch in Gänze abzutun würde der Bedeutung des Panafrikanismus nicht gerecht werden.

„Afrika den Afrikanern!" – Für eine neue Außenpolitik

Der Panafrikanismus verkörpert Selbstbestimmung und Eigenverantwortung – die Antithese zu Helfen, Stützen und Bemitleiden. Afrika sich selbst zu überlassen setzen wir noch immer gleich mit „Afrika fallen lassen". Dabei verdeutlicht die Eltern-Kind-Metapher von Dambisa Moyo, wie man gerade nicht gesehen werden will. Insofern ist das Prinzip „Afrika den Afrikanern" das notwendige Fundament für eine längst überfällige Neuausrichtung unserer Außenpolitik. Sie beinhaltet das Einstellen der Entwicklungshilfe. Solange es sie gibt, bleibt das existierende Über-Unterordnungsverhältnis zwischen uns und afrikanischen Ländern bestehen. Artikel wie der im *Economist* vom Juli 2011, wonach die Menschenrechtspolitik in Ruanda so schockierend sei, dass Geberländer Entwicklungshilfe einstellen sollten, sind irreführend. Die Zahlungen sollten nicht deshalb eingestellt werden, *weil* die Menschenrechtspolitik fatal ist, sondern *obwohl* sie fatal ist. In Wahrheit ergänzen sich Außenpolitik und Entwicklungshilfe nicht. Es gibt kein komplementäres Verhältnis zwischen ihnen. Deshalb sollte das BMZ auch nicht ins Außenministerium, sondern ins Bundeswirtschaftsministerium eingegliedert werden. Partnerschaft statt Patenschaft. Somit gilt es, den Fokus auf die wirtschaftlichen Beziehungen zu richten. Denn genau das ist es, was man sich von afrikanischer Seite wünscht. Die Zurückhaltung europäischer Regierungen und Unternehmen hat dazu geführt, dass man sich in Afrika lieber andere Mitstreiter sucht. Meistens China. Peking genießt bei afrikanischen Regierungen ein so hohes Ansehen, weil Peking zumindest so tut, als agiere man auf Augenhöhe. Mit Peking kann man nämlich Wirtschaftsdeals schließen. Peking kommt und baut. Peking meckert nicht. Peking ist es auch herzlich egal, ob die Opposition unterdrückt wird. Afrikanische Regierungen wissen um den Rohstoffreichtum ihrer Länder und werden daher immer selbstbewusster. Das bedeutet nicht, dass wir vorhandene Defizite gar nicht mehr ansprechen müssen. Selbstverständlich können wir weiterhin um die Notwendigkeiten werben, die wirklich beiden Seiten nützen: Rechtsstaatliche Rahmenbedingungen, eine Rechenschaftskultur, marktwirtschaftliche und bildungspolitische Reformen. Doch ohne spürbaren Nutzen in Form von Arbeitsplätzen werden wir nicht als die besseren Partner wahrgenommen.

Wir werden unsere Einstellung grundlegend hinterfragen müssen. Für uns bedeutet das Ermöglichen politischer Selbstbestimmung nicht nur ein Abschiednehmen von postkolonialen Gebermentalitäten und die Kündigung des Opfer-Abos. Es bedeutet auch Vertrauen in die Urteilskraft der Bürgerinnen und Bürger. Die wachsende Mittelschicht ist zwar vornehmlich in den Städten anzutreffen und hat noch keine uns hier bekannten Dimensionen erreicht. Doch ihr Bewusstsein ist geschärfter denn je, wie wir von Bettina Gaus wissen. Wir müssen darauf vertrauen, dass die Menschen selbst einfordern werden, was sie für ihr gutes Recht halten. Der südafrikanische Philosoph Mogobe Ramose schrieb 1999 in einem Beitrag mit dem Titel „The struggle for reason in Africa", das eigentliche Problem habe stets darin gelegen, dass der Diskurs über Afrika von Nicht-Afrikanern dominiert wurde. Er bezog sich dabei darauf, dass der Kontinent jahrhundertelang eine endlose Anzahl an Fürsprechern und Sprachrohren hatte, die meinten, für sich einseitig das Recht in Anspruch nehmen zu können, Themen zu definieren, Haltungen zu diktieren und bestimmte Perspektiven bezüglich des Kontinents einzunehmen. Nicht nur die Signale aus Dar es Salaam, sondern aus allen von mir bereisten Ländern deuten darauf hin, dass sich dies langsam aber sicher ändert. Worauf Ramose jedoch auch anspielt, ist, dass in dem Privileg der Selbstbestimmung ebenso eine zweiseitige Verpflichtung enthalten ist. Es ist einerseits eine Aufforderung an afrikanische Regierungen, die bestehenden Chancen zu nutzen, und andererseits an die Zivilgesellschaft, ihre Chancen einzufordern.

T-I-A – THIS IS AFRICA

Der ganz normale Alltag oder:
Was ist „typisch afrikanisch"?

(Nigeria im November 2012)

„Afrika gibt es wirklich. Aber es ist anders."

(Der Journalist Bartholomäus Grill in seinem Buch *Ach, Afrika*)

„Hey, bud. How are you doing?" Der Amerikaner in Bola ist unverkennbar. Er begrüßt mich mit einer Umarmung, und nachdem ich meinen Fahrer bezahlt habe, geleitet er mich in sein Haus. Im Erdgeschoss stehen Kartons, eine Werkbank und so viel Krempel, dass man nicht weiß, wohin man treten soll. Bola ist hier sein eigener Herr. Hier ist er anders, wie er sagt. Wahrscheinlich auch, weil seine Frau ihn nicht davon abhalten kann. Das Leben in Lagos, wird er mir die kommenden Tage immer wieder sagen, sei unbeschwerter, es erde ihn. Bola gibt mir sogleich eine Tour durch sein Haus, das tatsächlich nicht das Ritz ist, sondern ein dreistöckiger Rohbau, der wohl noch Jahre bis zur Vollendung brauchen wird. Treppenaufgänge aus Beton, von der Decke baumelnde Glühbirnen, die immer nur funktionieren, wenn der Strom fließt. Ganz oben im dritten Stock ein geländerloser Balkon mit Aussicht über das Wohngebiet. Die Straße, in der er wohnt, wurde vor fünf Jahren nach ihm benannt, als er sich damals hier auf noch unerschlossenem Terrain niederließ. Jahrelang war er alleine, bis ihm die ersten Nachbarn folgten. Zwar sind ihre Häuser im Vergleich zu seinem nun fertig, doch die Stadtverwaltung kommt mit der Wasser- geschweige denn Stromversorgung ohnehin nicht hinterher. Die Straße ist ja noch nicht mal geebnet und geteert. Bola sagt mir, das werde erst der Fall sein, wenn die Straße komplett zugebaut ist, und meint damit auch die gegenüberliegende Seite, wo jetzt noch eine Ziegelfabrik steht. Bis dahin wird man sich mit Stromgeneratoren und Wasserspeichern hinter dem Haus zufriedengeben müssen. Die Stadt wächst so rasant, dass die Grundstückspreise steigen und steigen. Wenn ein Gebiet dann vollständig von Häusern erschlossen ist, kommt irgendwann mit Jahren Verspätung die Regierung und liefert die Infrastruktur. Doch selbst dann ist die Stromversorgung nicht gewährleistet. Einem Witz unter Nigerianern über ihre hierfür zuständige Behörde NEPA (National Electric Power Authority) zufolge steht NEPA für „Never Expect Power Always".

Gegen zehn Uhr abends machen wir uns gemeinsam in seinem roten Pick-up-Truck auf, zurück über die Buckelpiste, in das Lagoser Nachtleben. Wir landen in einer viel zu lauten Bar auf einer Dachterrasse, in der Fela Kuti, der National- und Musikheld Nigerias, aus den Lautsprechern dröhnt. Die Jungen und Mädchen tanzen, flirten und knutschen. Die Gemeinsamkeiten zum Nachtleben, wie ich es kenne, sind kaum zu übersehen. Gerade beim Thema Tanzen gilt hierzulande ja das unkaputtbare Klischee, alle Afrikaner hätten „Rhythmus im Blut". Jedoch ist auch diese Form der Anerkennung leider nicht viel mehr als sinnfreier Exotismus. Richtig ist, dass die Rhythmik einen großen Stellenwert als musikalisches Element einnimmt. Die Dununba und die Kenkeni sind beliebte Basstrommeln in Westafrika. Kinder bekommen rhythmusbetonte Musik zwar früh zu hören. Doch das bedeutet nicht automatisch, dass Melodik oder Harmonik bei ihnen schwächer ausgeprägt wären als bei uns. Das Klischee vom „jederzeit tänzelnd singenden Afrikaner" rührt daher, dass Musik grundsätzlich nicht im Sitzen gehört wird, wie Mogobe Ramose schreibt. Für ihn gehört es vielerorts einfach zu dem Verständnis, dass Musik eine Aufforderung zur aktiven Teilnahme am gesellschaftlichen Leben und der Suche nach Harmonie in allen Lebenslagen ist. Der Philosoph verdeutlicht dies daran, dass viele Afrikaner nicht verstehen können, wenn Europäer einfach so ins Konzert gehen und stundenlang zu den Klängen von Händel und Beethoven sitzenbleiben.

Zum Glück gibt es daher auch Bars, Clubs und Discotheken. Sie ähneln sich überall. Vielleicht ein bisschen dunkler und mit mehr Glas. Doch ob nun in Lagos oder in Berlin, manche Besucher tanzen, während andere in der Ecke stehen. Hier sehe ich auch zum ersten Mal, wie sich Jungen und Mädchen öffentlich küssen. Der Kuss als Zeichen der Liebe ist mit den großen Liebesfilmen wie *Vom Winde verweht* um die Welt gegangen. Also ungefähr vor 70 Jahren. Er hat sich schnell verbreitet, und doch gab es große regionale Unterschiede. Mancherorts waren die Menschen gar schockiert und angeekelt, wenn sie Weiße sahen, die sich auf den Mund küssten – von der Idee des Zungenkusses ganz zu schweigen. Intimitäten wurden im Privaten gepflegt, doch die sich im Lagoser Nachtleben küssenden Pärchen verkörpern auf gewisse Weise auch eine immer stärker zusammenwachsende Welt. So verwundert es nicht, dass mit dem Internet auch die Pornografie ihren Einzug in afrikanische Wohnungen feiert. Eine vom Männermagazin *askmen* veröffentlichte Statistik mit dem Titel „Global Internet Porn Habits" dokumentiert nach Ländern aufgeteilt die über Suchmaschinen eingegebenen Begriffe von Internetnutzern auf der Suche nach pornografischem Video- und Bildmaterial. Ich kann es mir nicht verkneifen, Ihnen diesen „fun fact" für die Länder Nigeria und Südafrika zu präsentieren. Für diejenigen von Ihnen, die auf einschlägige Informationen verzichten wollen: Sie dürfen, ohne sich Sorgen über Wissenseinbußen zu machen, getrost beim nächsten Absatz weiterlesen.

Demnach waren die zehn meistgegoogelten Wörter mit pornografischem Bezug („x + porn") in Nigeria auf den vordersten drei Plätzen „Nigerian", „Beautiful Caley Ass" und „Things I jack off to". Es folgt auf Platz 4 der Suchbegriff „South African Gay", was zugegebenermaßen einen großen Interpretationsspielraum ermöglicht. Gesucht wurden weiterhin „Asian", „Indian Sex", „Melrose Foxx", „Roxy West", „Eva Mendez" und schließlich „Kim Kardashian" auf Platz 10. In Südafrika standen besonders die Begriffe „Hidden Cam", „Contractions (Gay)", „Anal", „Jean Franco" (Gay), „Beautiful", „Adam Killian" (Gay) und „Race Cooper" (Gay) hoch im Kurs. Man muss die hiergenannten ProtagonistInnen wahrlich nicht kennen, um die Gemeinsamkeiten zu hiesigen volkssportlichen Interessen zu erkennen. Klar ist, das Internet erlaubt jedem Tierchen sein Pläsierchen.

Frauen beim Frisör (Moshi, Tansania)

Champagne Nigeriana

Mittlerweile ist es nach Mitternacht, und wir treffen Tony, einen Freund von Bola. Tonys Oberarme sind so dick wie meine Oberschenkel. Er bietet mir eine Zigarette an. Ich nehme dankend an und berichte ihm von meinem Aufenthalt in Abeokuta, wo mir eine ältere Frau auf der Straße eine Standpauke darüber hielt, dass Rauchen ungesund sei, dass ich damit mein Leben aufs Spiel setze, dass sie besorgt sei, dass ich sterben würde. Nie zuvor hatte mir eine Zigarette so schlecht geschmeckt. Tony muss lachen. „Ja, in kleineren Städten ist Rauchen verpönt. In Lagos wird es zumindest toleriert. Es gilt als cool, gerade unter Jugendlichen, einen Glimmstängel im Mund zu haben. Ich bin 40. In meinem Alter ist das schon in Ordnung." Wir bestellen ein weiteres Bier. Bei kleineren Gesprächspausen verkündet Bola immer wieder stolz: „This is Lagos for you!" Er sagt es fast schon so, als handele es sich um die Stadt der Städte überhaupt. So wie ich genießt er es sichtlich, hier zu sein. Gegen ein Uhr ziehen wir weiter. Er will mir Lagos Island bei Nacht zeigen. Die Gehwege sind mittlerweile leerer geworden, doch der Verkehr ist weiterhin rege. „You have to know, George. Nigeria is Africa on Steroids. We are like no other." Bola sagt das ganz lässig, als wir fast von einem anderen SUV gerammt werden, der sich vorgedrängelt hat. Ich muss an Peter Enahoros Buch *How to be a Nigerian* denken. Es ist eines der unterhaltsamsten Bücher, die ich je gelesen habe, eine Art selbstironischer Knigge:

„Am sechsten Tage erschuf Gott den Nigerianer, und es herrschte Friede. Am siebten Tage legte Gott sich zur Ruhe, doch der Nigerianer erfand den Lärm. ... Der nigerianische Guten-Tag-Gruß ist die verbale Entladung eines Kanonenerschießungskommandos. ... Es kursiert die Geschichte, dass sich zwei nigerianische Freunde nach zehn Jahren in London wiedersahen. Die Begrüßung fand mitten auf einer Straße statt. Minutenlang begann eine ungestüme Umarmung, dann folgte ein ausgelassener Tanz und dann boxten sie sich gegenseitig in den Rücken. Angeblich soll jemand die Polizei gerufen haben, aber das ist höchst umstritten. ... Andere Völker brauchen Stimulanzen, wir brauchen Tranquilizer."[62]

Bola kann gar nicht aufhören von seiner Heimatstadt zu schwärmen und fügt in dem Moment hinzu: „And Lagos is a microcosm on its own." Dass es sich um einen Mikrokosmos handelt, kann ich in der Tat feststellen, als wir eine Brücke überqueren, an der seitlich ein riesiges, von Scheinwerfern angeleuchtetes Moët & Chandon-Werbeplakat prangt. Ein Fremdkörper in Afrika? Nicht in Nigeria und erst recht nicht in Lagos. Der Journalist Prince Charles Dickson schrieb im Mai 2013 in einem Beitrag für die größte nigerianische Onlinezeitung *Burningpot.com* mit dem Titel „Champagne Nigeriana", die nigerianische Elite habe 2012 knapp 60 Millionen US-Dollar für Champagner ausgegeben. Nigeria liege damit weltweit auf Platz 2, noch vor Russland. Dickson schrieb:

„Was auch immer diese Mathematik bedeutet, eines ist klar: ... In einer Nation, in der es unzähligen Communities an gesundheitlicher Grundversorgung mangelt, in der die Gesellschaft sich nicht ausreichend um die Schulbildung ihrer Kinder kümmert. Es bedeutet schlicht und ergreifend, dass rund 60 Millionen zum Selbsterhalt einer eitlen Gesellschaft verwendet werden, während es in manchen Bundesstaaten Nigerias noch nicht einmal ein Dialysegerät in den Krankenhäusern gibt. Wir kreieren uns unsere eigene Champagnergesellschaft – eine, die auf Illusionen aufbaut und Realitäten verkennt."

Dickson spielt darauf an, dass nur etwa 68 % der Kinder in Nigeria eingeschult werden – das sind mehr als zehn Millionen Kinder, die gar nicht erst zur Schule gehen. Entweder man ist drin oder man ist draußen, so scheint es. Diesem Motto folgt auch Lagos. Eine Stadt, in der Hochhäuser ein Wellblechhüttenpanorama zieren, und zwar so weit das Auge reicht. Eine Stadt, in der sich 20, 30 Containerschiffe in einer ewiglangen Schlange vor dem Hafen stauen, sodass ganz schnell ein neuer her muss. Eine Stadt, die sich auf „Chaos" reimt und in der sich Wohnsiedlungen befinden, die an Beverly Hills erinnern. Eine Stadt, in der junge Männer, die sogenannten Sanddiggers, eimerweise im Meer nach Sand tauchen – Sand, der dazu verwendet wird, Boden für neue Stadtteile aufzuschütten, die dann so aussehen sollen wie Beverly Hills. Eine Stadt, in der sich Reiche Riesenautos leisten, um die tiefen Schlaglöcher nahezu unbemerkt überfahren zu können, statt sich dafür einzusetzen, die Straßen neu zu asphaltieren. Eine Stadt, in der stündlich der Strom, das Lebensblut jeder Wirtschaft, ausfällt und Generatoren im Garten zum Inventar eines Standardmittelklassehauses gehören. Eine Stadt, in der Bola und ich eine Stunde im Stau vor einer Tankstelle warten, um an importiertes Benzin zu kommen. Es ist schizophren, denn sein Land ist der größte Erdölproduzent des Kontinents. Ganz nebenbei berichtet er mir davon, wie er vor ein paar Jahren einmal eine ganze Nacht vor der Tankstelle in seinem Auto verbrachte. „George, life is a constant battle in Nigeria. In Lagos, life is war." Und warum? Nigeria ist die Verkörperung der Unnachhaltigkeit und Lagos Megalopolis Maximus ihr Epizentrum. Es ist, als würde man ein Feuer betrachten, das immer wieder auflodert, weil es ausschließlich mit Tonnen von Papierschnipseln unterhalten wird.

Es gibt Vorhersagen, wonach die Hälfte der Bevölkerung auf dem afrikanischen Kontinent bis zum Jahr 2035 in Städten und Großstädten leben wird. In Nigeria lebt derzeit noch ungefähr ein Drittel im ländlichen Raum, ein Drittel in kleineren Städten und wiederum ein Drittel in den Großstädten. Lagos ist dabei der Inbegriff der Megacity. Dass Orte wie Lagos, Nairobi oder Kinshasa, die wie überall gleichzeitig Wohn- und Wirtschaftsräume darstellen, zu stabilen und grundsätzlich für alle zugänglichen Lebensflächen werden, ist die Herausforderung der Zukunft. Lagos ist die mit Abstand größte Stadt Afrikas mit schätzungsweise zwölf bis 21

Millionen Einwohnern – so genau weiß das auch keiner. Angeblich kommen jeden Tag Tausende hinzu. Groß, laut, stickig, stressig, hitzig, cool, überfordernd, öde, imposant, schnell, alles. „If you can make it there, you can make it anywhere."

Lagos ist Leben, besonders bei Nacht. Im Licht der Straßenlaternen fahren wir vorbei an Straßenständen, wo Männer und Frauen ihr Gegrilltes verkaufen und sich Nachteulen um sie tummeln. An der nächsten Kreuzung fahren wir an den Straßenrand, um uns an einer der Outdoor-Imbissbuden mit trockenen, extrem würzigen Suyaspießen aus Rindfleisch zu stärken. Fasziniert schaue ich in zwei riesengroße Töpfe mit Suppe. „Das eine ist Ofe Nsala, auch Nsala-Suppe genannt", erklärt mir Bola. „Sehr lecker und einfach zubereitet mit Seewolf, Utaziblättern, rohem Maniok und, wenn du magst, Flusskrebsen." Ich habe keine Ahnung, was Utaziblätter sind. Es riecht irgendwie nach Grünkohl. In dem anderen Topf befindet sich etwas, das sich Nkwobi nennt. „Was ist Nkwobi, Bola?" „Ziegenbeineintopf. Der wird in seinem eigenen Saft gekocht und ist sehr würzig." „Aha." „Aber du kannst den Eintopf auch mit Kuhbeinen zubereiten. Da stehen dir alle Möglichkeiten offen." Ich bevorzuge in dem Moment meine Suyaspieße und frage Bola nach seinem Leibgericht. „Ich mag Okrasuppe sehr. Die hat meine Mutter früher immer gemacht. Dazu brauchst du Okra, rotes Palmöl, Makrelen, Flusskrebse, Salz und Gemüse. Du kannst auch noch Kürbisblätter und Spinat dazugeben. Das lässt du dann alles lange köcheln. Je länger, desto besser." Und dann erzählt mir Bola von der nigerianischen Küche. Es ist üblich, Fleisch oder Fisch als Basis für Eintöpfe zu verwenden. Die werden dann mit Gemüse und Blättern verfeinert. In die Atamasuppe zum Beispiel kommen Atamablätter. (Zuhause habe ich dann die Atamapflanze gegoogelt und musste feststellen, dass sie aussieht wie ein Ficus. Das sind die Pflanzen fürs Wohnzimmer.) Auch nicht fehlen, so Bola, dürfe Ise Ewu, eine ostnigerianische Spezialität. Es handelt sich um Ziegenkopfsuppe. „Die Ziegenkopfsuppe habe ich in Abuja probiert, Bola. Die Leute vom Gerichtshof haben mich gezwungen, die zu essen." Da muss er lachen. „George, wenn du willst, dann fahren wir morgen zu Domino's Pizza. Bei mir um die Ecke hat einer aufgemacht."

Nach unserem Mitternachtssnack schlägt Bola vor, Karaoke singen zu gehen. „Warum nicht? Schließlich ist Freitagabend." Wir parken am Straßenrand und betreten die Bar. Drinnen wirft eine Discokugel mit ihrem Licht grüne Punkte an die vordere von Ornamenten gezierte Wand. Eine junge Dame jault *I kissed a girl* von Katy Perry. Ein vor ihr stehender Flachbildfernseher zeigt ihr den Text an. *So viel zu dem Klischee, dass alle Afrika-*

nerinnen gut singen können. Bola und ich bestellen uns nach unserem Suya-spieß noch eine Kleinigkeit: Kokosnussreis mit Moi Moi (Bohnenpüree mit Zwiebeln und schwarzem Pfeffer) und frittiertem Maniok (Yamswurzel). Dazu eine Pepsi und ein Bier. Kurz nachdem wir fertig sind, steht die junge Dame vor mir. Mir wird zum Verhängnis, dass ich wohl eine Sekunde zu lange auf den Bildschirm gestarrt habe. Sie drückt mir das Mikro in die Hand und fordert mich auf, zu singen. Ich winke freundlich ab, doch sie nimmt meinen Arm und fleht nochmals: „Yes! Pleeeease!" Wieder versuche ich abzuwiegeln, doch ich merke, dass Widerstand zwecklos ist. Jetzt wird sie auch noch von Bola unterstützt! Meine Ausrede, nicht singen zu können, lassen beide nicht gelten. Sie fragt mich nach meinem Lieblingskünstler und ich sage: „David Bowie!" Es kommt zu *Life on Mars*, und schon halte ich das Mikro in der Hand. Gefühlte 1000 Augen sind auf mich gerichtet. So stehe ich vor dem Fernseher und hauche ins Mikro. Ich würde jetzt gerne im Boden versinken. *Hätte ich doch nur keine Pepsi, sondern einen Wodka be-stellt!* Das Lied beginnt, und ich bin sofort gefordert. Es offenbart mein Ver-hältnis zum Singen: Ich mag es, aber ich kann es nicht sonderlich gut. Doch Abkaba, wie sie sich später vorstellen wird, unterstützt mich. Nachher klopft mir ein Anzugträger sogar auf die Schulter und sagt: „Mann, Deiner Karriere steht nichts mehr im Weg!"

„Africa, center of the world."

Am nächsten Morgen treffen Bola und ich uns mit Tony im Supermarkt. Wir wollen Grillgut besorgen, denn wir sind auf einer Party am Strand eingeladen. Die Stimmung ist ausgelassen. Bola hat ein weißes Ehepaar an der Kühltheke gesichtet. Diplomaten? Unternehmer? Entwicklungshel-fer? „Schau mal die beiden! Die sehen aus wie du! Geh mal rüber und sag hallo!" Bola und Tony kriegen sich kaum mehr ein. Man muss dazu sagen, dass ich den beiden zuvor erzählt hatte, ich sei auf meiner Reise durch Nigeria keinem einzigen weißen Europäer begegnet. Verunsichert blickt das Ehepaar uns an. Bola und Tony wollen jedenfalls nicht auf-hören mit ihren Späßen. „Schau mal, die sehen aus wie du! Guck mal, wie sie ihre importierten Cornflakes und ihre importierte Butter in ihren Einkaufswagen legen. Sind sie nicht niedlich? Wie zwei scheue Rehe!" Dass weiße Europäer angeblich alle gleich aussehen, hatte ich von Afri-kanern immer wieder gehört. Ich habe dann stets auf die Einheitskurz-haarfrisur afrikanischer Männer verwiesen. Die Komik der vorliegenden Situation könnte aber einfach auch einer gewissen Katerfröhlichkeit ge-schuldet sein. Das hielt uns nicht vom Kauf weiterer Sixpacks Bier ab.

Supermarkteinkäufe in afrikanischen Einkaufszentren sind übrigens nicht sonderlich aufregend. Ob Lagos, Accra, Johannesburg oder Dar es Salaam: Man findet keine Kaffeebohnen aus dem tansanischen Hochland, sondern Jacobs Krönung. Man findet keine Schokolade aus Côte d'Ivoire (zugegebenermaßen eine naive Vorstellung), sondern Ferrero Küsschen. Aber man findet auch Esstheken, an denen man lokale Küche ordern kann – besonders populär bei Anzugträgern in der Mittagspause. Hinter der Theke in dem Lagoser Supermarkt stehen dicke Frauen in weißen Kitteln und transparenten Kopfbedeckungen, die wie Duschhauben aussehen. Die Damen füllen die Bestellungen in die dazugehörigen zuklappbaren eckigen Plastikteller: Hühnchen mit Reis, mit Fleisch gefülltes Gebäck oder Fleischeintöpfe mit Bohnen und Mais.

Am Strand warten bereits einige von Bolas und Tonys Bekannten, obwohl von einem Strand gar nicht die Rede sein kann. Vielmehr handelt es sich um eine kürzlich mit Sand aufgekippte und planierte Fläche, die einmal als Beach Bar dienen soll. Vorher war sie nicht mehr als eine öffentliche Toilette. Nebenan entsteht gerade ein Hotel. Wir bauen den Grill auf, stellen einige Klappstühle hinzu und spannen einen Sonnenschirm auf. Bola parkt seinen Wagen daneben und stellt die Musik an. Aus den Lautsprechern ertönt Fela Kuti mit *Go slow*, danach *Africa, Center of the World* von Roy Ayers. *Wie passend.* Es gibt kühles Bier aus einer mit Eis gefüllten Truhe. Als ob wir am Vorabend nicht schon genug gehabt hätten. Die Gruppe wird immer größer, und nach zwei Stunden sind wir zu zehnt, vier Frauen und sechs Männer. Wir quatschen über alles Mögliche. Tony beklagt die chauvinistische Gesellschaft. Frauen würden nicht respektiert. Generell gäbe es keinen Respekt. Das äußere sich bis in die höchsten politischen Ebenen. Die Politik gewährt und lässt gewähren. Ich stelle Tony eine Frage, die mir schon länger unter den Nägeln brennt: „Ihr seid unzufrieden und habt eine Meinung. Ihr könnt euch doch mitteilen! Wäre es da nicht möglich, die Dinge grundlegend zu ändern? Die Voraussetzungen sind doch vorhanden, oder nicht?" Eine Art „afrikanischer Frühling"? Die Revolutionen in Nordafrika haben die politische Landkarte der arabischen Welt verändert. Ob am Ende der epochalen Umbrüche wirklich freiheitliche Regierungssysteme stehen, ist die große Frage. Unumstritten haben die neuen Medien, insbesondere soziale Netzwerke wie Facebook, Twitter oder YouTube, dazu beigetragen. Junge Menschen haben sich vernetzt. Doch Tony ist eher skeptisch. Er wisse zwar, worauf ich anspiele. Aber der Unterschied zum Norden sei, dass die Zahl der frustrierten, arbeitslosen und gut ausgebildeten Jugendlichen zu gering sei. Diese Medien würden auch hier bei ihnen eine immer größere Rolle spielen. Aber deshalb einen

„afrikanischen Frühling", der sich über die sozialen Netzwerke organisiert, zu prophezeien, sei wohl zu weit hergeholt. Es klingt plausibel. Revolutionen sind niemals punktuelle Akte, sondern haben ihre Vorgeschichte. Die Veränderung in der Medienwelt spielt zwar von Lagos über Nairobi bis Kapstadt eine herausragende Rolle. Im *Stern* gab es vergangenes Jahr einen Abdruck einer globalen Facebookkarte, welche die Kommunikationszentren der Welt abbildete. In Afrika traten dabei besonders die Ballungsgebiete Nigerias, Südafrikas, Kenias und Tansanias deutlich hervor. Aber die Breite kritischer Regimegegner ist nicht zu vergleichen mit der nordafrikanischer Bewegungen. Es gibt (noch) zu wenige „Cyberdissidenten" oder Bürgerjournalisten. Zudem bieten Facebook und Twitter zweifelsohne eine instrumentelle Funktion, aber sie bleiben Instrumente – auch wenn die politische und wirtschaftliche Teilhabe einfordernde Mittelschicht von Tag zu Tag wächst.

Der Fremde hat große Augen, aber er sieht nichts

Mit Tony unterhalte ich mich noch den ganzen Nachmittag. Er ist Künstler – seiner Statur nach zu urteilen hätte ich eher auf einen Job als Fitnesstrainer getippt. Er hat sein eigenes Atelier und arbeitet dort mit acht weiteren Künstlern. Unter anderem bringt er Schulkinder dazu, Bilder zu gestalten, die er dann verkauft. Seine eigenen Kunstwerke gehen in den drei-, teilweise auch vierstelligen Bereich. Wir sprechen über das Lagos Contemporary Arts Center, das in seinen Augen einen großen Einfluss auf die kulturelle Szene in der Stadt hat. „Wir versuchen vor allem zu vermitteln, dass jeder ein Künstler sein kann und dass es dabei nicht die eine afrikanische Kunst gibt. Davon zu sprechen, würde ja bedeuten, es gäbe in der Kunst aller Gesellschaften Afrikas gemeinsame Merkmale. Doch das ist nicht so. Das, was ihr Europäer als Masken mit nach Hause nehmt und euch an die Wand hängt, ist nur ein kleiner Teil dessen, was überhaupt unter Masken verstanden wird. Kunst hat viel mehr mit Performance zu tun. Es ist nicht nur statisch. Es ist nicht primitiv. Und gerade diese Art der Performance ist sehr unterschiedlich von Land zu Land. Du brauchst nur nach Kamerun zu gehen, und schon findest du eine ganz andere Darstellungsweise, eine ganz andere Möglichkeit der Deutung. Wir sind nicht nur dunkel und primitiv, wie ihr uns seht." Er zeigt mir auf seinem Telefon einige seiner Bilder. „Diesen Eindruck hatte ich ohnehin nicht", will ich ihm versichern. „Ach, komm, sicher denkt ihr das! Aber, George, Kunst ist genau so individuell, wie die Menschen, die sie erschaffen." Es stimmt, dass die europäische Sichtweise von einer pauschalen afrikanischen Kunstform geprägt ist. Dabei gibt es afrikanische Kunst allerhöchstens als geografisch abgrenzbaren Oberbegriff, mehr auch nicht. Vielmehr versucht jeder Künstler auf seine eigene Art und Weise Kunst zu schaffen. Dass ihn dabei der eigene Lebenshintergrund beeinflusst, macht die Kunst so individuell und eignet sich nicht für einen Sammelbegriff.

Wie bei dem Senegalesen Mamadou Diakhaté. Mittlerweile ist er 80 Jahre alt und hat von seinem Esprit nichts verloren. In einem kleinen abgeschiedenen Hüttendorf in der kargen Sand- und Steppenlandschaft des senegalesischen Nordens wuchs Mamadou auf. Bereits als Kleinkind beschäftigte er sich damit, mit seinen Fingern Formen und Figuren in den Sand zu malen. Dies fand ein plötzliches Ende, als Mamadou im Alter von drei Jahren eines Nachts aus der vertrauten Gemeinschaft gerissen, aufs Pferd gesetzt und in eine entfernte Koranschule gebracht wurde, wo ihn ein Leben mit unnachgiebig strengen Lehrern erwartete. Strafe und Schläge gehörten zum Alltag. Als Mamadou dann Jahre später nach dem Erlernen aller Suren des Korans in sein Dorf zurückkehrte, wurde er dort mit großem Stolz empfangen, und ein Onkel bot ihm die Chance, zusammen mit seinem Cousin in Dakar zur Schule zu gehen. Er begann mit 18 Jahren zu malen, studierte danach Kunst in Marseille und Paris und stellte in ganz Europa aus – und natürlich im Senegal. Er zeigte mir einst in seinem Haus bei Bonn sein Atelier und seine Bilder. Mamadou selbst sagte mir, die traditionelle afrikanische Kunst sei vergangen, übrigens ebenso die abendländische. Sie sei ethnisch und regional gebunden gewesen, doch Kolonialismus, Staatenbildung, wirtschaftliche Entwicklung und Verstädterung hätten vieles verändert. Mamadou malt, so lange er sich erinnern kann. Zunächst entstanden seine Bilder im Kopf, als die Landschaften seiner Kindheit vor seinem Auge vorbeizogen und die Eindrücke des Tages und der Nacht ihn bis in seine Träume begleiteten. Dies ist bis heute so geblieben und findet seinen Ausdruck in der Explosion von Farben. Besonders hob er die sinnvolle Kommunikation, die er durch seine Bilder erreichen will, hervor: „Das heißt, zwischen dem Werk und mir entsteht durch Fühlen, Berühren und Nachempfinden eine Verbindung mit der Welt, die uns umgibt. Senghor brachte die Kultur nach Senegal. Ich meine, es ist für den Künstler, gleichgültig ob Europäer oder Afrikaner, das wichtigste, sich selbst treu zu bleiben, ehrlich seinen Auftrag zu erfüllen. Kultur ist das Fundament jeder Gesellschaft. Sie ist für die Seele, was für den Körper Nahrung ist." Besonders expressiv und farbenprächtig fand ich seine Naturbilder: Dichter Dschungel, der manchmal einen offenen Blick freigibt auf den Himmel, oder der große Senegalstrom, der seinem Heimatland seinen Namen gab, sowie der Sand und das Meer. Aber Mamadou malt auch den deutschen Wald – düster, unheimlich, fremd – oder den lichtdurch-fluteten Herbstwald. Ein weiteres immer wiederkehrendes Thema sind die stilisierten Menschen vor ihren Hütten, am Fluss, beim Wasserholen und immer wieder eng miteinander verbundene, ja manchmal sogar ineinander verschlungene Menschengruppen. Individuen sind nicht zu erkennen. Der Einzelne als Teil der Gruppe, die ihm einen Platz darin zuweist. Es erinnert mich an das Wesen der Ubuntu-Philosophie und ist deshalb für mich ein Stück weit das „Afrikanische" in Mamadous Kunst, wissend, dass sein Werk auch nur eine weitere der zahllosen Facetten afrikanischer Kunst ist. „Wenn ich mit den Fingern male, stehe ich sofort in Kontakt mit der Materie. Ich fühle das Fließen der Farben, der Töne, und die Bewegung unter meinen Fingern. So wie wir mit den Fingern essen, ohne Besteck, male ich ohne Pinsel, sondern mit den Händen, den Fingern."

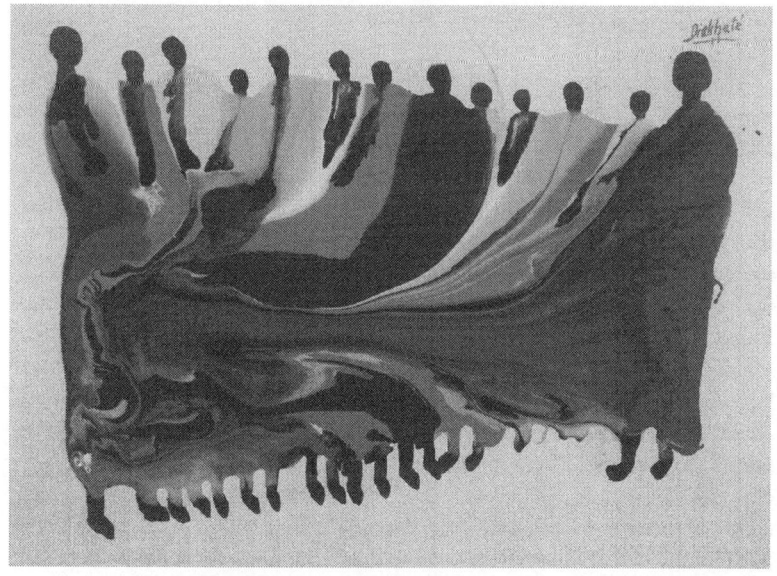

„Die Menschen" von Mamadou Diakhaté (Öl auf Leinwand), 1978. Das Bild befindet sich im Privatbesitz von Ilse Diakhaté.

Stolz zeigte er mir die vielen auf DVD gespeicherten Reporta-gen über ihn, seine Ausstellungen, seinen Malstil. Darin wird gezeigt, wie er Farben reliefartig aufstreicht, sie ineinander fließen lässt oder hinwirft. Mamadou stellt auf diese Weise das elementare Innere sei-ner westafrikanischen Heimat dar und hat damit Viele beeindrucken können: „Meine Bilder hängen bei Genscher und von Weizsäcker." Seit dem Beginn seines künstlerischen Schaffens hat Mamadou drei Punkte in den Mittelpunkt seines Lebens gestellt: Toleranz, Liebe und Harmonie. Seine Werke versuchen diese Lebens- und Weltanschauung darzustellen. Bei einem gemeinsamen Mittagessen bei ihm und seiner Frau Ilse zu Hause berührte er immer wieder meinen Arm, während er mir das voller Überzeugung sagte. Er schöpft die Kraft aus dem Einklang mit sich, mit seiner Umgebung und mit einer allumfassenden Spiritualität. Seine Werke seien, wie er betonte, eine Entstehung aus dem Geist. Ich sehe seine Geschichte als ein Zeichen seiner Stärke. Ein verlassenes, geschlagenes, zum Betteln gezwungenes Kind wird zu einem Menschen, der alle seine Mitmenschen liebt, der Wärme, Güte, Liebe und Frieden in seinen Worten, in seinen Werken und Taten ausdrückt. Auch das ist für mich Ubuntu.

Millionen Gesichter

Unsere Strandparty neigt sich dem Ende zu. Ich beobachte die Schiffswracks, die im Küstensand gestrandet ihr Dasein fristen. Angeblich handelt es sich um getarnte Versicherungsbetrugsfälle, erklärt mir Bola. Sie sehen vor dem Hintergrund der untergehenden Sonne selbst aus wie Fotomontagen. Mit den nackten Füßen im Sand schaue ich den Wellen auf dem Atlantik zu und muss an die vergangenen Jahre denken. Meine erste Erfahrung, meine erste Begegnung mit „Afrika", die lieferte mir einst Ernest Hemingway mit seinem wunderbaren Roman *Green Hills of Africa* („Die grünen Hügel Afrikas"). In dem Buch haben der Autor und seine Jagdgefährten auf 300 Seiten eigentlich nichts anderes zu tun, als durchs tansanische Unterholz zu kriechen und Kudus abzuknallen. „Warum sollte irgendein Mensch einen Kudu schießen wollen? Sie, ein intelligenter Mensch, ein Dichter, schießen Kudus!", lautet ein Satz daraus. 2010 bestieg ich dann zum ersten Mal ein Flugzeug in Richtung Südafrika. Ich schlief auf einem Felsen unter dem sternenreichen Nachthimmel Namibias und wusste, dass ich wiederkommen würde. Doch über die Jahre merkte ich immer mehr, dass meine eigene naiv-romantische Vorstellung von einem ganzen Erdteil rasch den Erkenntnissen und Erlebnissen wich, von denen ich Ihnen erzählt habe.

Es mag sich wie eine Binsenweisheit anhören, doch fremde Länder und Menschen sind überall so vielschichtig wie die Geschichten, die über sie geschrieben werden. Meine Geschichten handeln nun einmal von Menschen, die von morgens bis abends ein ganz alltägliches, geregeltes Leben führen. Auch wenn es nicht immer deckungsgleich mit unserem sein mag, hat es nichts mit dem zu tun, was wir zu Hause präsentiert bekommen.

Meine Geschichten handeln von Menschen, die sich am Busticketschalter oder im Supermarkt vordrängeln. Von Frühaufstehern, die morgens um sechs auf der Matte sind und damit Schlafmützen wie mich aus dem Bett holen. Von gastfreundlichen Menschen, die in ihren Badezimmern die Handtuchhalter so schief angebracht haben, dass ich mich frage, ob es wirklich keiner bemerkt hat. Von jungen Frauen, die sich *Single Ladies* von Beyoncé als Handyklingelton eingerichtet haben. Von einem jungen Mann, der mit einer Ziege auf dem Rücken mit dem Fahrrad eine Brücke überquert. Von Marktfrauen, die den Kofferraum eines alten Golfs mit Yamswurzeln vollstopfen, die danach so weit hinten rausgucken, dass die Frauen den Kofferraum mit Gummibändern fixieren müssen. Von Okadafahrern, die auf ihren Motorrädern schlafen. Von einem Kunsthändler in Accra, der mir den Namen Kofi gibt, weil ich an einem Freitag geboren wurde. Von einem achtjährigen Mädchen namens Abigail in Hohoe, der ich im Geduld Hotel abends bei den Englischhausaufgaben helfe. Sie sollte einen Aufsatz darüber schreiben, was ihr in der Schule gut und was ihr nicht gut gefällt. Ich erinnere mich an Hirsebier, das mir gar nicht schmeckt, und Fufu, der nach gar nichts schmeckt. An Leute, die einem kleinen Plausch nicht abgeneigt waren, und solche, die Smalltalk scheuen. Ich denke an den Stress, der damit verbunden ist, in einer Großstadt wie Lagos zu leben, an die Stromausfälle, an die fehlende Müllabfuhr, das ungeklärte Wasser, an die staubigen Straßen, an die Autoabgase, an den Motorenlärm, das ewige Hupen und daran, dass es kein Wunder ist, wenn dann mit 50 die Batterie leer ist. An einen dicken Geschäftsmann in der botsuanischen Hauptstadt Gaborone und einen traurigen Penner, der ihm hinterher ruft. Ich denke daran, was wohl wäre, wenn ich selbst ein Politiker in Nigeria wäre, und dass es niemals so einfach wäre Reformen durchzusetzen, wie ich es mir in dem Moment vorstelle. Ich erinnere mich an das pulsierende Leben auf den Straßen, das durch einen Wolkenbruch wie im Nu verschwindet.

Könnte man meine Geschichten und Erinnerungen anführen, um das zu beschreiben, was man gemeinhin „afrikanisch" nennt? Wohl kaum. Nur weil ich für einen bestimmten Ort zu einer bestimmten – eurozentrischen – Erkenntnis gelangt bin, heißt das nicht, dass sie auch für das ganze Land, für die Nachbarländer oder gar den Rest des Kontinents zutrifft. Dennoch glaube ich, dass Nuancen weniger an Landesgrenzen, sondern eher zwischen jung und alt, Stadt und Land oder an den Gesellschaftsschichten sichtbar werden – mit fließenden Übergängen. Hinzu kommt, dass sich meine eigenen Deutungen in den vergangenen Jahren immer wieder änderten. So dachte ich etwa, Kapstadt sei die wohl schönste Stadt eines Kontinents, auf dem sie selbst wie ein Fremdkörper wirkt – der wohl

„unafrikanischste" aller Orte. Die Idylle und der Lebensstandard einer Stadt seien es, welche das Bild von einem ganzen Land abrunden, das sich abhebt vom Rest Afrikas. Doch heute sehe ich es anders. Wer schon den Begriff „afrikanisch" bemüht, der wird Kapstadt als ebenso „afrikanisch" verstehen müssen wie Dakar, Yaoundé, Kinshasa und Dar es Salaam. Auch mein Besuch des togolesischen Bergdorfes war nur auf den ersten Blick eine „typisch afrikanische" Erfahrung. Heute denke ich mir: *Tja, Menschen, die halt in einem Dorf wohnen.* Es war nicht deshalb afrikanisch, weil es mir besonders fremd, exotisch oder faszinierend vorkam. Denn es gibt nicht das Bild von Afrika, in das eine Stadt oder ein Land hineinpassen. Afrika ist kein Tatbestand, dessen Voraussetzungen vorliegen müssen. Afrika lässt sich nicht durch eine griffige Formel erklären. Muss es aber auch nicht. Denn nicht die fehlende Antwort darauf, was Afrika ist, stellt das Problem dar. Es sind die ewigen Versuche Afrika unbedingt zu erklären. Mit seinen 54 Ländern, tausenden von Städten und Millionen von Gesichtern handelt es sich um einen Kontinent, der sich nicht wesentlich von unserem unterscheidet – oder afrozentrisch gesprochen –, von dem sich Europa nicht wesentlich unterscheidet. Mit Afrika verbindet uns mehr, als uns trennt.

Für Sie, liebe Leser, muss die Entdeckungsreise nicht auf der letzten Seite dieses Buches beendet sein. Hierzulande bieten die Kurzfilme aus der Reihe *Mit offenen Karten* auf ARTE politische Einblicke in die einzelnen Länder des Kontinents. Wenn Sie sich darüber hinaus informieren wollen, empfehle ich Ihnen aber afrikanische Autoren, die beispielsweise für die Wochenzeitungen *Jeune Afrique* und *The Africa Report* schreiben. Auch die Presseschauen auf www.allafrica.com lohnen sich. Einen besonderen Leckerbissen bietet die Internetplattform www.africacheck.org, wo sich eine kleine Gruppe von Journalisten zusammengetan hat, um „Fakten von Fiktionen zu trennen". So wurde auf amüsante Weise ein Artikel des Magazins *Time* zerrissen, wonach es in Kenia, Südafrika und Nigeria ein massives Alkoholproblem gebe. Die Zahlen der WHO waren schlichtweg falsch interpretiert worden. Die Faktenchecker stellten klar, dass über 80 % der Menschen in den meisten Ländern Afrikas gar keinen Alkohol trinken. Die angeblich besorgniserregenden Alkoholmengen von fünf Bier pro Woche in Nigeria oder Südafrika liegen ohnehin weit unter dem europäischen Durchschnitt. Für die Fernsehberichterstattung empfehle ich Al Jazeera und nicht CNN. Der arabische Sender leistet sich einheimische Reporter, die tatsächlich vor Ort und nicht 1000 Kilometer weit weg sind. Die Musikliebhaber unter Ihnen werden bestimmt www.awesometapes.com mögen.

Wenn Sie den Kontinent selbst entdecken wollen, umso besser. Doch möchte ich Sie ermutigen, sich mit der Bevölkerung Ihres Gastlandes zu vermischen, die Sprache – oder zumindest ein paar Worte – zu sprechen. Sie werden andere Ihrer Art treffen und so mag der Schock tief sitzen, wenn Sie nach Tagen der Abgeschiedenheit plötzlich eine Stimme aus dem Off vernehmen: „Guck amol, die henn fai au so schöne Tomätle wie mier se henn!" (So geschehen in Stone Town auf Sansibar). Ich weiß, keiner mag Touristen. Wie Heuschrecken fallen sie über den Erdball her und begehen in ihrer Vergnügungssucht Umweltfrevel und Kulturschande. Doch Touristen sind immer die anderen. Mancher Anblick in Ihrem Gastland mag auch nichts für leichte Gemüter sein. Man fährt mit dem Auto durch Johannesburg, sieht abgedunkelte S-Klassen, die an Müllbergen vorbeirauschen, auf denen Kinder nach irgendetwas noch irgendwie Verwertbarem suchen. Was ich damit sagen will: Buchen Sie trotz aller Erholsamkeit nicht nur die Lodge im Krüger National-park und lassen sich dort die süßen Zebras zeigen. Versuchen Sie, Ihr Gastland zuzulassen. Ach ja, und kaufen Sie sich gleich am Flughafen eine SIM-Karte.

Strandparty mit Bola und Tony an der Atlantikküste von Lagos. Mittlerweile hat die Beachbar eröffnet.

... und Millionen Geschichten

Ich für meinen Teil finde, dass ich Ihnen nun genug über Afrika erzählt habe, dass ich Ihnen ein anderes Afrika vorgestellt habe – und, noch wichtiger, Afrika sich selbst vorgestellt hat. Besonders in letzterem Sinne möchte ich daher mein Buch mit den Worten eines Senegalesen, einer Uganderin und einer Nigerianerin beenden, die uns selbst sagen sollen, was für sie „afrikanisch" ist, und uns ihre Geschichte erzählen. Diese Geschichten sind es, die uns in Zukunft inspirieren sollen.

Mamadou Diakhaté beantwortete mir meine Frage, was in seinen Augen „afrikanisch" sei, vergleichsweise kurz:

„Da ich in Senegal geboren wurde, bin ich Afrikaner. Was das genau bedeutet oder was mich von anderen Kulturen unterscheidet, weiß ich nicht. Ich meine, dass alle Menschen, egal aus welchem Kulturkreis sie kommen, gleich sind, also alle ‚Menschen unter einer Sonne'. Wir sind ein Kollektiv und gleichzeitig Individuen. Wir werden immer geprägt sein von unserer Entwicklung – im Praktischen wie auch im Geistigen."

Sheilah hingegen sagte mir, sie könne Bände darüber schreiben, was „afrikanisch" wohl bedeute, und wäre immer noch nicht am Ende. Und selbst dann wäre es lediglich Afrika durch ihre eigenen Augen. Sie sagt, afrikanisch sei eine reiche, grenzenlose und einzigartige Art zu leben. Alle Afrikaner würden sie auf die eine oder andere Art teilen, denn sie verbindet alle, die afrikanischer Abstammung sind.

„Afrikanisch zu sein äußert sich in nahezu jeder unserer Handlungen: Es ist unsere Alltagsroutine. Wir wachen auf zum Krähen des Hahnes, durch das Singen der Vögel oder die Sonne, die in unsere Häuser hineinstrahlt, egal ob sie aus Dung, Lehm, Aluminium, Ziegelsteinen oder Glas sind, da sie allesamt wunderbare Heime sind. Es ist unsere Ernährung und unsere Art, mit den Händen zu essen: Ein opulentes Frühstück mit gut gewürzter Cassava und ein Katogo mit Kochbananen, Innereien und Butterschmalz, das man herunterspült mit einem großen Krug honigsüßem Maisbrei. Es ist die Art, wie wir arbeiten. Früh aufstehen, um auf den Markt zu gehen und dort unsere frischen Früchte, getrockneten Fisch und Fleisch in Webkörben und Sisalsäcken anzubieten. Die Fischer besingen triumphierend ihren Fang von letzter Nacht, die Farmer begeben sich aufs Feld, um zu graben, zu säen, zu pflanzen und zu ernten. Selbst die Anzugträger freuen sich auf dem Weg ins Büro über jeden Gruß, jeden Plausch über das, was am Vorabend passiert ist. Wir unterhalten uns über die letzten Fernsehnachrichten oder den Stau auf dem Weg zur Arbeit. Der Kollege kommt zu spät, weil der Nachbar bestohlen wurde und man ihm helfen musste oder weil er einen Kater hatte. Wir berichten, wessen Sohn erst kürzlich befördert wurde, wessen Hochzeit am Abend stattfindet. Es ist eine Gemeinschaft, die grenzenlos ist. Wir genießen den Moment, wir kosten jeden Augenblick aus und haben keine Eile. Die gibt es in Afrika eigentlich so nicht. Wir nehmen

uns nämlich die Zeit für das, was wichtig ist. Zugegeben, leider nutzt der ein oder andere das manchmal aus und nimmt sich eine Woche frei, weil der Schwiegersohn des Freundes eines Nachbarn beerdigt wird."
Sie lacht und fährt fort:

„Aber es sind genau diese Eigenarten, die auch erklären, warum Termine und Verabredungen vielen von uns immer noch wie eine ausländische, fremde Reglementierung erscheinen. Wir ziehen Spontanbesuche vor. Wir bieten und erwarten jederzeit Gastfreundschaft – und das schließt ein warmes Essen selbstverständlich mit ein. Wohlgemerkt haben wir auch immer Vorräte im Haus, nur für den Fall, dass uns jemand besuchen kommt. Das nennt sich übrigens gutes Krisenmanagement! Und natürlich ein Fußbad, um den Staub von unseren Füßen zu waschen, ein kaltes Getränk und ein langes Gespräch. Weißt du? Ich könnte ewig so weitermachen. Es gibt einfach Dinge, die überall und jederzeit gelten: Großzügigkeit, Respekt, Feierlichkeiten, Abenteuer, Gemeinschaftssinn, und all das im Überfluss."

Enden möchte ich mit der Frau, mit der ich begonnen habe, mit Chimamanda Adichie. Sie gibt uns in ihrem Vortrag zur Gefahr einer einzigen Geschichte zwischen den Zeilen eine besondere Antwort. Die Gefahr einer einzigen Geschichte bedeutet, dass freilich jeder Kontinent mit Vorurteilen leben muss, doch dass das Problem mit Klischees nicht ist, dass sie unwahr sind, sondern dass sie unvollständig sind. Sie machen eine Geschichte zur einzigen Geschichte.

„Afrika ist natürlich ein Kontinent mit vielen Katastrophen. Es gibt ungeheure, wie die schrecklichen Vergewaltigungen im Kongo. Und deprimierende, wie die Tatsache, dass sich in Nigeria 5000 Menschen auf eine freie Arbeitsstelle bewerben. Es gibt aber auch andere Geschichten, die nicht von Katastrophen handeln. Und es ist sehr wichtig, sogar genauso wichtig, über sie zu reden. Ich hatte immer das Gefühl, es sei unmöglich, sich richtig mit einem Ort oder einer Person zu beschäftigen, wenn man sich nicht mit allen Geschichten dieses Ortes oder dieser Person beschäftigt. Die Folge der einzigen Geschichte ist diese: Sie beraubt die Menschen ihrer Würde. Sie erschwert es uns, unsere Gleichheit als Menschen zu erkennen. Sie betont eher unsere Unterschiede als unsere Gemeinsamkeiten. ... Ich denke, diese einzige Geschichte Afrikas stammt letztlich aus der westlichen Literatur. Nun, hier ist ein Zitat aus den Schriften eines Londoner Kaufmanns namens John Locke, der 1561 nach Westafrika segelte und faszinierende Aufzeichnungen seiner Reise machte. Nachdem er die schwarzen Afrikaner als ‚Bestien, die keine Häuser haben' bezeichnet, schreibt er: ‚Es sind auch Menschen

ohne Köpfe, die Mund und Augen in ihrer Brust haben.' Ich muss jedes Mal lachen, wenn ich das lese. Und man muss die Vorstellungskraft von John Locke bewundern. Aber was seine Aufzeichnungen so wichtig macht, ist, dass sie den Anfang einer Tradition darstellen, Geschichten über Afrika im Westen zu erzählen. Eine Tradition von Schwarzafrika als ein Ort von Schlechtem, von Unterschieden, von Dunkelheit, von Menschen, die, mit den Worten des grandiosen Poeten Rudyard Kipling, ‚halb Teufel, halb Kind‘ sind. Und langsam wurde mir klar, dass meine amerikanische Zimmergenossin während ihres Lebens unterschiedliche Versionen dieser einzigen Geschichte gehört und gesehen haben musste, genau wie dieser Professor, der mir einmal sagte, dass ein Roman von mir nicht ‚authentisch afrikanisch‘ sei. Ich war schon bereit zuzugeben, dass einige Dinge in dem Roman nicht stimmten, dass er an einigen Stellen misslungen war. Aber ich konnte mir wirklich nicht vorstellen, dass er nicht das geworden war, was man ‚authentisch afrikanisch‘ nannte. Ich wusste tatsächlich nicht, was afrikanische Authentizität war. Der Professor sagte mir nur, dass meine Charaktere ihm, einem gebildeten Mann aus der Mittelschicht, zu sehr ähnelten. Meine Charaktere fuhren Autos. Sie hungerten nicht.
… Kurz nach meiner ersten Romanveröffentlichung ging ich zu einem Interview in ein Fernsehstudio in Lagos. Und eine Frau, die dort als Bürobotin arbeitete, kam auf mich zu und sagte: ‚Ich mochte Ihren Roman sehr gerne. Aber mir gefällt das Ende nicht. Sie müssen jetzt eine Fortsetzung schreiben und dort wird Folgendes passieren... .‘ Und sie erzählte mir weiter, was ich in der Fortsetzung zu schreiben hätte. Nun, davon fühlte ich mich nicht nur geschmeichelt, ich war sehr bewegt. Da war eine Frau, ein Teil der gewöhnlichen Masse Nigerias, die angeblich keine Bücher lesen. Sie hatte nicht nur das Buch gelesen, sie hatte es zu ihrem Eigentum gemacht und fühlte sich dazu berechtigt, mir zu erzählen, was ich in der Fortsetzung zu schreiben hätte.
... Ich gebe jeden Sommer Schreibkurse in Lagos. Und ich finde es erstaunlich, wie viele Menschen sich einschreiben, wie viele Menschen unbedingt schreiben möchten, um Geschichten zu erzählen. Mein nigerianischer Verleger und ich haben gerade eine gemeinnützige Organisation, Farafina Trust, gegründet. Und wir haben große Träume davon, Büchereien zu bauen und bestehende Büchereien neu auszustatten und staatlichen Schulen Bücher zur Verfügung zu stellen, deren Büchereien ganz leer sind, und auch viele, viele Lese- und Schreibkurse abzuhalten, für jene Menschen, die unbedingt unsere vielen Geschichten erzählen möchten. Geschichten sind wichtig. Viele Geschichten sind wichtig.

Geschichten wurden benutzt, um zu enteignen und zu verleumden. Aber Geschichten können auch genutzt werden, um zu befähigen und zu humanisieren. Geschichten können die Würde von Menschen brechen. Aber Geschichten können diese gebrochene Würde auch wiederherstellen."

Danksagung

Es bleibt mir noch, denjenigen zu danken, die zum Inhalt und Stil dieses Buches beigetragen haben. Als erstem möchte ich Klaus Gaida für seine konstruktiven Vorschläge in den vergangenen zwei Jahren danken, mit denen er die richtigen Impulse für die Struktur und den Inhalt des Buches gesetzt hat. Unsere langen Gespräche waren mir stets eine Freude und führten zu Einsichten, die ich ohne ihn nicht gehabt hätte. Danken möchte ich auch Sabine Isbarn, die das Manuskript mehrfach gelesen und korrigiert hat, immer mit vielen wertvollen Anregungen. Gleiches gilt für meine Lektorin Katrin Höller. Sie hat meinem Text den notwendigen Feinschliff verpasst. Zu Dank verpflichtet bin ich auch Anna Hankings-Evans und Sheilah Nyanzi für ihre unentwegten Materiallieferungen, die ich in diesem Buch verarbeiten konnte. Julia Stier möchte ich herzlich für den Satz, Marcus Ebert für das Autorenfoto sowie Dennis Rettkowski für die Gestaltung des Buchcovers danken. Natürlich gilt mein Dank auch Liz Baffoe, weil sie durch ihr Vorwort das Anliegen dieses Buches unterstützt hat. Zuletzt danke ich meinen Eltern.

Quellenverzeichnis und Erklärungen

1   http://landkartenkostenlos.blogspot.de/search/label/Afrika

2   Es herrschen unterschiedliche Auffassungen darüber, welche Länder letztendlich zu Subsahara-Afrika gehören. Besonders beim Sudan ist dies umstritten. Der Begriff wird von manchen auch politisch verwendet. Eine geografische Grenzziehung entlang der südlichen Sahara teilt jedenfalls die Länder Mauretanian, Mali, Sudan, Niger und Tschad in zwei Hälften, sodass diese sowohl dem Norden als auch dem Süden zugehörig sind.

3   Ständiger Ausschuss für geografische Namen: Liste der Staatennamen und ihrer Ableitungen im Deutschen, verfügbar über http://141.74.33.52/stagn/Portals/0/140408_STAATENNAMEN_13_ol.pdf

4   Heidelberger Institut für Internationale Konfliktforschung, Konfliktbarometer 2006, Bd. 15, verfügbar über http://hiik.de/de/konfliktbarometer/pdf/Konfliktbarometer_2006.pdf sowie Heidelberg Institute for International Conflict Research, Conflict Barometer 2012 (Vol. 21), abrufbar über http://hiik.de/de/konfliktbarometer/pdf/ConflictBarometer_2012.pdf. Im Jahr 2012 fanden in Asien und Ozeanien 34 % und 26 % aller innerstaatlichen beziehungsweise zwischenstaatlichen Konflikte statt. In Subsahara-Afrika waren es 24 % und 18 %. Im Vergleich dazu waren es in Europa 12 % beziehungsweise 23 %. Zwar bleibt Subsahara-Afrika die Region mit der höchsten Konfliktintensität, doch weisen die Zahlen zwischen 2002 und 2012 auf eine besondere Dynamik mit fallender Tendenz hin.

5   Adorján, Johanna: „Aids-Katastrophe in Afrika: Völkermord aus Gleichgültigkeit", Interview mit Stephanie Nolen, urspr. FRANKFURTER ALLGEMEINE ZEITUNG, verfügbar auf SPIEGEL ONLINE

6   UNAIDS Länderstatistik, verfügbar über http://www.unaids.org/en/regionscountries/countries/

7   Sambira, Jocelyne: Africa: „HIV infections are falling dramatically", in: Online Africa Renewal, 21. Dezember 2012

8   Übersicht aus dem Magazin TheAfrican.org. Die Ausgabe 5 für Februar und März 2010 ist online verfügbar über http://www.issafrica.org/publication/The-African/Archive/Issue5%20February-March%202010.pdf. Trotz ihrer Unabhängigkeit pflegten die französischsprachigen Länder weiterhin enge Kontakte zu Paris. Staatspräsident de Gaulle rief die sogenannte Communauté ins Leben, innerhalb der die Kolonien ihre Unabhängigkeit erlangen konnten. Es sollte weiterhin privilegierte Beziehungen

geben. Tatsächlich ging es um postkoloniale Einflusssphären. Nur Präsident Ahmed Sékou Touré in Guinea reagierte negativ auf das Referendumsangebot de Gaulles. Touré soll gesagt haben: „Wir ziehen die Armut in Freiheit dem Reichtum in Sklaverei vor." Danach gab es von Paris kein Geld mehr und Guinea wandte sich der Sowjetunion zu. Die Communauté erklärt im Übrigen die bis heute über 40 Militäreinsätze Frankreichs in seinen ehemaligen Kolonien, jüngst in Côte d'Ivoire, Mali und Zentralafrika. Sie hat zu bilateralen Verträgen geführt, in denen sich Frankreich ein Recht zur Intervention nach eigenem Ermessen geben ließ.

9   Frederick spielt darauf an, dass Liberia und Äthiopien Ausnahmen darstellen, indem sie nie Kolonialgebiete europäischer Länder im klassischen Sinne waren. Liberia war der erste afrikanische Staat, der 1822 von an der Pfefferküste ausgesetzten amerikanischen Sklaven gegründet wurde. Äthiopien wurde zwar im Zweiten Weltkrieg durch Italien besetzt, war jedoch zuvor stets ein unabhängiges Königreich gewesen. In Äthiopien und Liberia herrschte zwischen 1974 und 1991 beziehungsweise 1993 und 2003 Bürgerkrieg.

10   Die 2011 gegründete Republik Südsudan, die nigerianische Region Biafra, der halbautonome Teilstaat Sansibar (Tansania) oder die Volta-Region etwa. Grenzstreitigkeiten gibt es bis heute um die Bakassi Peninsula zwischen Nigeria und Kamerun oder um Migingo Island zwischen Kenia und Uganda. Auch das gescheiterte Somalia lässt sich als Beispiel für diese Problematik anführen.

11   Nicht anders ist es mit der DR Kongo; eine Staatshülse, die einem ethnisch äußerst heterogenen Territorium übergestülpt und seitdem irgendwie zusammengehalten wird. Der erste Staatspräsident, Joseph Kabila, übernahm einen Rumpfstaat, der faktisch dreigeteilt war: Im Osten die von Ruanda alimentierten Rebellen des Rassemblement congolais pour la democratie, im Nordosten das Mouvement de liberation du Congo mit der Unterstützung Ugandas und einzig die Hauptstadt Kinshasa, der Meerhafen Matadi und die rohstoffreichen Südprovinzen unter der Kontrolle der Regierungstruppen.

12   Del Ponte, Carla: *Im Namen der Anklage. Meine Jagd auf Kriegsverbrecher und die Suche nach Gerechtigkeit*, München 2009.

13   Im Zuge einer Verwaltungsreform im Jahre 2006 wurden die besagten Städte umbenannt. Die in Klammern gesetzten Namen sind die alten Stadtnamen.

14   Jensen, S., Neugebauer, R., Marner R, George, S., Ndahiro L. und Rurangwa, E.: The Rwandan Children and Their Families: Understanding, Prevention and Healing of Traumatization: An Evaluation of the Government of Rwanda and UNICEF Trauma Recovery Program, New York 1997

15   Als Aufstand der Herero und Nama bezeichnet man den Kolonialkrieg zwischen den deutschen Truppen und den Völkern der Herero und Nama in Deutsch-Südwestafrika (Namibia) zwischen 1904 und 1908. Dies mündete nach der Niederschlagung des eigentlichen Aufstandes in einen Völkermord durch die deutsche Kolonialmacht.

Schätzungen zufolge hat der Völkermord in Deutsch-Südwestafrika bis zu 85.000 Herero und bis zu 10.000 Nama das Leben gekostet.

16 Gakuba, Daniel: „Das Ende der Genozid-Gerichte", Deutsche Welle, verfügbar über http://www.dw.de/das-ende-der-genozid-gerichte/a-16028754 sowie Human Rights Watch, Justice Comprised. The Legacy of Rwanda's Community-Based Gacaca Courts, 2011, verfügbar über http://www.hrw.org/reports/2011/05/31/justice-compromised

17 Okumu, Wafula: „Africa's problematic borderliners", TheAfrican.org, 5/2010, S. 20, verfügbar über http://www.issafrica.org/publication/The-African/Archive/Issue5%20February-March%202010.pdf

18 Weltspiegel: Kenia – Was bewirken 50 Jahre Freiheit?, ARD Mediathek, 7. Dezember 2013

19 Die häufig verwendete Bezeichnung „brother" meint übrigens nicht den Bruder im verwandtschaftlichen Sinne, sondern vielerorts die Zugehörigkeit zur eigenen Ethnie. Dass die Ewe auf beiden Staatsgebieten leben, liegt an der Geschichte Togolands, das die heutige Republik Togo und den Osten Ghanas umfasste. 1957 wurde der britische Westen an die Goldküste angegliedert (heutiges Ghana). Der französische Osten wurde 1960 zu Togo.

20 Lüsebrink, Hans-Jürgen: *Interkulturelle Kommunikation. Interaktion, Fremdwahrnehmung, Kulturtransfer*, 3. Auflage, Stuttgart 2012

21 Mapaure, Clever: „Reinvigorating African values for SADC. The Relevance of Traditional African Philosophy of Law in a Globalising World of Competing Perspectives", in: SADC Law Journal 1/2010. Nicht nur in Nigeria, sondern auch in Ghana, Gambia und Malawi beispielsweise ist dieser Rechtsmix verfassungsrechtlich verankert. Die Scharia gilt in Nigeria in moderater Form. Es gibt keine Ehrenmorde, nur wenige Frauen tragen Burkas und weibliche Beschneidung ist eine Seltenheit. Das hält die islamistische Sekte Boko Haram jedoch nicht davon ab, besonders bei der frustrierten Jugend nach Anhängern zu suchen.

22 Kohlhagen, Dominik: *Les défis de la justice de proximité au Burundi*, Bujumbura 2011, verfügbar über http://issat.dcaf.ch/content/download/9687/92639/file/Les_defis_de_la_justice_de_proximite_au_Burundi.pdf. Es handelt sich zunächst um eine sehr grobe Schlussfolgerung meinerseits. Dennoch kann man dies generell auf die Akzeptanz und Erwartungshaltung hinsichtlich der jeweiligen Verfahren durch die Bevölkerung zurückführen: Das Vertrauen in staatliche Prozesse war bei der Landbevölkerung wesentlich unausgeprägter, was sich besonders durch Assoziationen wie „korrupt", „abhängig" oder „schwach" äußerte. Traditionelle Verfahren hingegen wurden als „ehrlich", „unabhängig" und „effektiv" beschrieben.

23 Weltbank: Refugee population by country or territory of origin, verfügbar über http://data.worldbank.org/indicator/SM.POP.REFG.OR/countries?display=map. Es schadet nicht, auch hier einige Fakten in Relation zu setzen: Aus einem Land wie Äthiopien flüchteten 2011 insgesamt geschätzte 70 000 Menschen. Doch die Bevölke-

rungszahl Äthiopiens beläuft sich auf 92 Millionen. Die Republik Kenia nimmt genauso viele Flüchtlinge auf wie die Bundesrepublik Deutschland.

24 Tatsächlich suchen derzeit viele Portugiesen Zuflucht in der Ex-Kolonie Angola. Finkenzeller, Karin: „Portugiesen suchen Zuflucht in der Ex-Kolonie", in: ZEIT ONLINE, 6. August 2012

25 McIntosh, Peggy: „White Privilege: Unpacking the invisible Knapsack, in: Independent School, 49.2./1990, S. 31-36

26 Meyer, Daniela: „Die Winzerin vom Kap", in: Die Zeit Nr. 23/ 2023, verfügbar über www.zeit.de

27 Xhosa lautet auch die Sprache des südafrikanischen Volkes. Xhosa wird von etwa neun Millionen Menschen gesprochen und besteht größtenteils aus Schnalz- beziehungsweise Klicklauten.

28 Scheen, Thomas: „GTZ in Kongo – Das teuerste Brennholz Afrikas", in: FAZ ONLINE, 8. September 2010. Ebenso haben Frotzheim, Meike, Söderbaum, Fredrik und Taylor, Ian: „The limit of the EU as Peace and Security Actor in the Democratic Republic of the Congo", in: Africa Spectrum 46.3/2011, S. 45-70. Festgehalten, dass Versuche der EU vor Ort für Frieden zu sorgen unter Unwissen über die lokalen Strukturen – in diesem Fall im Ostkongo – und Bürokratie leidet. Trotz ihres enormen Budgets bleiben die Ergebnisse äußerst mager.

29 Je mehr Entwicklungshilfe als Anteil am Bruttoinlandsprodukt, desto geringer ist das Pro-Kopf-Einkommen sagt auch Easterly, William: „Can foreign aid buy growth?", in: Journal of Economic Perspectives 17.3/2003. Der Ökonom ist ebenfalls ein Gegner der Entwicklungshilfe.

30 Small, D., Loewenstein, G. und Slovic, P.: „Sympathy and callousness: The deliberate thought on donations to identifiable and statistical victims", in: Organizational Behavior and Human Decision Processes, 102, S. 143-153.

31 Hinter einem Schleier der individualisierten Dienstleistung versteckt sich eine Massendienstleistungsmaschinerie, die laut Andrew Mwenda im Jahr rund 60 Milliarden Dollar umsetzt – Tendenz steigend. Zigtausend Europäer und Afrikaner, darunter Bürokraten, Politiker, Banker, Berater und Projektentwickler, die bezahlt, bestellt oder eingeladen werden müssen. Sie sind selbstverständlich daran interessiert, das extravagante System am Leben zu erhalten. Auch der Dokumentarfilm Süßes Gift – Hilfe als Geschäft aus dem Jahr 2012 geht darauf ein, dass Entwicklungshelfer primär ihre eigenen Interessen verfolgen. Das geht so bis hoch in die Chefetagen: Misereor bezahlte nach eigenen Angaben zwei Vorstandsmitgliedern bis zu 97.500 Euro. Barbara Stocking, ehemalige Vorstandsvorsitzende bei Oxfam, verdiente in einem Jahr umgerechnet 170.000 Euro. Zwar verzichtete sie mehrmals auf Gehaltserhöhungen, doch scheint Oxfam bei einem jährlichen Umsatz von 450 Millionen Euro solche Gehälter als angemessen zu erachten. Es zeigt jedenfalls, dass Charity-Organisationen nach den gleichen Strategien wie Großunternehmen operieren und ihr Handeln nach marktwirt-

schaftlichen Gesetzmäßigkeiten ausrichten.

32   Kony rekrutierte dort sowie im Westen der Zentralafrikanischen Republik, im südlichen heutigen Südsudan und im Nordwesten der DR Kongo seit 1987 rund 30.000 bis 70.000 Kindersoldaten – die Schätzungen der UN und der internationalen Medien reichen hier weit auseinander.

33   Bilanz des Helfens 2014, verfübar über http://www.spendenrat.de/index.php?pressemitteilungen_2014

34   Müller, Gerd: Amtsantrittsrede im Bundestag am 29.01.2014, verfügbar über http://www.bmz.de/de/presse/aktuelleMeldungen/2014/januar/140129_Gerd-Mueller-im-Parlament-Erste-Rede-als-Bundesminister/index.html

35   Es handelt sich um einen Durchschnittswert. Die Zahlen variieren von Land zu Land. In Äthiopien sind es beispielsweise 85 %, In Uganda knapp 80 %, in Nigeria etwas über 65 %. Genaue Daten beinhaltet eine Übersicht der Deutschen Bank, verfügbar über http://www.dbresearch.de/MAIL/DBR_INTERNET_DE-PROD/PROD0000000000333152.pdf

36   Ein Flüchtlingslager liegt in Ruanda an der Grenze zum Kongo in der Nähe von Gisenyi. Der Anblick ist in der Tat verstörend: Auf einem dutzende Fußballfelder großen, eingezäunten Areal warten kongolesische Männer, Frauen und Kinder darauf, zurück in ihr Land zu können. Sie trocknen ihre Kleider im Gras und bewohnen weiße, mit schwarzer Blockschrift durchnummerierte Zelthallen. An allen Ecken und Enden stehen Schilder der UNO.

37   Sustainable Development Solutions Network: World Happiness Report 2013, verfügbar über http://unsdsn.org/resources/publications/world-happiness-report-2013/

38   Wiseman, Richard: *59 seconds. Think a little, change a lot*, London 2009

39   Doré, Dale: „A Law Unto Themselves (Part II), The Rulings and the Dissolution of the SADC Tribunal", 2012 verfügbar über http://www.sokwanele.com/thisiszimbabwe/archives/7948 sowie Doré, Dale: „Land Policy in Zimbabwe: A Framework for Discussion Papers", 2012. Die Zitate Mugabes sind ebenfalls Sokwanele zu entnehmen, verfügbar über http://www.sokwanele.com/node/2369. Ebenfalls verfügbar über die Homepage ist die Ausgabe Sokwanele Inclusive Government Watch: „I can arrest you. The Zimbabwe Republic Police and Your Rights", Ausgaben 38 und 39, 30.05.2012

40   Bei den Wahlen im August 2013 reichte nur die Anwesenheit von Soldaten in Städten und Dörfern aus, um Erinnerungen an 2008 wachzurufen. Mugabe ernannte sich erneut zum Wahlsieger, obwohl es landesweit Berichte über manipulierte Wählerverzeichnisse gab.

41   Africa Check: „Did 300,000 families benefit from Zimbabwe's post-1999 land reforms? Official data says no", 15.05.2014, verfügbar über https://africacheck.org/reports/did-300000-families-benefit-from-zimbabwes-post-1999-land-reforms-official-data-says-no/ Dass sich die Wirkung der Landreform wirtschaftlich zugunsten der Bevölkerung entfaltete, wurde von Journalisten der Organisation Africa Check festgehalten. Diese seien

zwar nicht so groß, wie von der Regierung behauptet. Doch geht man von 169.000 Familien aus.

42 Zunächst die Auflösung der in den Völkermord verstrickten Regierungspartei Habyarimanas, der MRND (Mouvement Révolutionaire Nationale pour le Développement). Zweitens das Verbot der Neugründung der Partei PDR ‚Ubuyanja' (Nationale Erneuerung) im Jahr 2001 durch den ehemaligen Präsidenten Bizimungu, der im Frühjahr 2000 sein Amt niederlegte. Präsident Kagame hatte ihm vorgeworfen, die PDR gefährde die öffentliche Sicherheit und würde zu ethnischen Spannungen aufrufen. Tatsächlich hatte Bizimungu in einem Interview mit der Zeitschrift Jeune Afrique am 9. Juli 2001 davon gesprochen, dass in 15 bis 20 Jahren die Hutu erneut einen Krieg mit den Tutsi beginnen würden. Gäbe es keine wirkliche Machtteilung zwischen den Ethnien, so prognostizierte er, würden die Hutu rebellieren. Der Politikwissenschaftler Jean Paul Kimonyo deutet die Aussagen als Drohung und nicht als warnende Prognose. Drittens gab es ein Verbot der größten Oppositionspartei, des MDR (Mouvement Démocratique Républicaine) im Jahr 2003 kurz vor den Präsidentschafts- und Parlamentswahlen, bei denen Kagame im Amt bestätigt wurde. Wie bereits der PDR wurde auch dem MDR, damals die zweitgrößte Partei Ruandas, eine divisionistische Strategie bescheinigt. Kimonyo spricht von einer de-facto-Auflösung der Partei, da kein formelles Auflösungsverfahren erfolgt war.

43 Niesen, Peter: „Demokratieerhalt durch Parteiverbot? Das Fallbeispiel Ruanda", in: Zeitschrift für Menschenrechte, 1/2008. Die Argumentation der ruandischen Regierung ist bis heute die, dass der rechtlich auszuschließende Akteur historisch der gleiche ist – ob und wie er nun auftritt, ist dabei unerheblich. Im Bericht der Parlamentskommission 2003, der zum Verbot führte, hieß es entsprechend: „Nach alldem lässt sich sagen, dass die Ideologie des MDR-Parmehutu sich seit seiner Gründung bis auf den heutigen Tag niemals geändert hat." Dem MDR wurde nämlich auch vorgeworfen, er verharmlose den Genozid.

44 Economist Demokratieindex 2012, verfügbar über http://www.eiu.com/public/topical_report.aspx?campaignid=DemocracyIndex12. Selbst in den Staaten, in denen es mehrere Parteien gibt, funktioniert die Willensbildung und Rückbindung auf das Wahlvolk durch das Volk auch nicht so, wie sich das lupenreine Demokraten wünschen. Aus diesem Grund finden sich die meisten Länder im Demokratieindex auch als besagte „Hybridregime" (Tansania, Uganda, Mali, Liberia, Mosambik, Kenia, Sierra Leone, Niger) oder „autoritäre Regime" wieder.

45 Johnson, Dominic: *Afrika vor dem großen Sprung*, Berlin 2012

46 Nathan, Laurie, „Solidarity triumphs over Democracy – The Dissolution of the SADC Tribunal", in: Development Dialogue 57 72011, The United Nations and Regional Challenges in Africa - 50 Years After Dag Hammarskjöld', S. 123-137

47 Perry, Alex: „Africa Rising", TIME, 3.12.2012. Auch die Unternehmensberatung Roland Berger wartet mit umfangreichen Statistiken auf, nähert sich mit ihrer Think

Act Studie dem Kontinent jedoch ebenso mit einem umgedrehten Fernglas, verfügbar über http://www.rolandberger.de/medien/publikationen/2012-03-27-rbsc-pub-think_act_Study_Inside_Africa.html

48   Weltbank: Doing Business Report 2013, verfügbar über http://www.doingbusiness.org/rankings

49   „Land grabbing" meint den Wettlauf um riesige Ackerflächen durch ausländische Firmen. Amnesty International berichtete, rund ein Zehntel äthiopischen Ackerlandes seien bereits verpachtet – für umgerechnet fünf bis 170 Euro pro Hektar im Jahr. Die Regierung argumentiert, ein Teil der Ernte bleibe im Land und die Exporte brächten harte Devisen. Man erhofft sich durch die Einnahmen einen Modernisierungsschub, denn die Kassen sind chronisch klamm. „Wir möchten nicht die jungfräuliche Schönheit unseres Landes bewundern, während wir verhungern", sagte der mittlerweile verstorbene Regierungschef Meles Zenawi. Dennoch sieht die Regierung dabei zu, wie Kinder in den Feldern chinesischer und indischer, britischer und amerikanischer Investoren Unkraut jäten, statt zur Schule zu gehen. (Quelle: Amnesty Journal 6/2013, verfügbar über https://www.amnesty.de/journal/2013/juni/das-grosse-grabschen

50   Africanspotlight.com: „South African Pastor makes members eat grass, steps on them", 8. Januar 2014

51   Ulm-Düsterhoff, Franziska und von der Ruhr, Wiltraud: „Gefährliche Liebe", in: Amnesty Journal 2/2014, verfügbar über http://www.amnesty.de/journal/2014/februar/gefaehrliche-liebe

52   Schäfer, Rita und Range, Eva: Wie mit Politik Homophobie gemacht wird. Menschenrechte und Verfolgung von LSBTI-Aktivist_innen in Afrika, Berlin 2013, verfügbar über http://library.fes.de/pdf-files/iez/09598.pdf

53   Puhl, Jan: „Verbotene Erektionen", in: Der Spiegel 16/2014, S. 94-96

54   Dieser Weg erfordert zugegebenermaßen einen längeren Atem, kann jedoch auch rasch Früchte tragen. Der Sozialdemokrat Christoph Strässer, heute Menschenrechtsbeauftragter der Bundesregierung, berichtete auf der besagten Veranstaltung der Friedrich-Ebert-Stiftung ebenfalls von einer Delegationsreise nach Ruanda. Bereits im Vorfeld hatte eine Gruppe aus Kigali, die sich für die Rechte von Homosexuellen einsetzt, angefragt, ob man sich mit den deutschen Vertretern treffen könne. Das Vorhaben stieß bei den ruandischen Kollegen auf Unverständnis. Doch die deutschen Abgeordneten baten bei diesem Termin um ihre Anwesenheit, da man sonst den weiteren Tagesplan nicht mit ihnen verbringen werde. Hier wurden die direkten Kanäle genutzt, ohne Umweg über die Medien. Ein solches Kennenlernen, wie Christoph Strässer es beschreibt, ist eine echte Alternative. Strässer sagte, dass seine ruandischen Kollegen nie zuvor irgendeinen Kontakt zu Schwulen oder Lesben gehabt hätten. Nach dem gemeinsamen Termin seien zwar nicht gleich alle Vorbehalte ausgeräumt worden, doch sei es eine erste Begegnung, ein erster konstruktiver Schritt gewesen.

55   Economic Freedom Index 2013, verfügbar über http://www.heritage.org/index/

56 Corruption Index 2013, verfügbar über http://cpi.transparency.org/cpi2013/

57 Ghana blühen konservativ geschätzte 1,2 Milliarden Dollar Einkommen pro Jahr – für das Land wäre das einmalig. Das Ziel der Regierung in Accra liegt darin, das Haushaltsdefizit unter 3 % zu drücken und die Inflation auf eine einstellige Ziffer zu bringen. 2011 glänzte man mit einem Wirtschaftswachstum von 14,4 %. Mittelfristig will man ein mittleres Einkommensland werden – am liebsten schon vor 2025. Der Journalist Patrick Smith stellte in einem Beitrag für The Africa Report fest, das Besondere an Ghana sei, dass es die erste afrikanische Demokratie ist, die Öl entdeckt hat. Die Regierungskonsultationen mit Norwegen seien zu begrüßen. Jedoch gibt Smith auch zu bedenken, dass ein Erfolg schlussendlich von der gebotenen Transparenz, den notwendigen Institutionen und den richtigen Leuten abhängt. In Uganda stellt sich eine ähnliche Frage.

58 Das kulturelle und politische Pendant zum Panafrikanismus ist die sogenannte Négritude. Léopold Sédar Senghor beschrieb die Négritude als die Summe aller afrikanischen kulturellen Werte. Besonders in den französischsprachigen Ländern Westafrikas hat sich die Négritude, die stärker auf einer Abgrenzung zum europäischen Wertesystem basiert, hervorgetan. Der nigerianische Philosoph F. Abiola Irele beschreibt diese Auseinandersetzung als einen wesentlichen Teil kultureller Selbsthehauptung. Für ihn verkörpert die Négritude sowohl eine crise de conscience als auch ein modernes afrikanisches Bewusstsein.

59 Die Mitgliedschaft Ägyptens, der Zentralafrikanischen Republik und Guinea-Bissaus wurde wegen der coup d'états in den drei Ländern suspendiert. Marokko ist wegen bestehender Differenzen zur Anerkennung des Territoriums der Westsahara seit 1984 kein Mitglied mehr.

60 Alot, Magaga und Mueller, Margrit: East African Integration. The Rise and Rise of the East African Community, Arusha 2010

61 Robert Klitgaard gilt als der weltweit führende Experte auf diesem Gebiet. Der Ökonom bringt das Phänomen auf eine einfache Formel: Korruption = Monopolstellung + Verschwiegenheit – Verantwortung. Mit anderen Worten: Korruption entsteht, wenn Entscheidungsträger exklusiv über Macht verfügen, dabei im Verborgenen tätig sind und voraussichtlich nicht zur Rechenschaft gezogen werden.

62 Enahoro, Peter: *How to be a Nigerian*, Ibadan 1998

Nicht aufgeführte Online-Artikel, auf die im Buch Bezug genommen wird, können über Google gefunden werden.

Quellenhinweise (Mehrfachnennungen) und persönliche Empfehlungen

ALLGEMEINE SACHBÜCHER ZU AFRIKA

- Kapuściński, Ryszard: *Afrikanisches Fieber*, Frankfurt a.M. 1999
- Grill, Bartholomäus: *Ach*, Afrika, München 2005
- Gaus, Bettina: *Der unterschätzte Kontinent. Reise zur Mittelschicht Afrikas*, Frankfurt a.M. 2011
- Scholl-Latour, Peter: *Afrikanische Totenklage. Der Ausverkauf der Schwarzen Kontinents*, München 2003

GESELLSCHAFT

- Adichie, Chimamanda Ngozi: „Homophobie in Afrika – ,Warum kann er nicht sein wie alle andern?'", in: *Neue Zürcher Zeitung*, 26. März 2014
- Coetzee, P. H. und Roux, A. P. J.: *The African Philosophy Reader*, Kapstadt 2003
- Cracker, Miz: „Homophobia in West Africa: A Drag Queen explores the Anti Gay Reputation", in: Slate.com, 27. Februar 2014
- Freitag, Jan: „Mängel im Paradies. Kritische Anmerkungen zum Afrika-Bild im deutschen Fernsehen", in: Neues Deutschland, 22.12.2008
- Mabe, Jacob Emmanuel: *Was wissen Europäer kulturell von Afrika?*, München 2013
- Pinther, Kerstin, Förster, Larissa und Hanussek, Christian: *Afropolis. Kairo, Lagos. Nairobi, Kinshasa, Johannesburg*, Fotoband, Köln 2010
- Portland Communications: *Portland Quarterly, Issue 10 The Africa Edition*, Juli 2013
- Sow, Noah: *Deutschland Schwarz-Weiß: Der alltägliche Rassismus*, Berlin 2008
- Tshiyembe, Mwayila: „Inventing the Multination. Would a United States of Africa work?", in: *Le Monde Diplomatique*, Paris 2002
- Wainaina, Binyavanga: *How to write about Africa*, Granta 92, 2005
- Wolfram, Thembi: „Afrikanische Küche: Von Cocoyam und Kochbananen", in: FAZ ONLINE, 7. Januar 2014
- Sturmer, Martin: *Afrika! Plädoyer für eine differenzierte Berichterstattung*, Konstanz 2013

WIRTSCHAFT

- Biermann, Kai: „Afrikas mobiles Wirtschaftswunder", in: ZEIT ONLINE, 8. März 2013
- Bram, Avi: „The Road Ahead for the East African Shilling", in: *Think Africa Press*, 8. Juli 2011
- Diener, Andrea: „Fleischhügel am Tafelberg", in: FAZ ONLINE, 18. April 2012
- Fengler, Wolfgang: „The East African ride to Middle Income", Worldbank Blog, 21. Februar 2012
- Green, Adam Robert: „Africa's Rise a Myth? Bring on Authoritarian Capitalism instead", in: *Think Africa Press*, 28. Januar 2013
- Knaup, Horand: „Wirtschaftsanalyse: Berater sagen Afrika-Boom voraus", in: SPIEGEL ONLINE, 24. Juni 2010
- Quartey, Kwei: „Why Africa is turning to China", The South African Civil Society Information Service, 7. Januar 2013
- Redfern, Paul: „Africa hosts fastest growing economies", in: *The East African*, 8. April 2012
- Scholvin, Sören und Draper, Peter: „Südafrika als ‚Tor nach Afrika'?", in: GIGA Focus 2012

POLITIK

- Buch, Hans Christoph: „Die Waisen vom Vormittag. 20 Jahre nach dem Völkermord in Ruanda", in: Sueddeutsche.de, 6. April 2014
- Joffe, Josef: *Schöner Denken: Wie man politisch unkorrekt ist*, München 2008
- Jones, Peter: „Congo-Kinshasa: More Evidence of Rwanda's Rebel Support", in: AllAfrica.com, 2. Juli 2012
- Kimanuka, Oscar: „Rwanda: Why African Governments Should Halt Brain Drain", in: *The New Times*, 28. April 2012
- Mueni, wa Muiu: „Africa in 2108: A Strategic Plan", in: *African Journal of International Affairs*, 11.2/2008, S. 1-28.
- Muhenga, Clive: „Rwanda: Big Brother Kagame Is Watching All Rwandans", in: Radio Netherlands Worldwide, 15. August 2012
- Walther, Rudolf: „In Frankreichs Armen", in: *Die Zeit* Nr. 5/ 2010, verfügbar über www.zeit.de

ENTWICKLUNGSHILFE

- Berg, Sibylle: „Ändern wir doch auch mal Deutschland", S.P.O.N. Kolumne, in: SPIEGEL ONLINE, 11. Mai 2013

- Cruz-del Rosario, Teresita und Runfei, Phillie Wang: „Wie China mit Entwicklungshilfe die Welt aufkauft", in: Welt.de, 22. Februar 2011
- Drechsler, Wolfgang: „Die Helfer helfen zuerst sich selbst", in: Handelsblatt.com, 2. August 2011
- Fischermann, Thomas: „Kein Erbarmen! Interview mit James Shikwati", in: ZEIT ONLINE, 3. April 2012
- Höft, Michael: *Die Altkleider-Lüge. Wie Spenden zum Geschäft werden,* NDR Reportage 2011
- Moyo, Dambisa: *Dead Aid. Why aid is not working and how there is a better way for Africa,* London 2010
- Ruta, Christina: „Altkleiderspenden – Segen oder Fluch?", in: DeutscheWelle.de, 30.3.2012
- Seitz, Volker: *Afrika wird armregiert oder Wie man Afrika wirklich helfen kann,* München 2009
- Seitz, Volker: „Entwicklungshilfe – Bequem, aber wirkungslos", in: Sueddeutsche.de, 23. Juli 2013
- Theurer, Marcus: „Wir Afrikaner sind keine Kinder". Im Gespräch mit Dambisa Moyo, in: FAZ ONLINE, 13. April 2009

BELLETRISTIK

- Achebe, Chinua: *Okonkwo oder Das Alte stürzt,* Frankfurt a.M. 2004
- Bâ, Mariama: *Ein so ein langer Brief: Ein afrikanisches Frauenschicksal,* Berlin 2002
- Coetzee, J. M.: *Schande,* Frankfurt a.M. 2001
- Dangarembga, Tsitsi: *Preis der Freiheit,* Reinbek 1999
- Malan, Rian: *Mein Verräterherz,* Reinbek 1994
- Mandela, Nelson: *Long Walk to Freedom,* London 2000
- Ngugi, James: *Abschied von der Nacht,* Berlin 1969

INTERAKTIVE GRAFIKEN UND STATISTIKEN

- Berlin, Katja und Grünlich Peter: *Was wir tun, wenn der Aufzug nicht kommt: Die Welt in überwiegend lustigen Grafiken,* München 2011
- Gilson, Dave: „Dr. Clooney, I Presume? – An interactive map of the celebrity recolonization of Africa" in: MotherJones.com, April 2010 Issue
- Glokal: *Mit kolonialen Grüßen... Berichte und Erzählungen von Auslandsaufenthalten rassismuskritisch betrachtet,* Berlin 2012, verfügbar über http://www.asa-programm.de/fileadmin/Redaktion/PDF/PDF-Formulare-allgemein/MitKolonialenGr%C3%BC%C3%9Fen.pdf

ONLINE-VIDEOS

- Adichie, Chimananda Ngozi: *The danger of a single story,* TED Global, Juli 2009
- Ayittey, George: *Africa's cheetahs versus hippos,* TED Global, Juni 2007
- Azuike, Ikenna: *Breakdance Overload in Kampala,* YouTube, 2. November 2012
- Azuike, Ikenna: *Sh*t white people say after watching 2012 Video,* YouTube, 8. März 2012
- ARTE: *Afrika – Ein Kontinent holt auf,* verfügbar auf http://future.arte.tv/de/thema/afrika- ein-kontinent-holt-auf
- ARTE: *Im Dickicht der Spendenindustrie,* YouTube, 2012
- Munk Debates: *Foreign aid does more harm than good,* YouTube, 2009
- Panorama: *Abiturienten als Entwicklungshelfer: Sinnlose Kurztrips ins Elend,* ARD Mediathek, 19. Dezember 2013
- Philipp, Carolin und Kiesel, Timo: *White Charity,* 2013, Film verfügbar auf www.whitecharity.de
- Report Mainz: *Mörderische Subventionen,* ARD Mediathek, 28.4.2008
- SAIH Norway: *Africa For Norway – New charity single out now,* YouTube, 16. November 2012
- Wallraff, Günter: *Schwarz auf Weiß. Eine Reise durch Deutschland,* YouTube, 2009
- Wippersberg, Walter: *Das Fest des Huhnes,* YouTube, 1992

Autor

Jörg Kleis, geboren 1984 in Stolberg (Rheinland), studierte in Berlin Jura. Als wissenschaftlicher Mitarbeiter an einem Lehrstuhl für Völkerrecht der Freien Universität und Promotionsstipendiat der Friedrich-Naumann-Stiftung forschte er vier Jahre lang zum Integrationsprozess afrikanischer Staaten. Hierzu besuchte er Regierungsorganisationen und Universitäten, um dort Interviews zu führen oder Vorträge zu halten. So bereiste er die Länder Botsuana, Ghana, Namibia, Nigeria, Ruanda, Sambia, Simbabwe, Südafrika, Tansania und Togo. Seine eigene naiv-romantische Vorstellung von einem ganzen Erdteil wich rasch den Erkenntnissen, von denen er nun in diesem Buch erzählt. Seitdem engagiert Jörg Kleis sich für den afrikanisch-europäischen Austausch und wirbt für eine Normalisierung unserer Sichtweise auf den afrikanischen Kontinent und unseres Umgangs mit seinen Menschen.

10552621R00160

Printed in Great Britain
by Amazon.co.uk, Ltd.,
Marston Gate.